Um outro arabesco

Etnicidade sírio-libanesa
no Brasil neoliberal

Um outro arabesco

Etnicidade sírio-libanesa no Brasil neoliberal

JOHN TOFIK KARAM

Tradução de Denise Bottmann
Edição revista pelo autor

© 2007 by Temple University.
© 2009 Martins Editora Livraria Ltda., São Paulo,
para a presente edição.

Publisher
Evandro Mendonça Martins Fontes

Coordenação editorial
Patrícia Rosseto

Produção editorial
Luciane Helena Gomide

Produção gráfica
Sidnei Simonelli

Capa e projeto gráfico
Beatriz Freindorfer Azevedo

Preparação
Mariana Zanini

Revisão
Dinarte Zorzanelli da Silva
Karla Dunder

Dados Internacionais de Catalogação na Publicação (CIP)
(Câmara Brasileira do Livro, SP, Brasil)

Karam, John Tofik
    Um outro arabesco : etnicidade sírio-libanesa no Brasil neoliberal / John Tofik Karam ; tradução de Denise Bottmann. – São Paulo : Martins, 2009.

    Título original: Another arabesque: syrian-lebanese ethnicity in neoliberal Brazil
    Bibliografia.
    ISBN 978-85-61635-07-7

    1. Brasil – Civilização – Influências árabes 2. Etnicismo – Aspectos econômicos – Brasil 3. Etnicismo – Aspectos sociais – Brasil 4. Libaneses – Identidade étnica – Brasil 5. Sírios – Identidade étnica – Brasil I. Título

| 08-9183 | CDD - 305.89275692081 |

Índices para catálogo sistemático:
    1. Brasil : Civilização : Influências árabes : Sociologia   305.89275692081
    2. Brasil : Etnicidade sírio-libanesa : Sociologia   305.89275692081

Todos os direitos desta edição no Brasil reservados à
Martins Editora Livraria Ltda.
R. Prof. Laerte Ramos de Carvalho, 163
01325-030 São Paulo SP Brasil
Tel.: (11) 3116 0000 Fax: (11) 3115 1072
info@martinseditora.com.br
www.martinseditora.com.br

À memória de minha avó, Tamar Ghosn Sfeir,
meus olhos.

À memória de meu avô, Tofik Sfeir,
ya 'aiuni.

À minha mãe, Amélia Therese Karam,
ya ruhi.

A meu pai, Maron Joseph Karam,
ya 'albi.

Sumário

Agradecimentos 1
Prefácio à edição brasileira 7
Introdução. A política do privilégio 13

PRIMEIRA PARTE
IMAGINANDO A ECONOMIA POLÍTICA

Capítulo 1. De párias a parceiros na nação exportadora 47
Capítulo 2. A ét(n)ica e a reforma transparente do Estado 83

SEGUNDA PARTE
REMODELANDO A ORDEM NACIONALISTA

Capítulo 3. Os "turcos" no modelo de mercado
da democracia racial 123
Capítulo 4. Misturando cristãos, clonando muçulmanos 159

TERCEIRA PARTE
FAZENDO O MARKETING DA CULTURA ÉTNICA

Capítulo 5. Reapropriação étnica no circuito
dos clubes sociais 197
Capítulo 6. Turbulência aérea no turismo diaspórico 235

CONCLUSÃO
(In)segurança de futuro: arabicidade, neoliberalismo e Brasil 269

Notas bibliográficas 285
Referências bibliográficas 303
Índice remissivo 323

AGRADECIMENTOS

Quando meu irmão e eu fomos visitar alguns parentes libaneses no Rio de Janeiro, em 1992, nosso primo brasileiro nos levou a uma feira de artesanato local. Circulando entre os turistas estrangeiros e os artesãos brasileiros, meu irmão viu uma bela garrafa de cerâmica enfeitada com pedras de imitação. Farejando um cliente, o vendedor disse: "Quarenta mil cruzeiros". Assustados com o preço absurdo, meu primo e eu respondemos que não valia mais do que vinte. Diminuindo o preço inicial quase pela metade, o vendedor ficou nervoso quando pedi mais um "descontinho". E repeti: "Vinte ou nada feito". Cansado de tanto eu pechinchar, o vendedor aceitou, mas aí comentou: "Você não tem cara de brasileiro. Você é turco!". E levantou a mão fechada para mostrar meu pão-durismo, concluindo num tom de quem se dava por vencido: "Pão-duro!". Indo embora com a compra debaixo do braço, todos nós demos risada. Nosso primo se divertiu de graça. Meu irmão comprou a bela garrafa. E eu, um líbano americano de terceira geração, do interior do estado de Nova York, tive minha primeira aula de ser identificado como árabe no Brasil, sem qualquer custo adicional.

Apesar dessa tendência de regatear que, no Brasil, associam aos árabes, contraí inúmeras dívidas nos quase quinze anos que se passaram desde aquela conversa. A John Burdick, Arlene Dávila, Jeff Lesser, Karin Rosemblatt, Caroline Tauxe e Hans Buechler, devo inúmeras críticas e comentários minuciosos sobre o texto, que começou como um projeto de tese na Universidade Syracuse. Só posso esperar que o livro se mostre merecedor de todo o tempo e trabalho que vocês dedicaram a ele. Bob Foster, devo-lhe a acolhida universitária e intelectual desde meu primeiro curso de antropologia, que fiz com você na Universidade de Rochester em 1992. William Hammell, Laura Nader, Eugene Nassar e os dois revisores anônimos da Temple University Press: devo-lhes sugestões importantíssimas e palavras de incentivo que permitiram que o manuscrito viesse a público. Qualquer falha nas páginas a seguir é por minha conta.

Agradeço também o apoio financeiro que recebi de diversas instituições. Meu doutorado foi possível graças a uma bolsa de estudos da Universidade Syracuse. As bolsas da Maxwell School Summer Fellowship Grant e da Roscoe Martin Fund Grant me ajudaram a começar as pesquisas no Brasil e no Líbano. A verba da Fulbright-Hays Doctoral Dissertation Research Award foi fundamental para o grosso da pesquisa feita no Brasil. A bolsa para a pesquisa bibliográfica do Center for Latin American Studies, na Universidade da Flórida, Gainesville, me permitiu consultar fontes primárias e secundárias sobre os descendentes do Oriente Médio na América Latina e no Caribe. Por fim, o Sultan bin AbdulAziz al-Saud Postdoctoral Fellowship, no Center for Middle Eastern Studies (cmes) da Universidade da Califórnia, Berkeley, me proporcionou um espaço maravilhoso e colegas fantásticos para concluir o projeto do livro. Tenho uma dívida especial para com Nezar AlSayyad, Emily Gottreich e a equipe do cmes.

Este livro jamais seria possível sem os amigos e colegas árabe brasileiros. Não tenho palavras para exprimir minha gratidão a tantos de vocês que me passaram suas vivências e idéias sobre o que é ser árabe e brasileiro, e como é ser visto dessa maneira. Exceto nos casos de figuras públicas ou famosas, decidi usar nomes fictícios em todo o livro, porque não queria comprometer as posições ou opiniões de ninguém, que muitas vezes me foram transmitidas em confiança. Mas aqui declaro meu mais profundo apreço por muitos de vocês. Agradeço em especial a Magali Abbud, Samir Abdul-Hak, Michel Alaby, dr. Sami Arap, Valéria Aron, dr. Samoel Atlas, Adel Auada,

AGRADECIMENTOS

dr. Sarkis Joud Bayeh, Sílvio Bussab, Sílvia Tonetti Bussab, Maurice Costim, Teresa Salemi Cury, Eduardo Daher, Chaker Ussama al-Debes, Roberto Duailibi, Paulo Daniel Farah, Luiz Fernando Furlan, Miguel Gantus Júnior, Eli Ghanem, dr. Claude Fahd Hajjar, dr. Alfredo Salim Helito, Sadik Kassis, Adhemar Khachef, Georges Fayez Khouri, Mauro Fadul Kurban, Regina Hele Kury, Khaled Fayez Mahassen, Bernardo Badra Maluhy, Vera Kattini Mattar, dr. Antônio Moucachen, dr. Ismail Rajab, Nasser Rajab, Jean Risk, Chaalita Saad, Nicolau Saad Filho, Roberto Safady, Jorge Sarhan Salomão, Gilberto Afif Sarruf, Omar Atique Sobhie, Omar Sleiman, Áddil Wansa, Sahak Varteresian, Suzana Yazbeck e dr. Riad N. Younes. Também tenho uma dívida para com muitos políticos de ascendência sírio-libanesa: o vereador Abdo Mazloum, da Câmara Municipal de Guarulhos; os vereadores Nabil Bonduki, Salim Curiati e Mohamad Said Mourad, da Câmara Municipal de São Paulo; os deputados estaduais Salvador Khuriyeh e Jamil Murad, da Assembléia Legislativa de São Paulo; e o deputado federal Ricardo Izar, em Brasília.

Vários colegas tiveram um papel fundamental em minhas pesquisas, contando-me suas reflexões sobre a arabicidade e a brasilidade e pondo-me em contato com suas associações sociais, religiosas, beneficentes, médicas e comerciais. Em particular, agradeço profundamente a Wilson Haddad, do Clube Atlético Monte Líbano; Rubens Anauate, do Club Homs; dr. Samer Farhoud do Clube Marjeyoun; Eduardo Elias e Rezkalla Tuma, da Federação de Entidades Árabes nas Américas (Fearab); Roberto Cabariti, do Esporte Clube Sírio; Hafez Mograbi, do Lar Sírio Pró-Infância; Nailize Kaba, da Sociedade Beneficente "A Mão Branca"; Hassan Ali Sharis, da Associação Beneficente Islâmica do Brasil; Walid Shukair, da Sociedade Beneficente Muçulmana, e sua publicação *al-Urubat*; dr. Fares Abdulmassih, do Grupo Hakim; dr. Raul Cutait, do Hospital Sírio-Libanês; Fadley A. A. Fattah, da Câmara de Comércio Árabe Brasileira; Fouad Naime, da *Carta do Líbano*; Carlos e Marcello Moufarrege, da revista *Orient Express*; George Thame, do *Jornal do Brás*; e Rosa Saposnic, de *O Hebreu*. Maurice Saad Jr., da Univinco, agradeço-lhe muito por ter me introduzido no mundo da rua 25 de Março. Jorge Hamuche, agradeço-lhe por me acolher no Brás. Raul Fajuri, da revista *Chams*, sou-lhe eterno devedor por ser minha primeira porta de entrada para a experiência árabe no Brasil. Tenho uma dívida enorme e muito especial para com Leila Chamma, que sempre se desdobrou para conseguir que me convidassem para os mais variados eventos dentro e fora da colônia sírio-libanesa. Graças a Leila, a pesquisa tornou-se possível e extremamente agradável.

Como parte de minhas pesquisas sobre o Brasil, participei de uma excursão turística com outros jovens de origem libanesa, passando um mês no Líbano. Esse programa, chamado Acampamento dos Jovens Emigrantes, é financiado pelo Departamento Geral de Emigrantes, do Ministério de Relações Exteriores do governo libanês. Por essa oportunidade de participar (e me divertir), agradeço a Mahmood Joumaa, diretor-geral; Ahmed Assi, diretor de relações públicas; Ranya Maalouf, diretora-assistente de relações públicas; Elie Kachan, também do departamento de relações públicas; à equipe contratada para o acampamento, inclusive Fátima Ayoub, Fadi El-Far e William El-Ghajar. Agradeço também a Boushra Haffar e Claudia Karam, do departamento de imprensa do Ministério de Turismo. Durante a excursão, fiz várias amizades que ainda conservo. Nossa "turma", com mais de sessenta brasileiros de origem libanesa, tornou a viagem inesquecível. A Aron, Alex, Daniel, Gabriel, Leandro, Lucas, Maurício, Michel, Pedro Paulo e muitos outros, "valeu!". Um muito obrigado também a Eduardo Chaalan Bittar.

Algumas de minhas principais dívidas são para com os parentes e amigos da família no Rio de Janeiro e em São Paulo. Não quero parecer um cartão de felicitações, mas é uma honra e um privilégio ser parente de vocês por sangue, casamento ou destino. Meus primos no Rio de Janeiro, e especialmente minha tia Rose (Zeta) Bichara Ghosn e muitos primos, inclusive Antônio e Nazaré Bichara, Bichara Neto e Ana Paula Abidão, Isabela e Jeff Hooker, Felipe e Alé Bichara, Claudine Bichara de Oliveira e Rony Oliveira, e Sílvia Bichara, agradeço a todos vocês por terem me dado um segundo lar, literalmente. Quando estou com vocês, sinto-me mais perto da *siti* e do mundo que ela conheceu, com seus irmãos e os parentes. *Ya 'aili habibi, kila bil 'albi* para sempre. Vários parentes e amigos próximos em São Paulo – especialmente Sérgio, Diana, Daniela, Fabiana e Sandro Lex; Helô e a saudosa Geds Machado, Adonis Oliveira, Felipe e Carol Machado de Oliveira, Fernando e Natália Machado de Oliveira e Said, Izabel e João Khoury – foram uma fonte constante de ânimo e disposição. Desde minha primeira temporada em São Paulo em 1991, num programa colegial de intercâmbio estudantil, vocês sempre me abriram os braços. "Talvez vocês não sejam de sangue, mas sem dúvida compartilhamos a alma."

Sem querer exagerar, mas tenho uma dívida ainda maior, e que nunca poderei saldar, para com meus saudosos avós Tamar e Tofik Sfeir, meus pais Amelia e Maron Karam, minha irmã Mary Therese Karam McKey, meu irmão Joseph Karam, meu tio George Sfeir, meu cunhado John McKey, minha cunhada Marianne Skau e meus novos sobrinhos, Matthew e Tamar. Vocês todos sempre me deram amor e apoio total e irrestrito. Quando eu estava (e ainda pareço estar) perdido em meus pensamentos, soterrado debaixo de livros e artigos, grudado no teclado do computador, vocês sempre me arrancavam dessa prisão das abstrações acadêmicas – e às vezes até precisavam insistir – e me devolviam a um mundo onde sou neto, filho, caçula, sobrinho, cunhado e tio. Em vista do apoio incansável que vocês sempre me deram sem pedir nada em troca, fico imaginando se o camelô carioca não estava certo. Sou um pão-duro, e recebo mais do que dou? No caso de nossa família, é a mais pura verdade.

PREFÁCIO À EDIÇÃO BRASILEIRA

Formava-se nas Américas uma encruzilhada da diáspora árabe nos séculos XX e XXI. No caso da minha família, os pais de minha avó emigraram do Líbano para Providence, nos Estados Unidos, na primeira década do século XX. Ali eles se conheceram e se casaram, mas, ao ouvir que o Brasil era mais propício para ganhar a vida, embarcaram para Porto Velho no então território de Rondônia. Esses meus bisavós criaram seis de seus sete filhos nos arredores de Porto Velho, inclusive *siti* (minha avó, em árabe). Com apenas dez anos de idade, ela foi mandada para o Líbano – sem saber falar o árabe – e aos quinze anos se casou com *ibn khalta* (seu primo materno), que imigrara anteriormente para Utica, no interior do estado de Nova York. *Siti* acompanhou o marido a Utica e ali ficou. Deu à luz três filhos, inclusive minha mãe, e continuou visitando e recebendo visitas de seus irmãos e parentes do Brasil e do Líbano. Se eu tivesse a sorte de herdar algo da *siti*, acho que seria a saudade que surge após muitas idas e poucos retornos. A idéia para este livro surgiu desse sentimento itinerante (em particular da *siti*), e encaro a publicação da edição brasileira como mais um cruzamento árabe na *mahjar* (diáspora).

Cruzavam-se as trajetórias não somente de famílias árabes, mas também de intelectuais entre o Brasil e os Estados Unidos. Um dos movimentos literários mais significativos que ajudou a estabelecer um novo paradigma das letras árabes na primeira metade do século XX consistia em poetas, ensaístas e jornalistas espalhados pela América do Sul e América do Norte, geralmente conhecidos como "escritores mahjari" (diaspóricos). Os dois principais coletivos eram al-Rabita al-Qalamiyah (A Liga da Caneta), sediada em Nova York e liderada pelo carismático Khalil Gibran, e al-Usbah al-Andalusiyah (A Liga Andaluza), baseada em São Paulo e que reunia grandes figuras talvez menos conhecidas, mas igualmente geniais, como Fawzi Maluf, Rashid Salim al-Khuri e Ilyas Farhat. Interessante notar que as obras de Gibran já começaram a ser traduzidas para o português em 1920, por um escritor pouco conhecido, José Mereb (de Pelotas, RS), e depois por intelectuais mais atuantes, como Almansur Haddad e Mussa Kuraiem, com grande sucesso na sociedade brasileira. Mas o estilo de Gibran, gabando-se de representar uma ponte entre o Oriente e o Ocidente, entre a tradição e a modernidade, numa falsa polarização dos termos, não era exatamente bem-visto pela vanguarda da Liga Andaluza. Para ela, Gibran e seus colegas nova-iorquinos haviam se afastado demais da "tradição" árabe (que, aliás, se formou na modernidade). Sugerem esses desdobramentos literários muitas vezes divergentes que, já nas primeiras décadas do século XX, havia um debate literário atravessando as Américas.

Outro marco nessas trajetórias cruzadas foi a colaboração do dr. Philip Hitti, da Universidade Princeton, Nova Jersey. Desde sua visita ao Brasil a convite da colônia sírio-libanesa de São Paulo, em 1925, e uma série de cartas que escreveu para a revista sírio-libanesa paulista *al-Usbat* em 1940, Hitti contribuiu intelectualmente para o esforço coletivo de estabelecer um programa de estudos árabes no Brasil. Foi criada uma cadeira de língua árabe na Universidade de São Paulo (USP), ocupada por Jamil Safady e, mais tarde, por Taufik Kurban, até ficar vacante por falta de verba e por desentendimentos na colônia. Mesmo assim, persistiu o projeto de manter os estudos árabes no Brasil. Para reinaugurar o programa docente da USP, Hitti voltou à capital paulista em 1951, acolhido por intelectuais como Jamil Safady, Wadih Safady e Silveira Bueno, além de muitos outros professores da instituição, como dr. Eurípedes Simões de Paula e dr. Paulo Sawaya. Mais tarde, o estimado Helmi Nasr foi definiti-

PREFÁCIO À EDIÇÃO BRASILEIRA

vamente designado professor de letras árabes na USP, através de um acordo cultural brasileiro-egípcio. Embora não saibamos se dr. Hitti incluía o tema da diáspora árabe do Brasil em suas aulas em Princeton, seguramente notou a presença árabe no Brasil em seus livros de história árabe. Colaborando com os intelectuais árabes e brasileiros de São Paulo, sabia muito bem que um forte pólo do mundo árabe se irradia no Brasil.

Retomando a literatura mahjari, é interessante notar o fluxo de seus debates literários. Partiram de Nova York para São Paulo, refletindo assim a hierarquia entre os hemisférios. As obras dos escritores árabes paulistas não tomaram o rumo inverso, mas seguiram para o leste (a mahjari, uma região composta pelos atuais países do Líbano, Palestina, Síria e outros), e nunca foram traduzidas para o inglês nem divulgadas no hemisfério norte. Sei que muitos críticos literários e apreciadores de *O profeta* (o livro mais popular da produção mahjari) atribuiriam o alcance hemisférico e global de Gibran a seu talento supostamente universal, ou alegariam que sua criatividade literária na língua árabe em prosa e verso era mais sofisticada do que a dos escritores mahjari de São Paulo ou Buenos Aires. Todavia, de um ponto de vista sociológico, eu diria que a circulação mais restrita da literatura mahjari do Brasil, comparada à ampla divulgação das obras mahjari dos EUA, se deve às mesmas forças globais que subdesenvolveram o primeiro país em benefício do segundo.

Tais reflexões fundamentam a vertente adotada em *Um outro arabesco*, ora traduzido em português e divulgado nos contextos nacional e diaspórico que constituem sua força substantiva. Tenho plena consciência de que este livro se deve tanto à minha arabicidade quanto ao fato de ter sido produzido nos Estados Unidos. Embora baseado em dezoito meses de pesquisas antropológicas no Brasil (e uma curta estadia no Líbano), ele contou com verba do governo norte-americano em 2000-01, foi escrito em inglês em 2002-03 e defendido como tese de doutorado da Universidade Syracuse em 2004.

Após uma revisão na Universidade da Califórnia, Berkeley, em 2005, foi lançado como livro em janeiro de 2007 por uma editora universitária para o público dos EUA. Com isso, sei que este livro faz parte de uma dinâmica de poder que não foge ao passado da encruzilhada hierárquica que se formou entre os autores mahjari em São Paulo e Nova York no começo do século XX. No entanto, ao contrário de meus antecessores intelectuais árabes americanos, reconheço que existe, sim, uma desigualdade interna na diáspora árabe, resultante desse desequilíbrio global. Por isso, apresento este livro não como um trabalho com pretensões universalistas sobre a identidade árabe brasileira, mas como um diálogo sobre a arabicidade das Américas.

Como indica o título em inglês e em português, o objetivo do livro é demonstrar como a identidade árabe no Brasil se intensificou através de transformações político-econômicas geralmente consideradas neoliberais. Minha principal intenção político-intelectual é examinar criticamente a identificação e a identidade do árabe na contemporaneidade. O que eu presenciei nos Estados Unidos nos meses e anos que se seguiram ao 11 de setembro incluía, por um lado, a abordagem do árabe pelas forças duplas do antiterrorismo e do multiculturalismo e, por outro lado, a mesma velha tática identitária de muitos árabes americanos – inclusive militantes –, a qual pode ser resumida no lema "Não somos terroristas!". A meu ver, esse "contradiscurso" não era suficiente para desafiar o campo retórico dominante que circunscrevia a arabicidade como uma "célula," por assim dizer, culturalmente "diferente" e sempre ameaçadora. Então escrevi o livro com uma certa premência político-intelectual, para mostrar ao público dos EUA (de todas as origens, inclusive a médio-oriental) que existe uma política identitária árabe que não segue esses parâmetros, que existe um outro arabesco.

Um outro objetivo era abordar o significado de brasilidade. Por um lado, pretendi captar uma dimensão pouco estudada do pluralismo brasileiro contemporâneo: os contornos explicitamente

PREFÁCIO À EDIÇÃO BRASILEIRA

árabes que se vêem nos projetos e desejos de executivos, políticos, publicitários e consumidores. Nesse sentido, meu livro segue a trilha de trabalhos de cunho histórico publicados por autores muito atuantes como Roberto Khatlab, Jeffrey Lesser e Oswaldo Truzzi. Mais especificamente, minha idéia era demonstrar como essa realidade étnica e nacional se relacionava com o "momento" ou fase neoliberal do Brasil. A intenção dessa abordagem conceitual não é defender o lado supostamente positivo do neoliberalismo. Muito pelo contrário, é revelar seu poder insidioso, que reconstitui o Estado-nação brasileiro contemporâneo, especialmente os sujeitos e os conteúdos étnicos agora dotados de maior reconhecimento em seu interior.

Utilizo vários termos para me referir à etnicidade árabe no Brasil, e reconheço que alguns podem soar um pouco estranhos. Como direi no texto, o "médio-oriental" aparece como rótulo genérico para designar as pessoas com origens no Oriente Médio. Emprego com muito mais freqüência o termo "sírio-libanês", como diz o próprio título. Conforme a linguagem de algumas entidades da colônia sírio-libanesa, utilizo também o termo "árabe brasileiro", mas sem o hífen. Nessa designação, junta-se um termo ostensivamente étnico (o árabe) ao rótulo nacional (o brasileiro), formando-se uma referência identitária una e coesa (a árabe brasileira). Num trabalho acadêmico como este, creio que a utilização do hífen daria a impressão de uma suposta desunião ou incoerência entre o étnico e o nacional. Por isso, optei pela elisão do hífen, à revelia da norma gramatical do português, seguida pela colônia. Foi uma decisão editorial minha, e suponho que talvez faça parte do debate mais amplo em que se insere o livro. Vale ressaltar que, quanto ao rótulo étnico "sírio-libanês", decidi deixar o hífen como tal para marcar sua heterogeneidade, que abriga múltiplas formas de identificação, às vezes dissonantes. A renomada tradutora Denise Bottmann foi fundamental para a abordagem cuidadosíssima dessa linguagem e de muito mais no livro. *Alf ashkoor*, mil agradecimentos, a Denise.

Para finalizar, os vários diálogos e fluxos iniciados pelos árabes nas Américas nunca estiveram isolados do contexto mais amplo, muitas vezes turbulento e atormentado, da ordem global. Nas primeiras décadas do século xx, os pais de minha avó e os escritores mahjari circulavam com suas famílias e idéias nas sombras ensangüentadas da Primeira Guerra Mundial. Nos meados do século xx, dr. Hitti e os professores da usp montavam o programa de estudos árabes enquanto a humanidade se desmoronava na Segunda Guerra Mundial e começava a se esfacelar na Guerra Fria. Agora, no começo do século xxi, apresento *Um outro arabesco* ao público brasileiro numa conjuntura não menos sombria e atormentada em que o governo dos eua, através da chamada "guerra ao terror," desencadeou no Iraque uma das piores calamidades humanas contemporâneas, cujo momento culminante ocorreu em 2003, quando o administrador da Autoridade Provisória da ocupação iraquiana, Paul Bremmer, promulgou uma série de decretos liberalizando a economia iraquiana, permitindo não só a livre atuação de empresas estrangeiras em território do Iraque, como também a remessa integral de seus lucros. O pesadelo atual dos iraquianos nasceu do sonho neoliberal da linha "neoconservadora" do governo dos eua. Eis o contexto global hierárquico em que se inserem não só a minha abordagem teórica do neoliberalismo, mas também o diálogo diaspórico e hemisférico a que pertence este livro.

INTRODUÇÃO
A política do privilégio

Conforme vou chegando perto da avenida Paulista, na área nobre de São Paulo, numa noitinha fresca de 2001, vou acompanhando os sinais públicos de arabicidade. Primeiro passo na frente de um Habib's, uma rede de comida árabe. Ela é responsável por quase metade do 1,2 milhão de esfihas vendidas diariamente na cidade, mas os executivos que estão indo para os restaurantes sírio-libaneses elegantes, rua acima, nem prestam atenção. Sigo até o Club Homs, na avenida principal. Conhecido como "a casa dos árabes", ele faz parte da meia dúzia de clubes voltados para os descendentes dos imigrantes do Oriente Médio que existem na região. Esta noite, o clube está dando uma festa chique em comemoração ao Dia Nacional da Síria. Atravesso o portão de entrada e vou me juntar a um grupo de brasileiros, na maioria de origem árabe. Entre os empresários importantes ali presentes, está um sírio-libanês de terceira geração que foi elogiado pelo presidente Fernando Henrique Cardoso por treinar executivos brasileiros no setor de exportações para o mundo árabe. Ele é o presidente da Câmara de Comércio Árabe Brasileira, que fica logo do outro lado da avenida. Há também dezenas de dignitários estrangeiros e políticos nacionais, como uma vereadora libanesa de segunda geração que organiza a comemoração anual do Dia da Independência Libanesa na Câmara Municipal. Entre os convidados de honra do ano 2000, estavam os médicos de origem libanesa que atendem no Hospital Sírio-Libanês, a duas quadras da avenida principal.

Esse arabesco que faz seus meandros pela avenida Paulista e adjacências pode surpreender. Afinal, a avenida Paulista não é propriamente um espaço árabe. Tida como o "cartão-postal de São

Paulo", ela é quase um guia da atual experiência neoliberal do país. Atraindo um fluxo crescente de capital estrangeiro desde os anos 1970, hoje a avenida Paulista abriga as sedes de grupos nacionais e multinacionais da indústria, comércio e finanças, como a Federação das Indústrias do Estado de São Paulo, o Banco Itaú, o Citibank e o Banco de Boston. As elites políticas e empresariais do Brasil e do mundo percorrem os vários blocos de arranha-céus alinhados ao longo da avenida de oito faixas. Além dos comerciantes e políticos, médicos, advogados, engenheiros e outros profissionais liberais prósperos que se encontram nos restaurantes e bares cosmopolitas elegantes, na área "nobre" dos Jardins. Como foi que fatos e elementos claramente árabes adquiriram tanta visibilidade entre esses interesses dominantes na avenida Paulista? O que isso revela sobre o lugar que hoje ocupam os descendentes de imigrantes do Oriente Médio nesta cidade e neste país?

Quase cinqüenta anos após as últimas grandes ondas de imigração, os árabes conquistaram uma espécie de privilégio inédito por todo o Brasil. Respondem por empreendimentos multimilionários, ocupam cerca de 10% das cadeiras da Câmara Municipal de São Paulo e do Congresso Nacional em Brasília, são donos de canais de televisão e empresas publicitárias, são personagens na novela *O clone*, uma das campeãs de audiência, e dirigem alguns dos clubes sociais mais respeitados entre as elites nacionais. O tema principal deste livro é o maior reconhecimento dos brasileiros de origem sírio-libanesa durante a "transição" neoliberal. Dos anos 1970 até hoje, as iniciativas neoliberais – como a liberalização do mercado, o enxugamento da máquina do Estado e a diversificação do mercado consumidor – aproximaram ainda mais o Brasil do sistema global. Nesse contexto, os sírio-libaneses de segunda e terceira geração adquiriram uma projeção étnica como parceiros exportadores, políticos éticos e consumidores nítidos, moldando e refletindo o Estado-nação brasileiro no final do século XX e começo do século XXI.

INTRODUÇÃO – A POLÍTICA DO PRIVILÉGIO

Baseando-me no trabalho de Michael Omi e Howard Winant (1986), minha tese mais geral é de que a etnicidade sírio-libanesa, como projeto, se intensificou no Brasil. "Todo projeto", escreve Winant[1], "é necessariamente uma iniciativa discursiva ou cultural, uma tentativa de [...] formação de identidade, de um lado, e uma iniciativa política, uma tentativa de organização [...], de outro". Mostrarei que os sírio-libaneses de segunda e terceira geração montaram um "projeto étnico" sobre o significado e o lugar dos negócios, da política, da vida familiar, da mobilidade social e do lazer como árabes. Entremeado de contradições e ambivalências, o projeto étnico árabe se evidencia, não necessariamente no cotidiano, mas em "quadros delimitados" de ação na "esfera pública"[2], tais como seminários de negócios, comemorações políticas, banquetes e viagens. Enquadradas pelos jornais, redes de televisão, agências publicitárias e outros meios de mídia, essas práticas institucionais orientarão minha análise do reconhecimento étnico árabe no Brasil. Ao longo do livro, usarei o "arabesco" para expressar esse desenho privilegiado da arabicidade contemporânea.

O projeto étnico árabe faz parte indissociável da experiência neoliberal brasileira. Na economia aberta, os brasileiros de origem sírio-libanesa se apresentaram como promotores árabes das exportações brasileiras para o mercado do Golfo Árabe. Durante um programa de combate à corrupção do Banco Mundial, implementado na prefeitura de São Paulo, os políticos de origem libanesa promoveram uma comemoração ética do Dia da Independência Libanesa. Na diversificação do mercado de consumo, sócios de clubes sírio-libaneses grã-finos utilizaram o apelo de marketing da "comida árabe" para convertê-la em capital social entre convidados não árabes nos clubes. Os brasileiros de origem sírio-libanesa foram constituídos como grupo-alvo de marketing para o mercado do turismo na Síria e no Líbano. Em suma, a etnicidade árabe ganhou novas forças desse momento da abertura econômica, a transparência do Estado e a diversidade do mercado consumidor. É esse foco na nova formação da arabicidade no Brasil que quero apontar no título do livro, quando me refiro a "um outro" arabesco. Mantenho-me atento às continuidades com o passado, mas minha tese é de que a etnicidade sírio-libanesa também passou por uma transformação significativa no Brasil neoliberal.

A etnicidade, a nação e o neoliberalismo

Ao situar o projeto árabe nesses termos, estou adotando e dando prosseguimento a uma recente guinada na antropologia da etnicidade. Desde a abordagem construtivista das fronteiras étnicas, de Frederik Barth (1969), os antropólogos têm rastreado a criação histórica da diferença étnica desde o colonialismo ao nacionalismo[3]. Brackette Williams (1989, 1991) examinou com muita sofisticação a maneira como a ordem colonial da etnicidade foi reproduzida mais tarde pelos grupos subordinados na formação nacional, embora, em termos formais, o colonialismo já tivesse chegado ao fim. Todavia, em data mais recente, surgiram questões mais sutis sobre o maior reconhecimento da etnicidade na nação, por meio das agências publicitárias[4], das reformas do chamado mercado livre[5] e das campanhas pelos direitos humanos[6]. Tratando das várias formas de marginalização étnica no passado e no presente, esses autores se dedicaram a estudar a maior visibilidade da etnicidade na nação através das imagens e redes de comunicações globalizantes.

Pode-se ver uma guinada semelhante nos estudos sobre a nação e o nacionalismo. Nos últimos vinte anos, a teoria fundamental de Benedict Anderson sobre a nação como uma "comunidade imaginada" desencadeou uma série de obras críticas nas diversas disciplinas[7]. Anderson mostrou que a nação foi criada no Novo Mundo das Américas, tornando-se um modelo transplantado primeiramente para a Europa e depois para a África e a Ásia[8]. Já no início dos debates, Partha Chatterjee (1993) argumentou que a idéia de nação não foi simplesmente transplantada pelas potências ocidentais para o sul asiático, e que, na verdade, ela já fora definida autonomamente pelas elites durante a época colonial. Em data mais recente, porém, os antropólogos têm estudado como as nações são imaginadas por meio de bens de consumo globalizados como a Coca-Cola ou a Budweiser[9], por meio da televisão[10] e de redes de imigrantes[11]. Esses estudos levantam um novo leque de questões sobre a construção imaginária da nação na economia política global da atualidade.

Seguindo essas linhas de pesquisa, meu trabalho vai além das histórias coloniais e pós-coloniais da etnicidade e da construção nacional. Como disse Aihwa Ong[12]:

> É preciso ir além de uma análise baseada na nostalgia colonial e nas heranças coloniais para avaliar como se transformaram os modos econômicos e ideológicos de dominação [...] e como [...] se transformou o posicionamento dos países perante a economia política global.

Tendo isso em mente, meu livro pergunta: como as relações hierárquicas entre a etnicidade e a nação se reorganizaram no sistema mundial atual? O que eu defendo é que a etnicidade deixou de ser simplesmente periférica em relação à nação, passando a ocupar um lugar privilegiado de tais maneiras que refletem e moldam as tendências político-econômicas mais amplas. Examino essa transformação rastreando as formas como a etnicidade foi primariamente marginalizada em épocas anteriores e ganhou maior reconhecimento no final do século XX e começo do século XXI.

Com o atual fenômeno do neoliberalismo na América Latina, essa abordagem se torna prioritária. A sua origem encontra-se na obra de Adam Smith, *The wealth of nations* [*A riqueza das nações*], de 1776. Smith, por ter utilizado a metáfora da "mão invisível"[13], foi considerado defensor do mercado livre e contrário à intervenção do Estado. Seu sucessor David Ricardo, no século XIX, acrescentou que os contratos comerciais e salariais "deveriam ser entregues à justa e livre concorrência do mercado"[14]. Durante a Primeira Guerra Mundial, as idéias de ambos encontraram grande aceitação entre as elites latino-americanas, no paradigma do progresso e do positivismo. Ironicamente, o liberalismo foi utilizado para "rejeitar as hierarquias imperiais e afirmar a soberania", e para elevar o homem branco a modelo ideal do cidadão nacional[15].

Devido aos efeitos da Grande Depressão, essa doutrina do livre mercado se inverteu na América Latina. Para diminuir a vulnerabilidade externa e garantir a estabilidade, criaram-se altas tarifas de importação, montaram-se empresas públicas e o Estado assumiu o controle das taxas de câmbio. Embora fizesse parte do discurso político desde 1919, John Keynes publicou *The general theory of employment, interest, and money* [A teoria geral do emprego, do juro e da moeda] em 1936. Contestando o ideal do livre mercado do liberalismo clássico, Keynes defendia o desenvolvimento liderado pelo Estado. Seu projeto assumiu a forma do programa de Industrialização por Substituição de Importações (ISI), implementado em diversos países latino-americanos. Enquanto o paradigma da ISI protegia e fomentava o mercado interno, os projetos políticos procuravam incorporar à nação os grupos classificados por gênero, raça e classe. Em toda a América Latina, as políticas protecionistas desenvolveram-se junto com ideologias nacionalistas.

Na década de 1970, uma boa parte do continente já havia começado a viver um crescimento econômico significativo[16]. Mas esse crescimento resultava, em parte, de grandes aportes de capital, que "atingiram um pico de 22 bilhões de dólares em 1978"[17]. Os bancos tinham grande interesse em conceder empréstimos aos países latino-americanos porque seus fundos monetários haviam aumentado com a alta nos preços do petróleo. Em 1982, porém, esse crédito secou quando o México declarou que não poderia honrar os pagamentos dentro dos prazos estabelecidos. Nos anos 1980, outros países, não só na América Latina, também decretaram moratórias semelhantes. Parecia assomar no horizonte uma crise financeira mundial, equivalente à dos anos 1930. Em meio a esse clima, duas instituições criadas sob a égide do poderio norte-americano no pós-guerra – o Fundo Monetário Internacional (FMI) e o Banco Mundial – forneceram os fundos necessários para proteger os bancos credores e tomaram a seu cargo a reestruturação da dívida na América Latina, com motivos políticos ulteriores.

Alegando que o programa da ISI e a economia keynesiana geravam apenas ineficiência, o FMI e o Banco Mundial concederam empréstimos aos países devedores sob a condição de que adotassem um programa econômico nas linhas traçadas por Smith, Ricardo e seu herdeiro do século XX, Milton Friedman. Chamado de "o Consenso de Washington", esse conjunto de políticas incluía a estabilização com a redução da inflação e dos deficits fiscais, a abertura econômica e a privatização das empresas públicas, e a adoção de uma política exportadora[18]. Essas chamadas reformas neoliberais tiveram, de início, o apoio das classes médias desiludidas com as políticas desenvolvimentistas do Estado, que pareciam proteger a corrupção do serviço público e da indústria nacional. Empreendendo uma "revolução silenciosa"[19], vários governos latino-americanos enxugaram a máquina estatal, privatizaram as empresas públicas e abriram os mercados nacionais, desde os meados de 1980 até a data de hoje.

Louvado por alguns, lamentado por outros, esse novo exemplo de liberalismo tem sido basicamente tratado, nos estudos latino-americanos, como um fenômeno estrutural. Para alguns, ele foi fundamental para a reforma dos Estados e dos mercados[20]. Outros argumentaram que esse programa intensificou a desigualdade de gênero[21], a exclusão social[22] e a vulnerabilidade político-econômica[23]. Numa contribuição crítica a essa linha de análise, Charles Hale

(2002, 2005) mostrou em data recente que as políticas neoliberais não negam, mas reconhecem seletivamente as reivindicações étnicas, para salvaguardar as relações dominantes dentro da nação. Numa linha parecida, tentarei demonstrar que o maior reconhecimento dos brasileiros de origem árabe indica que têm recebido mais privilégios, mas também revela que os posicionamentos étnicos se deparam com certos limites dentro da ordem neoliberal.

No entanto, este livro guarda divergências significativas em relação aos estudos que tratam o neoliberalismo de um ponto de vista estrutural, fundado nas políticas econômicas. Meu trabalho baseia-se no conceito da chamada "cultura do neoliberalismo", na acepção de Jean Comaroff e John Comaroff[24]. Essa expressão faz parte do projeto dos Comaroff de ressaltar aspectos "menos notados" da atualidade, como "o estranho casamento [...] entre o legalista e o libertário", e suas relações com "traços mais mundanos", como "a importância crescente do consumo [...] na formação da personalidade, da sociedade e da identidade"[25]. Seguindo uma linha semelhante, estudarei o neoliberalismo nos termos culturais e discursivos da abertura do mercado, da transparência do governo e da diversidade no consumo. O modelo do mercado aberto, exigido pelo FMI e pelo Consenso de Washington, conferiu uma nova importância à exportação e aos respectivos agentes de intermediação. A bandeira do "Estado eficiente", erguida pelo Banco Mundial, politizou abertamente as lutas contra a corrupção e em favor da ética e da transparência*.

---

* Em 2002, a prefeita paulistana Marta Suplicy assinou um acordo com o Banco Mundial para investigar a corrupção e garantir a transparência na gestão municipal. Criado no final dos anos 1990, o programa do Banco Mundial contra a corrupção e pela transparência política foi elogiado pelo secretário norte-americano da fazenda Robert Rubin, que afirmou que os "bancos multilaterais de desenvolvimento estão numa posição única para combater a corrupção". Carlos Eduardo Lins da Silva, "Wolfensohn é o ideólogo da mudança", *Folha de S.Paulo*, 30 set. 1999; "Rubin propõe ataque do FMI à corrupção", editorial, *Folha de S.Paulo*, 25 fev. 1999.

INTRODUÇÃO – A POLÍTICA DO PRIVILÉGIO

O marketing transformou a cultura étnica em bem de consumo, enquanto o marketing "público-alvo" converteu os grupos étnicos em nichos de mercado. Examinando a cultura do neoliberalismo, meu trabalho conseguirá captar melhor a presença desses grupos dentro de contextos nacionais específicos*.

Assim, minha abordagem da etnicidade, da nação e do neoliberalismo segue a interpretação fundamental de Arjun Appadurai quanto à intensificação étnica na globalização. Appadurai observou que "a etnicidade, que antes era como um gênio preso dentro da garrafa de alguma localidade geográfica (por maior que fosse), agora se tornou uma força global, sempre se insinuando pelas fendas entre os Estados e as fronteiras"[26]. Enquanto Appadurai entende a força crescente da etnicidade como reflexo e contribuição para a crise do Estado-nação, meu trabalho, formando um certo contraste, sustenta que o maior reconhecimento da etnicidade continua ligado ao quadro ainda hegemônico da nação. Mostrarei que a etnicidade árabe ganhou privilégios no Brasil contemporâneo, mas que esse reconhecimento, ao fim e ao cabo, está vinculado ao contexto nacional brasileiro.

Etnicidade e nação no Brasil neoliberal

Os termos "étnico" e "etnicidade", embora utilizados por exportadores, políticos e publicitários no Brasil de hoje, ainda parecem um tanto esotéricos para os leigos. Usa-se muito mais "descendente" ou "origem". Com essa linguagem, a pergunta étnica típica no Brasil de

---

* Naturalmente, a "violência estrutural" das políticas neoliberais teve conseqüências desastrosas para a maioria dos trabalhadores e pobres da América Latina (Farmer, 2003). Meu livro não trata dessa dimensão do momento neoliberal (cf. Babb; Sawyer, 2001; Smith, 2005; Smith-Nonini, 1998). Em vista da bibliografia extensa sobre o assunto, julgo que hoje é mais importante examinar como o neoliberalismo continua como paradigma dominante na América Latina, apesar de seus efeitos danosos sobre a maioria dos cidadãos. Para superar o neoliberalismo, é preciso entender como ele se enraizou em formas menos aparentes.

hoje é: "Você é descendente de quê?". Ouve-se muito a frase neste país formado por cidadãos que descendem de mais de 8 milhões de imigrantes da Europa, do Extremo Oriente e do Oriente Médio[27]. Para designar um grupo étnico, usa-se geralmente o termo "colônia", no sentido figurado de "comunidade". Os brasileiros de origem sírio-libanesa se consideram parte da "colônia sírio-libanesa", codividindo a dupla designação étnica como pessoas ou instituições.

A etnicidade, como unidade de análise, tem sido utilizada cada vez mais nos estudos sobre as imigrações para o Brasil, sobretudo nos anos 1990[28]. Concentrando-se nos imigrantes como "colonos", "operários" ou "mascates", esses autores limitaram seus estudos da etnicidade ao campo estrutural e socioeconômico. Mas recentemente a etnicidade também tem sido estudada em sua relação com a política cultural da construção nacional. Em *Negotiating the national identity* [Negociando a identidade nacional] (1999), Jeffrey Lesser examinou como os imigrantes não europeus e não africanos forjaram uma etnicidade "hifenada" (isto é, híbrida) na nação, utilizando meios simbólicos. Concentrando-se entre a metade do século XIX e a década de 1960, Lesser ponderou que a etnicidade no Brasil moderno é um "hífen oculto" – "predominante, mas não assumido"[29]. Meu trabalho baseia-se e dá continuidade à análise histórica de Lesser, examinando como o "hífen" se tornou mais visível nos dias de hoje.

A etnicidade ganhou maior reconhecimento durante o momento ou experiência neoliberal. No Brasil, a estrutura do neoliberalismo começou a ser implantada nos anos 1970, mas a cultura correspondente só se evidenciou na década seguinte. Naquela época, as elites empresariais criaram centros de estudos neoliberais, os chamados "institutos liberais"[30]. A política oficial de imigração também foi reformulada para acolher mão-de-obra barata e executivos das multinacionais[31]. Durante as eleições de 1989, o termo "neoliberalismo" ingressou no debate público. Fernando Collor de Mello passou a brandir o termo como antídoto contra a corrupção supostamente

INTRODUÇÃO – A POLÍTICA DO PRIVILÉGIO

resultante das décadas anteriores de intervencionismo estatal. Concorrendo à presidência com base em uma "plataforma favorável ao neoliberalismo"[32], ele prometia demitir os funcionários públicos corruptos e acabar com as políticas protecionistas que resguardavam os interesses da indústria nacional conservadora. Collor assumiu a presidência em 1990 como o "caçador de marajás", reduziu as tarifas comerciais em 1991 e depois renunciou sob as denúncias de corrupção e o *impeachment* em 1992. Desde então, os presidentes Fernando Henrique Cardoso (1994-2002) e Luiz Inácio "Lula" da Silva (2003-), bem como a prefeita de São Paulo Marta Suplicy (2001-04), mantiveram, renovaram ou selaram acordos com o FMI e o Banco Mundial, adotando o modelo do livre mercado e os programas de transparência no governo*.

Meu livro mostra que, em época anterior, a etnicidade árabe era originariamente desvalorizada, mas ganhou maior reconhecimento no momento atual. Na primeira metade do século XX, por exemplo, as elites luso-brasileiras tratavam os chamados "turcos" de modo depreciativo, como comerciantes de natureza trambiqueira ou perspicaz que acumulavam imensas riquezas, mas não produziam nada para a nação[33]. Hoje, porém, a idéia corrente de uma astúcia comercial inata dos árabes é elogiada pelos exportadores brasileiros no mercado "livre". Além disso, a imagem ética desejada por políticos de origem libanesa foi oficialmente comemorada na Câmara Municipal de São Paulo, durante uma campanha midiática de anticorrupção. A etnicidade árabe conquistou maior poder público através da nova importância assumida pelas exportações e pelo chamado compromisso ético na economia aberta e no Estado transparente brasileiro, examinados respectivamente no Capítulo 1 e no Capítulo 2.

---

* Durante o mandato presidencial de 2003 a 2005, Lula manteve acordos com o FMI e o Banco Mundial. Mas, no fim de março de 2005, foi anunciado que o Brasil não renovaria um dos acordos assinados com o FMI por FHC, apesar da manutenção de outros com as chamadas instituições globais multilaterais.

Na verdade, os brasileiros de origem árabe dizem, na maioria, que não existe praticamente nenhuma discriminação na vida e na "integração" ao país. Mas devemos entender essa opinião dentro do quadro do ideário nacionalista brasileiro da "mestiçagem" e da "democracia racial", que Gilberto Freyre foi o primeiro a exaltar em *Casa grande e senzala*[34]*. Freyre afirmava que a miscigenação entre índios, africanos e portugueses no Brasil criou uma sociedade mestiça que "equilibrava os antagonismos raciais"[35]. Apesar dos estudos que, desde os anos 1950, documentam o racismo no Brasil[36], ainda hoje prevalece a idéia de que existe apenas um leve racismo. Desde a década de 1990, os cientistas sociais discutem se esta é uma situação específica da história brasileira[37] ou se atende à hegemonia racial[38]. Introduzindo uma nova dimensão nesse debate, o Capítulo 3 propõe que a idéia nacionalista de democracia racial se reconstitui hoje dentro de um modelo de mercado: ou negada pelas imagens estatísticas da disparidade econômica entre "brancos" e "negros", ou confirmada por casos de ascensão econômica dos "étnicos" (como os árabes). Da mesma forma, o Capítulo 4 mostra que a idéia nacionalista de mestiçagem continua importante na esfera pública, mas foi eliminada da política imigratória oficial de produtividade econômica. Nos dois casos, as representações do mercado não substituíram, mas remodelaram a questão da pertença nacional.

A atual reorganização da raça e da etnicidade fica muito evidente na indústria cultural brasileira. Em *A moderna tradição brasileira* (1988), Renato Ortiz examinou como a identidade nacional brasileira tomou forma com a expansão do rádio e da imprensa entre os anos 1940 e 1970. Sua observação de que "alguma coisa mudou" no Brasil durante esse período também pode se aplicar a desenvol-

---

* Note-se que a expressão "democracia racial" não foi criada por Freyre, embora tenha sido o primeiro a enaltecer a alegada "harmonia racial" do Brasil (cf. Guimarães, 2005).

vimentos correlatos dos anos 1990 até hoje, mas com a diferença de que agora as indústrias culturais ajudam a criar identidades não só nacionais, como também raciais e étnicas. Seguindo essa linha, há estudos muito recentes sobre as formações étnicas e raciais brasileiras e a relação destas com os bens de consumo culturais dos negros – incluindo o funk e o hip-hop – que provêm da Europa e dos Estados Unidos[39] e com a mídia comercial brasileira, como a revista *Raça*, de inspiração afro-americana, e a apresentadora Xuxa[40]. Todavia, divergindo um pouco da ênfase desses estudos sobre a reprodução de hierarquias do passado, o Capítulo 5 e o Capítulo 6 examinam como a ordem convencional entre a etnicidade árabe e a nação brasileira passou por alguns rearranjos, com a transformação da "cultura árabe" em bem de consumo e da "colônia árabe" em nicho do mercado cultural brasileiro contemporâneo.

Um outro arabesco como etnografia sem qualificativo

Este livro também se insere no debate sobre a escrita antropológica dos últimos vinte anos. Durante a "crise da representação" que se iniciou formalmente em 1986 e prosseguiu na década seguinte, surgiram críticas fundamentais à reificação da cultura e à naturalização da autoridade do pesquisador/autor. Nesse contexto, a etnografia precisava de um qualificativo. George Marcus e Michael Fischer (1986) tentaram a princípio uma "etnografia experimental". A seguir, Dorinne Kondo (1990) propôs uma "etnografia pós-moderna". Charlotte Aull Davies (1999) também cogitou uma "etnografia reflexiva". Os antropólogos não pretendiam propriamente abandonar a etnografia, mas estavam tentando reformulá-la para que ela pudesse avançar além dos parâmetros convencionais, além de uma escrita ingênua da cultura.

Nesse meio-tempo, James Clifford e George Marcus, os organizadores de *Writing culture* [Escrevendo a cultura] (1986), livro que foi o marco inaugural do debate, passaram da posição de cientistas pós-modernos para canonizadores da diáspora e do transnacionalismo. Clifford publicou um ensaio fundamental sobre a diáspora[41], depois incluído em *Routes* [Rotas] (1997). Marcus apareceu com um ensaio sobre os métodos de pesquisas transnacionais (1995), mais tarde incluído em sua *Ethnography through thick and thin* [A etnografia densa e difícil] (2000). Em retrospecto, parece plenamente compreensível que a crítica das convenções antropológicas que reificavam "os povos e as culturas" tenha levado a estudos transnacionais e globais. Assim, nos anos 1990, para a etnografia já não se tratava tanto de "escrever a cultura", e sim de acompanhar as pessoas e as coisas em processos mais amplos.

Todavia, esse rumo tem sido criticado por não dar atenção à tradição antropológica do holismo. Num lance pós-revisionista, organizei o livro em seis capítulos que expressam as várias facetas da vida dos árabe brasileiros como um conjunto inter-relacionado, abordando os negócios, a política, as profissões liberais, o casamento, os clubes de lazer e o turismo. Mas, como meu objetivo é mapear a intensificação da arabicidade no Brasil, o conteúdo de cada capítulo se move entre as práticas institucionais e as imagens de autocompreensão dos árabe brasileiros no passado e no presente, as mudanças de paradigma da nação e do Estado brasileiro, os fluxos e modelos variáveis do sistema mundial. Com isso, o livro pretende ser uma etnografia pura e simples, sem qualificativo. Ele aponta a presença mais forte da etnicidade na nação contemporânea, tratando das pessoas em suas lutas, alianças e ambivalências públicas.

Nomes e números nas Américas árabes

Ao abordar a construção da arabicidade nas ideologias e programas político-econômicos nacionalistas na periferia brasileira do sistema mundial, um dos corolários deste estudo é redirecionar o

INTRODUÇÃO – A POLÍTICA DO PRIVILÉGIO

estudo da arabicidade além do Oriente Médio, da Europa e dos EUA. O meu enfoque nos brasileiros de origem sírio-libanesa visa chamar a atenção para um outro arabesco no mundo de hoje. Porém, para que eu possa enfatizar a especifidade dessa formação brasileira de arabicidade, meu livro levanta algumas reflexões comparativas com outros contornos árabes nas Américas, especialmente nos EUA.

Calcula-se que o número de migrantes do Oriente Médio, na maioria oriundos da atual Síria e do Líbano, com destino às Américas entre os anos 1870 e os anos 1930, ultrapassou a casa dos 300 mil[42]. Distribuindo-se de maneira homogênea entre a Argentina, o Brasil e os EUA*, esses emigrantes adquiriram uma presença notável como mascates nos anos 1890, e sob essa figura foram caricaturados por várias décadas seguintes**. No Brasil, o poeta Carlos Drummond de Andrade escreveu um poema em 1945:

> Os turcos nasceram para vender
> bugigangas coloridas em canastras
> ambulantes.
> [...]
> Se abrem a canastra, quem resiste
> ao impulso de compra?
> É barato! Barato! Compra logo!
> Paga depois! Mas compra![43]

---

* Os imigrantes sírio-libaneses somavam cerca de 130 mil pessoas nos EUA entre os anos 1870 e os anos 1930 (Suleiman, 1999, p. 2), 107 mil no Brasil durante o mesmo período (Lesser, 1999, p. 49) e 108 mil na Argentina de 1882 a 1950 (Jozami, 1996, p. 28). Outros países da América Latina e do Caribe também receberam médio-orientais, mas em menor número.

** Em Buenos Aires, consta que 53% dos árabes residentes eram mascates ou possuíam pequenos negócios (Klich, 1992, p. 273). Na cidade de Nova York, mais de 50% dos árabes residentes eram comerciantes (Miller, 1969 [1905], p. 11, cit. em Khater, 2001, p. 74).

UM OUTRO ARABESCO

Nos Estados Unidos, aparece um mascate sírio em *Green grow the lilacs*, peça teatral de Lynn Riggs[44]*. Quando Rodgers e Hammerstein transformaram a peça no musical *Oklahoma!*, em 1943, o personagem tornou-se "o persa" Ali Hakem[45]. Hoje, esse passado de mascate ainda é forte na construção pública da arabicidade no Brasil, mas nos EUA foi substituído pelo estereótipo do "árabe sempre vilão"[46].

Os historiadores concordam que a grande maioria dos imigrantes do Oriente Médio no Brasil chegou no começo do século XX[47]. Partindo principalmente da atual Síria e do Líbano, 140.464 imigrantes do Oriente Médio chegaram ao Brasil entre 1880 e 1969[48]. Mas a partir dos anos 1970, ao que parece, chegaram apenas quinhentos a setecentos emigrantes por ano, vindos sobretudo do sul do Líbano e da Palestina**. Apesar desses números reduzidos, os noticiários e os museus de imigração calculam que existem de 6 a 10 milhões de brasileiros de origem síria e libanesa no Brasil atual***.

---

* Num blog de Tulsa, Oklahoma, há uma explicação interessante e plausível do personagem criado por Lynn Riggs: a febre por terras em Oklahoma atraiu mascates imigrantes que tinham vindo de Marjeyoun, cidade do sul do Líbano. Eles acabaram fundando a igreja ortodoxa de Santo Antônio em Tulsa. Sol Bayouth foi um dos fundadores da paróquia. Veio a se tornar amigo de Riggs, que se baseou nele "para um personagem em sua história *Green grow the lilacs*". Cf. http://orthodox-okie.blogspot.com/2004_10_31_orthodox-okie_archive (acessado em 11 nov. 2004).

** Essa minha estimativa se baseia em conversas com funcionários da imigração em São Paulo e com jornalistas árabe brasileiros. Vale notar que estes concordam que o número estimado de imigrantes diminuiu muito a partir dos anos 1970 até os anos 1990.

*** Os números citados sempre vêm acompanhados do adjetivo "estimados". O *Jornal da Tarde* calculou que existem 6 milhões de libaneses e descendentes "em todo o Brasil": Tatiana Vicentini, "Colônia árabe teme retaliação dos EUA", *Jornal da Tarde*, 18 set. 2001, A24. A *Folha de S.Paulo* apresentou o número de 9 milhões de imigrantes e descendentes árabes: "Brasil recebe árabes desde o século 19", *Folha de S.Paulo*, 14 dez. 1997, A29. Mais recentemente, a *Revista da Folha* afirmou que existem 7 milhões de imigrantes e descendentes libaneses e 3 milhões de origem síria: Débora Yuri, "O nosso lado árabe", *Revista da Folha*, 23 nov. 2001, 8. Referindo-se a essa fonte, o Memorial do Imigrante em São Paulo afirmou que existem 7 milhões de

INTRODUÇÃO – A POLÍTICA DO PRIVILÉGIO

Como um grupo étnico que nem chegava a 200 mil pessoas cresceu, em cem anos, para mais de 6 milhões?

Não é o caso de descartar essas estatísticas, e sim de examiná-las como fatos sociais. Tome-se, por exemplo, um artigo sobre os imigrantes do Oriente Médio, publicado na revista *Veja*[49]. O artigo "estimava" que há 7 milhões de cidadãos de origem sírio-libanesa vivendo no Brasil*. Um mês depois disso, um libanês de segunda geração (sócio de uma agência de publicidade) perguntou se eu tinha lido a matéria. E acrescentou: "Fui eu que dei a maioria das informações." Desconfio que ele e outros mais é que deram essas estimativas em entrevistas para reportagens ou pesquisas acadêmicas**. Com uma presença privilegiada nos círculos empresariais e políticos brasileiros, os descendentes de imigrantes do Oriente Médio superestimam os números como maneira de fortalecer sua posição dentro da nação.

Essas pretensões numéricas ganharam maior legitimidade entre a opinião pública, como se evidenciou num artigo da *Revista da Folha* em 2001, "O nosso lado árabe". "Estima-se" que "vivem no Brasil 10 milhões de imigrantes e descendentes", sendo "basicamente de nacionalidade libanesa (7 milhões) e síria (3 milhões)". Citando o

---

descendentes libaneses e 3 milhões de descendentes sírios no Brasil.

* Flávia Varella, "Patrícios, dinheiro, diploma e voto: A saga da imigração árabe", *Veja*, 4 out. 2000, 122-9.

** Meus colegas costumavam usar os mesmos cálculos. Num exemplo memorável, Abdo, um próspero executivo da indústria de turismo, comentou que um de seus colegas certa vez manifestou suas dúvidas sobre os números da população. "Mas esses dados", replicou Abdo, "são compilados pelos consulados." Então levantei a questão para um funcionário do consulado libanês em São Paulo. Ao ouvir que moram 7 milhões de libaneses no Brasil, perguntei sobre as fontes desses dados. Sumindo por uns minutos, o funcionário voltou com um livro sobre a cozinha dos imigrantes no Brasil, chamado *Correntes de imigrantes e invenções culinárias no 5º Centenário do Brasil* (Roque, 2000). Folheando até chegar no capítulo sobre o "Líbano", o funcionário apontou duas linhas do texto que davam o número de 7 milhões de "descendentes libaneses no Brasil", sem nenhuma referência.

artigo como fonte, o Memorial do Imigrante de São Paulo divulgou as estatísticas durante uma exposição sobre a imigração libanesa em 2002. Refletindo a intensificação da etnicidade árabe, esses números corresponderiam a cerca de 5% da população brasileira.

Uma rápida olhada nos números dos imigrantes médio-orientais nos EUA permite uma comparação reveladora. Entre os anos 1870 e os anos 1930, entraram nos EUA cerca de 130 mil emigrantes da atual Síria e do Líbano[50]. Desde 1967, porém, chegaram aos EUA mais de 250 mil emigrantes do Oriente Médio[51], vindos na maioria do Golfo Árabe, do Egito, Iraque, Jordânia, Líbano e Palestina. Mas, nos últimos vinte anos, os militantes e pesquisadores têm criticado o recenseamento e as estimativas dos americanos de origem médio-oriental, feitos por "baixo"[52]. Um cálculo atual mais preciso, embora não confirmado, é de 2,5 milhões[53]. Esses números subestimados nos EUA e superestimados no Brasil indicam a "invisibilidade" histórica dos árabes nos EUA[54] e sua crescente visibilidade no Brasil, segundo a hipótese aqui defendida.

Os descendentes de origem médio-oriental são identificados com diversos rótulos no Brasil: "turco", "sírio", "libanês", "sírio-libanês", "árabe" e "árabe brasileiro". O que se deve ressaltar é o grau de ambigüidade e fluidez entre eles, como outras terminologias étnicas e raciais no Brasil*. Como descendente do Oriente Médio, por exemplo, sou constantemente chamado de "turco", "libanês", "sírio-libanês" e "árabe". Historicamente, a designação de "turco" foi criada por políticos brasileiros para os viajantes portadores de passaportes emitidos pelo Sultanato Otomano, desde o final do século XIX até a

---

* Os antropólogos de início descobriram que os brasileiros se moviam entre dúzias de rótulos e faziam identificações raciais totalmente incoerentes (Harris, 1964; Kottack, 1983; Wagley, 1952). Por outro lado, Roger Sanjek notou que várias designações de raça não indicam o que Harris chamara de "maximização da ambigüidade" (Harris, 1970, p. 1; Sanjeck, 1971). Meu estudo defende que há um certo grau, e não uma maximização, de ambigüidade na classificação racial e étnica.

INTRODUÇÃO – A POLÍTICA DO PRIVILÉGIO

Primeira Guerra Mundial*. Depois da criação da Síria e do Líbano como entidades geopolíticas sob o mandato colonial francês na década de 1920, as listas de imigração brasileiras passaram a incluir as categorias de "sírio" e "libanês"[55]. No entanto, desde o final do século XIX até o presente, o termo "turco" geralmente tem sido usado pela elite e pelo povo em geral para designar as pessoas com origem do Oriente Médio. Antigamente era visto como pejorativo, no entanto, hoje os descendentes dessa origem dizem que "turco" não é um termo discriminatório, e sim "de brincadeira" ou "carinhoso", que reflete a ideologia nacionalista da democracia racial.

Convencionalmente, o termo "sírio-libanês" foi criado e usado pelos próprios oriundos do Oriente Médio, o que "incluía uma noção implícita de brasilidade"[56]. Mas a designação "árabe" também se difundiu. Os brasileiros de origem sírio-libanesa que dirigem a Câmara de Comércio Árabe Brasileira (CCAB), por exemplo, enfatizam uma identidade explicitamente árabe para os clientes brasileiros (não árabes) interessados em exportar para os mercados do Golfo Árabe e do Norte da África. Da mesma forma, a rede de fast-food "árabe" Habib's é apresentada aos consumidores com um claro "apelo árabe", embora a maior parte do cardápio seja derivada da cozinha "sírio-libanesa". A "colônia árabe" chegou a se tornar um grupo-alvo do marketing de empresas aéreas. Essa presença constante do rótulo de "árabe" reflete a cultura da abertura econômica e da diversificação no mercado de bens de consumo no Brasil.

Aqui também é instrutiva a comparação com a nomenclatura dada aos médio-orientais na história norte-americana. Como seus semelhantes no Brasil, os imigrantes médio-orientais nos EUA, no

---

* Durante esse período, os médio-orientais com visto temporário eram de maioria cristã, mas também havia muçulmanos e judeus do Magreb. Lesser (1999, pp. 45-7) notou que uma das primeiras ondas de médio-orientais no Brasil era composta de judeus do Marrocos, no final do século XIX.

fim do século XIX, eram classificados de "turcos"⁵⁷*. O termo continuou a ser usado para insultar os "sírio-libaneses" até meados do século XX. Mas, hoje, esse passado etimológico caiu no esquecimento. Os americanos de origem médio-oriental geralmente se identificam e são identificados como "árabe americanos" ou "médio-orientais" e também pelas nacionalidades originais (por exemplo, "libaneses"). Todavia, há estudos que mostram que os rótulos "árabe" e "palestino" são invariavelmente utilizados numa relação discursiva com os judeus europeus⁵⁸. Nos EUA, fala-se dos "árabes" em contraponto com os judeus europeus. Ao contrário do uso do termo "árabe" nas ordens nacionais e raciais brasileiras, a política norte-americana de identificação dos "árabes" reflete a ideologia racial do nacionalismo norte-americano e o privilégio histórico do colonialismo judaico-europeu na política externa dos EUA.

Neste livro, usarei "brasileiro de origem médio-oriental", "descendente médio-oriental" e "médio-oriental" como termos genéricos para os casos referentes aos "médio-orientais" de identificação variável. Os rótulos de sírio, libanês, sírio-libanês, árabe e turco serão empregados de acordo com o texto ou contexto empírico. Utilizarei também os termos "árabe" e "árabe brasileiro". E assim farei porque é esta a linguagem empregada em revistas publicadas pelos e para os próprios árabes, entre elas *al-Urubat***, *al-Nur*, *Carta do Líbano****, *Chams* e *Orient Express*. Encarando meu trabalho como mais uma publicação sobre os árabes no Brasil, ocupo meu lugar privilegiado,

---

* A "Síria" foi acrescentada como lugar de origem nos censos norte-americanos de imigração em 1899. O "Líbano" foi acrescentado apenas em 1949.

** Embora *al-Urubat* seja a revista da Sociedade Beneficente Muçulmana em São Paulo, ela se apresenta como árabe em sentido amplo (ainda que os principais diretores sejam libaneses). Em árabe, *al-Urubat* significa *O Arabismo*. *Al-Urubat* é escrita em português e árabe. As demais revistas são publicadas em português.

*** Naime Fouad, editor-chefe da *Carta do Líbano*, é tido como favorável à causa libanesa cristã. Mas, ao direcionar a revista para um público maciçamente libanês cristão, Naime não contrapõe sua política à arabicidade e procura reivindicar um lugar dentro dela.

INTRODUÇÃO – A POLÍTICA DO PRIVILÉGIO

limitado e consciente ao lado de outros autores e editores que documentam, representam e se comprometem com a "colônia".

A brasilidade árabe, apesar do 11 de setembro

Alguém poderia legitimamente indagar: mas as diferenças entre os árabes no Brasil e os árabes nos EUA ainda têm alguma importância num mundo pós-11 de setembro? No período final de minhas pesquisas em São Paulo, em setembro de 2001, acompanhei incrédulo o noticiário que mostrava árabes e muçulmanos sendo revistados e mantidos em regime incomunicável nos Estados Unidos. Em vista da discriminação contra médio-orientais e muçulmanos existente na história norte-americana, essa violência era trágica, mas previsível. No entanto, o que realmente me deixou chocado foi a reportagem sobre pretensas conexões terroristas transnacionais na cidade brasileira de Foz do Iguaçu, na fronteira com Paraguai e Argentina, na chamada "tríplice fronteira". Algumas semanas depois do 11 de setembro, a BBC, o *New York Times* e outras agências de notícias globais informaram que autoridades locais e internacionais estavam monitorando as comunidades árabes da tríplice fronteira, sob suspeita de terrorismo*. No final de setembro, essas hipotéticas conexões tinham ocupado o horário nobre, durante o telejornal da Rede Globo. O que mais despertava o interesse era que as forças militares norte-americanas haviam encontrado uma foto que parecia ser das famosas Cataratas do Iguaçu num campo de treinamento

---

* "Argentina, Paraguay, Brazil step up search for 'terrorists' in tri-border area", BBC *Monitoring Service*, Reino Unido, 15 set. 2001; Larry Rohter, "Terrorists are sought in latin american smugglers' haven", *New York Times*, 27 set. 2001. Estas e outras matérias sem fundamentação se baseavam em notícias norte-americanas e européias anteriores, que associaram as comunidades árabes a células terroristas na região de Foz do Iguaçu e Ciudad del Este.

da al-Qaeda no Afeganistão*. Com os holofotes da mídia nacional e mundial sobre essa pretensa "prova", parecia que todos os árabes das Américas passariam a ser incluídos na "guerra contra o terror" dos norte-americanos.

Nas primeiras semanas de incerteza em São Paulo, após os ataques de 11 de setembro, a Câmara de Comércio Árabe Brasileira e o consulado sírio, no mesmo prédio, receberam uma ameaça de bomba. Um evento oficial do governo, em homenagem à imigração e à cultura árabe, no município vizinho de Guarulhos, foi adiado. Imigrantes libaneses recentes, lojistas na rua 25 de Março, no centro da cidade, foram entrevistados pelo *Jornal Nacional* sobre os ataques de 11 de setembro. Até uma amiga minha, Leila, não deixou a filha ir à escola por dois dias, temendo represálias dos colegas ou mesmo dos professores. Depois de mais de um ano de pesquisas sobre os árabes no Brasil, comecei a recear que a "colônia sírio-libanesa" estivesse sendo bruscamente reorganizada nos moldes das representações norte-americanas dos médio-orientais. E eu me perguntava, aflito: será que os brasileiros de origem sírio-libanesa estão vivendo uma ruptura dos padrões históricos vigentes da etnicidade árabe no Brasil? Será que foram cercados de repente pela política norte-americana da médio-orientalidade endêmica e anterior aos ataques de 11 de setembro?

Como uma espécie de alerta contra qualquer previsão mais precipitada num mundo pós-11 de setembro, Leila disse: "Eu estava realmente preocupada, mas aí começou a novela." Já programada para estrear na Globo em setembro de 2001, a novela *O clone* entrou no ar na data marcada, mas num contexto que os patrocinadores, o elenco e os telespectadores nunca teriam imaginado. Como discutiremos no Capítulo 4, o enredo falava do "amor proibido" entre Lu-

---

* Por exemplo, cf. "Casa usada pela al-Qaeda tinha foto que seria das cataratas do Iguaçu", *Folha de S.Paulo*, 16 nov. 2001.

cas, um rapaz brasileiro, e Jade, uma jovem marroquina muçulmana criada no Brasil. Ambientada e filmada no Brasil e no Marrocos, a primeira parte da novela foi esticada, e passou de cem para quase duzentos capítulos. Aproveitando-se da turbulência mundial (inclusive as represálias contra os árabes nos EUA), os figurões da Globo recriaram a novela como forma de instruir o público brasileiro sobre o mundo árabe muçulmano. Na estréia, foram citadas as palavras da autora Glória Perez: "Nós temos de dizer não ao preconceito, parar de alimentar essa ignorância, mostrando pessoas comuns... Terrorismo há em todos os países e entre todos os povos, e os muçulmanos são pessoas como nós."* Apesar de tais pretensões, *O clone* desencadeou uma febre de consumo de produtos culturais "do Oriente Médio". Como veremos no Capítulo 5, os cursos de dança do ventre e as roupas e acessórios "marroquinos", entre outros produtos, ganharam uma enorme popularidade na esfera pública brasileira. Nesse sentido, os ataques de 11 de setembro geraram uma apreensão inicial entre os árabe brasileiros, mas, como disse Leila, "aí começou a novela"**.

Logo depois, em 23 de setembro de 2001, a *Revista da Folha* lançou "Brasil das arábias", uma matéria de capa sobre a cultura e a imigração árabe no Brasil. A chamada era: "O nosso lado árabe: Legado português e imigração sírio-libanesa inscreveram a influência da cultura arábica no cotidiano brasileiro." E continuava: "A forte influência da cultura árabe na culinária, música, arquitetura, moda e na língua portuguesa." Uma meia dúzia de artigos expunha a presença do islã no Brasil e no mundo, os princípios centrais do Alcorão e as contribuições árabes ao Brasil. Um artigo falava da cultura

---

* Rodrigo Dionísio, "Muçulmanos ganham destaque em 'O clone'", *Folha de S.Paulo*, 23 set. 2001.

** Não pretendo minimizar os efeitos do 11 de setembro. Mas, como a televisão apresentava notícias sobre o 11 de setembro e passava a novela, não admira que *O clone* pudesse ter o mesmo efeito no público em geral.

árabe "literalmente consumida" no estado de São Paulo: "Segundo o Sindicato dos Hotéis, Restaurantes, Bares e Similares de São Paulo [...] quase 25% das refeições servidas diariamente nos restaurantes paulistanos saem da culinária árabe."[59] Outras colunas descreviam o estilo mouro na arquitetura paulistana, as origens mouriscas de várias palavras em português, os "filhos da 25 de Março" que se tornaram estilistas internacionais e a presença de descendentes árabes na MPB. Na coluna final sobre comida, o crítico de gastronomia Josimar Melo citava as palavras de Gilberto Freyre em *Casa grande e senzala*: "muito do que no brasileiro não é europeu nem indígena, nem resultado do contato direto da África negra [...] é ainda o muito do mouro que persistiu na vida íntima do brasileiro através dos tempos coloniais"[60]. Ressaltando os "arabismos" nessa narrativa nacionalista de um Brasil pós-11 de setembro, Josimar concluía: "Ou seja, somos todos um pouco árabes."

Essas referências sutis à "mestiçagem" árabe no Brasil foram acompanhadas por demonstrações públicas explícitas de uma suposta democracia racial. Realizou-se uma "Marcha pela Paz" na Saara, sigla de uma área (e associação) comercial no centro do Rio de Janeiro. Foi organizada em resposta aos ataques de 11 de setembro e à continuação da violência entre israelenses e palestinos. O *Jornal Nacional* da Globo disse que a marcha foi feita de propósito na Saara, uma área "tradicional" de comércio árabe e judeu no Rio. Os jornalistas da Globo explicaram que árabes e judeus "vivem juntos" na mesma região desde o começo do século XX, e que a única "briga" era pelos preços e pelos clientes. Com imagens de comerciantes de meia-idade trocando abraços e apertos de mão, os jornalistas concluíam: "O Brasil é o país da tolerância." Num mundo de ações violentas e retaliações ainda mais violentas, a noção brasileira de democracia racial adquiria um novo propósito ideológico, potencialmente progressista.

No contexto norte-americano, desenrolou-se um outro roteiro. Entre os temores concretos de que qualquer pessoa tida como árabe ou muçulmana poderia ser transformada em bode expiatório do 11 de setembro, os meios de comunicação de massa iniciaram uma campanha para instruir o público em geral sobre o mundo árabe e islâmico, com documentários no canal comunitário nacional, o Public Broadcasting System[61], um conjunto de cem perguntas e respostas sobre os "árabe americanos" no site da *Detroit Free Press* e um artigo de opinião na *New Yorker*[62], entre outras coisas. A procuradoria-geral, encabeçada por John Ashcroft, também lançou vários apelos para que se respeitassem os muçulmanos, os árabes e os sul-asiáticos. Dois dias após o 11 de setembro, um desses apelos declarava que "qualquer ameaça de violência ou discriminação contra americanos árabes ou muçulmanos ou americanos de origem sul-asiática [...] é não só errada e não americana, mas também ilegal e será tratada como tal"[63]. Enquanto os árabes e muçulmanos em si eram monitorados e estavam sob a mira do FBI e da CIA, as diferenças árabes e islâmicas ficavam circunscritas dentro da ideologia multiculturalista norte-americana.

Essa breve comparação entre os árabes no Brasil e os árabes nos EUA mostra que o 11 de setembro e outros acontecimentos posteriores *não* constituem uma força homogeneizadora que teria cercado todos os árabes das Américas na "guerra contra o terror" e outras políticas parecidas dos EUA. Enquanto os árabes e muçulmanos nos EUA continuam a ser identificados e separados pela ideologia multiculturalista norte-americana, os árabes e muçulmanos no Brasil continuam a ser reconhecidos dentro das idéias nacionalistas brasileiras de "mestiçagem" e "democracia racial". Isso sugere que os árabes foram "incluídos" em projetos nacionais[64]. Mas demonstra também que o 11 de setembro e seus efeitos posteriores reforçaram – pelo menos por ora – as formações historicamente específicas da arabicidade dentro dos quadros nacionalistas do Brasil e dos EUA.

UM OUTRO ARABESCO

Notas diaspóricas: aprendendo a ser árabe em São Paulo

Este livro se baseia em dezoito meses de pesquisa na cidade de São Paulo, de junho a agosto de 1999 e de setembro de 2000 a dezembro de 2001. Mais da metade dos imigrantes médio-orientais no Brasil, nos anos do pós-guerra, se estabeleceu no estado de São Paulo[65]*, e hoje seus descendentes formam círculos de grande influência na própria capital**. Fiz 85 entrevistas formais, sendo 64 com homens e 21 com mulheres. Essa disparidade entre os gêneros se deve ao predomínio masculino no campo profissional. Dezenove entrevistas (cerca de um quinto do total) foram feitas com não árabes (que se identificaram como descendentes de alemães, italianos, judeus, portugueses e espanhóis, ou como morenos)***. Pelo que juntei em minha agenda de cartões de visita, tive contato com quase 250 pessoas naquele tipo de trabalho de campo que Renato Rosaldo define como "longo bate-papo" [*deep hanging out*][66].

No centro de São Paulo, minha pesquisa focalizou dois espaços: a rua 25 de Março, que se tornou o ponto de concentração dos comerciantes árabes no final do século XIX e dos migrantes nordestinos no final do século XX, e o Palácio Anchieta, onde fica a Câmara Municipal. Subindo para a avenida Paulista e os bairros vizinhos dos Jardins, Paraíso e Moema, minha pesquisa distribuiu-se por

---

* Apesar da grande concentração no estado de São Paulo, a menor presença dos imigrantes árabes em estados rurais, como Mato Grosso e Goiás, era significativa em termos estatísticos porque essas regiões recebiam poucas ondas imigratórias (Diegues, 1964). Cf. Gattaz, 2001.

** Afirmou-se recentemente que "1 milhão de imigrantes e descendentes moram na cidade de São Paulo", Ericka Sallum, "O que seria do nosso cardápio sem eles?", *Veja São Paulo*, 5 fev. 2003.

*** Evidentemente, os descendentes médio-orientais não são os únicos na construção pública da arabicidade. Como pesquisador, precisei conversar com brasileiros de várias origens que consomem ou divulgam a arabicidade na esfera pública e interagem com os árabe brasileiros em assuntos comerciais, conjugais e de lazer.

vários locais: a Câmara de Comércio Árabe Brasileira e as firmas de exportação vizinhas; os escritórios de engenheiros, advogados e médicos de origem médio-oriental; quatro clubes sírio-libaneses e restaurantes de "cultura árabe". Em junho de 2001, participei de uma excursão de brasileiros de origem libanesa ao Líbano, baseando-me em consultas prévias a quatro agências de viagem que ofereciam pacotes turísticos para conhecer a terra dos ancestrais. Esses eventos e anúncios foram publicados em quatro revistas ou jornais árabes, que colecionei de outubro de 2000 a dezembro de 2003.

Comecei a aprender o que é ser árabe no Brasil quando fui fazer uma pesquisa preliminar em São Paulo, em junho de 1999. Lembro que, dois dias depois de chegar, eu estava no prédio de um amigo no centro da cidade e liguei para alguns contatos. Uma pessoa aceitou marcar um encontro: o editor-chefe da *Chams*, uma revista da colônia árabe. Naquela primeira semana, ele expôs suas idéias sobre a "colônia", citou os eventos que iam acontecer nos clubes e fez a ponte para que eu pudesse conversar com executivos e empresários. Foi com essas reflexões, reuniões e indicações que fui formalmente apresentado à experiência árabe em São Paulo. Naqueles dias e nos meses seguintes, algumas vezes fui tomado por jornalista, e me senti como tal, entrevistando ou batendo papo com profissionais liberais e cobrindo suas festas e reuniões. Com um bloco de notas enfiado no bolso, mais de uma vez me vi ao lado de outros jornalistas – étnicos e nacionais – anotando trechos de longos discursos e participando de conversas intrigantes.

Nos primeiros meses de pesquisa, freqüentei eventos institucionais várias vezes por semana, não só reuniões de negócios e seminários comerciais, mas também comemorações políticas e encontros culturais. No começo, eu achava que essas ocasiões públicas serviriam como ferramenta metodológica, dando a oportunidade de conhecer e me relacionar com patrícios paulistas. Foi o que aconteceu. Mas, no quarto mês comparecendo a três ou quatro reuniões formais por semana, veio-me a idéia de que esses "quadros delimitados de interação social" eram importantes em si mesmos[67]. Os médio-orientais gastavam muito tempo e energia marcando e freqüentando reuniões formais. Assim, o principal de meu estudo se baseia na descrição desses eventos públicos, como e por quem eram organizados, o que se dizia e se fazia a respeito deles na "colônia" e na esfera pública brasileira.

No entanto, minha posição não se resumiu ao papel de antropólogo *cum* paparazzo em São Paulo. Eu tinha um projeto pessoal desde 1997, quando visitei alguns parentes em Belém do Pará. Pelas histórias que a família contava, no Brasil e nos EUA, eu sabia que *siti* (minha avó) tinha nascido e se criado no norte do Brasil, filha de um casal de migrantes libaneses. Mas não sabia que o pai dela (meu bisavô) havia morrido e sido enterrado em Belém. Um tio por afinidade, muito querido, levou-nos, meu irmão e eu, até o túmulo de nosso bisavô. Ao sol quente do meio-dia, entramos no cemitério de lápides majestosas, todas adornadas com fotos em preto-e-branco dos entes queridos. De súbito meu tio apontou para uma tumba enegrecida, com um pequeno retrato de formato oval, numa moldura de porcelana. A imagem na lápide gretada foi uma surpresa para nós, meu irmão e eu. Era uma pequena reprodução de um grande quadro que está pendurado em cima da cômoda no quarto de minha avó, no interior de Nova York: era o pai dela. E ali ficamos olhando a imagem que era tão íntima e num lugar aparentemente tão distante.

Esse episódio é um dos relatos autobiográficos que utilizei durante as pesquisas em 2000-01. Como descendente de terceira geração numa família libanesa americana que mantém laços mais próximos com os parentes no Rio de Janeiro do que com os da terra de origem oficial do Líbano, minha intenção pessoal, quando eu contava o episódio do túmulo, era mostrar que eu tinha alguma ligação com o Brasil. Mas, retrospectivamente, vejo que, com esse relato, o que acontecia era despertar outros relatos, que falavam de um intenso tráfego pelas Américas e no Oriente Médio*. Os interlocutores então narravam a dispersão de suas famílias, os reencontros com os parentes através de cartas e telefonemas inesperados, e comentavam o poder da *'asl* (origem, em árabe). Como disse uma senhora de segunda geração, "as raízes falam alto". Para meus companheiros étnicos, meu relato dava corpo a uma reivindicação não de brasilidade, e sim de uma arabicidade diaspórica. Portanto, não muito intencionalmente, minha posição de pesquisador passou a ser a de um *ibn 'arab* (filho de árabe) nas Américas**.

Mas o reconhecimento como "patrício" ou "primo" vinha acompanhado de uma especificação nacional. Talvez por causa do sobrenome (e, imagino eu, das sobrancelhas cerradas e do tom azeitonado da pele), o que mais chamava a atenção não era minha arabicidade, e sim minha condição de norte-americano nato***. "Ele é americano", frisavam os amigos e parentes quando me apresentavam a outras pessoas em encontros íntimos ou formais. E eu sempre acrescentava: "Infelizmente", numa tentativa sardônica de deixar minha posição

---

* Os imigrantes chegados ao Brasil nas décadas de 1950, 1960, 1970 e 1980 falavam dos laços familiares referindo-se à Síria e ao Líbano; todavia, os descendentes das ondas mais recentes eram mais propensos a refletir sobre a dispersão familiar na América Latina e na América do Norte. Um número pequeno, mas significativo, de árabe brasileiros de segunda e terceira geração comentou sobre os parentes distantes radicados em vários países nas Américas, mas esses laços familiares só pipocavam sob a forma de cartas ou telefonemas inesperados e logo depois se dissolviam na narrativa da imigração de suas próprias famílias no Brasil.

** A expressão árabe "*Anah ibn 'arab*" significa literalmente "sou filho de árabe". É uma frase que soa estranha para os falantes nativos de árabe (principalmente fora do Líbano), sobretudo porque é usada pelos árabes na diáspora. No entanto, a construção gramatical supostamente mais correta, "*Anah min 'asl 'arabe*" ("Sou de origem árabe"), parece muito técnica aos ouvidos de pessoas de segunda e terceira geração, que não têm instrução formal na língua materna.

*** Devo acrescentar que minha condição de descendente de terceira geração combinava bem com os árabe brasileiros de segunda e terceira geração, embora alguns imigrantes mais recentes às vezes me achassem "mais americano". Estes também manifestavam sua vontade de mudar para uma suposta "vida melhor" nos Estados Unidos.

política clara, principalmente porque o som de "americano" sugere um certo chauvinismo*. Em resposta, meus novos conhecidos costumavam perguntar: "Por quê?" Geralmente eu fazia uma diatribe contra a política externa norte-americana, mas aí me ocorreu que as classes média e alta que conheciam os EUA não eram tão aborrecidas assim. Na verdade, minha nacionalidade norte-americana muitas vezes foi fundamental para ganhar a confiança dos empresários e profissionais liberais. Por exemplo, eu só conseguia o primeiro acesso às entrevistas e aos eventos depois de comprovar minha filiação a uma universidade norte-americana com uma carta ou um cartão de visitas com a insígnia universitária em inglês. "Diga que você é americano", aconselhavam os amigos, "porque os americanos sempre fazem tudo certo". A norte-americanidade era hegemonicamente respeitada nas altas esferas da sociedade brasileira.

No entanto, essas "linhas de identificação [...] trazidas a campo aberto ou escondidas às vistas"[68] representavam apenas um aspecto da pesquisa. Uma outra dimensão se referia ao que Laura Nader (1972) chamou de "estudar de baixo para cima". O costume de "andar alinhado" e de "aproximar-se às costas largas" tinha um grande peso no campo profissional e no lazer dos árabes (o que no Brasil é regra, e não exceção). Logo ficou claro que minha camiseta pólo, as calças largas e os sapatos comuns não bastavam, e eu ficava irremediavelmente apagado ao lado dos outros que vestiam terno azul-escuro, gravata e o cinto combinando com o calçado**. Reagi

---

* Tomando uma cerveja no fim da pesquisa, um amigo de segunda geração comentou que esse tipo de colocação reforçava as imagens negativas dos Estados Unidos. Segundo ele, eu devia ter enfatizado minha condição de norte-americano para romper a representação brasileira do norte-americano como branco e dominador. Um pouco embriagado, respondi que isso só teria ajudado a limpar a imagem do império. Retrospectivamente, porém, não tenho muita certeza disso.

** Não fui o único a perceber. Um colega do setor de comunicações disse uma vez que eu precisava melhorar minha aparência, devido às expectativas de empresários e profissionais liberais importantes.

tentando me vestir com roupas e acessórios parecidos. Os "cartõezinhos" também eram obrigatórios. Encomendei alguns em minha universidade no interior de Nova York e acabei aprendendo como me apresentar e pedir para trocar cartões com o interlocutor. "Tenha sempre 'cartõezinhos' no paletó", aconselhou um amigo.

Como sugere esse problema com as roupas e o ambiente, meu contato com a cultura de classe no Brasil foi um desafio ainda maior do que com a política étnica ou nacional. Ao contrário dos antropólogos com posição socioeconômica superior à dos informantes de pesquisa subalternos, minha condição de "antropólogo" me marcou como integrante da classe média com sua insegurança social e, portanto, ao dispor da burguesia brasileira de várias origens. Essa experiência pessoal de subordinação de classe me fez caprichar na aparência e na presença de espírito entre indivíduos etnográficos mais prósperos, nos mais variados contextos formais e informais. Não podendo dispor do poder material usado por outros antropólogos que "estudam de cima para baixo", tive de confiar em meu cabedal simbólico e, mais importante, nas boas graças dos colegas que sempre conseguiam arranjar uma vaga em suas agendas lotadas, para me dedicar horas de seu tempo. Nesse sentido, a pesquisa de baixo para cima foi uma lição muito necessária para um jovem antropólogo no mundo da alta sociedade e dos profissionais liberais. Isso ficou evidente nos seminários de exportação com grandes figurões, que apresento a seguir.

PRIMEIRA PARTE
IMAGINANDO A ECONOMIA POLÍTICA

Capítulo 1
DE PÁRIAS A PARCEIROS NA NAÇÃO EXPORTADORA

Em 1952, cerca de uma dúzia de importantes industriais de origem sírio-libanesa juntou-se e fundou uma câmara de comércio. Financiada pela fortuna das famílias no comércio têxtil brasileiro, a câmara atendia inicialmente a suas pretensões de alta sociedade no Brasil e aos olhos da terra natal. Mas, com o nome atual de Câmara de Comércio Árabe Brasileira (CCAB), esse grupo das elites sírio-libanesas ficou encarregado da tarefa de promover as exportações e os exportadores brasileiros no "mundo árabe".

Aparecendo regularmente no noticiário econômico, a Câmara chegou a ser elogiada pelo presidente Fernando Henrique Cardoso (1994-2002). Em 2001, FHC agradeceu à Câmara – ainda dirigida por descendentes sírio-libaneses – por trazer um "incremento muito grande do comércio do Brasil com o mundo árabe". O presente capítulo, centrado na formação histórica e no projeto atual da CCAB, examina a ligação entre os sírio-libaneses e o comércio em dois paradigmas da economia nacional brasileira: o protecionismo (anos 1930 aos anos 1970) e a liberalização (anos 1970 até a atualidade). O suposto tino comercial inato dos médio-orientais, que as elites brasileiras usavam no primeiro modelo para questionar a etnicidade árabe, hoje ganhou maior reconhecimento no Brasil ao ser exercido nas exportações. Os médio-orientais que se dedicam às importações continuam a ser questionados na nação brasileira, mas os diretores étnicos da CCAB conquistaram maior reconhecimento como parceiros exportadores do Brasil para o "mundo árabe".

Como notamos na introdução, as virtudes da exportação alardeadas pelo "Consenso de Washington" foram abraçadas pelas elites nacionais e políticas do Brasil. Para estas, a exportação atrai um fluxo seguro de divisas, que pode livrar o país das especulações comerciais e equilibrar as importações necessárias para o desenvolvimento*. A exportação não é um fenômeno novo na história brasileira, mas hoje foi redirecionada além da Europa e dos EUA para mercados "não tradicionais" ou "emergentes", como o Oriente Médio**. Nesse contexto, as elites políticas e empresariais brasileiras têm recorrido à Câmara de comércio dirigida por descendentes sírio-libaneses para ajudar a promover as exportações brasileiras, não para as terras de origem desses descendentes, e sim para os mercados mais lucrativos do Golfo Árabe e da África do Norte.

Ao examinar a exportação como um fato social e um idioma cultural, este capítulo segue um movimento recente nos estudos transnacionais. Os teóricos anteriores estabeleciam uma oposição analítica entre as formações nacionais e as transnacionais, defendendo *ou* o declínio *ou* a continuidade do Estado nacional[1]. Por outro lado, os estudos mais recentes examinam a constituição mútua das forças estatais, nacionais e transnacionais[2]. Essa linha de pesquisa examina como os conceitos de Estado e as ideologias nacionalistas "condicionam as atividades que constituem o transnacionalismo, impulsionando-as e moldando-as, sem necessariamente refreá-las"[3]. O enfoque deste capítulo na exportação revela como as formações

---

* Apesar de ter uma base material numa infra-estrutura importada, a exportação tem sido vista como atividade que garante a riqueza da nação no mercado global. "Para o Brasil importar equipamento e tecnologia", explicou um exportador brasileiro, "ele precisa aumentar a exportação [...] porque você tem mais segurança." Naturalmente, os artigos de exportação fabricados com tecnologia ou equipamentos importados podem ser vistos como parte de um fluxo global dissociado e mesmo como um "fetichismo da produção" (Appadurai, 1996). As elites governamentais e empresariais brasileiras reconhecem claramente essa sobreposição, mas entendem que há uma maneira de construir uma economia nacional em tempos globais – através da exportação.

** Cf. Clóvis Rossi, "Governo quer parceria com 'baleias'", *Folha de S.Paulo*, 13 nov. 2001, B10; Celso Lafer, "Parcerias no Oriente", *Folha de S.Paulo*, 18 ago. 2002, B2.

étnicas, estatais e nacionais moldam e fortalecem processos transnacionais.

Essa convergência entre forças étnicas, estatais e nacionais dentro e fora do Brasil costuma ser descrita como uma "parceria", seja pelos dirigentes da CCAB, pelo serviço público e pelos empresários, seja nos meios de comunicação. Embora a noção de "parceria" tenha sido examinada no âmbito do financiamento privado de programas estatais para a produção artística nos EUA[4], o presente capítulo procura examiná-la nas relações hierárquicas entre etnicidade e nação no Brasil contemporâneo, em processo de transformação. Antes desprezados como párias econômicos e criticados como negociantes ardilosos, os médio-orientais também ganharam reconhecimento como os "parceiros" das elites nacionais e políticas do Brasil. Têm colaborado para criar um novo paradigma econômico para a nação: "O Brasil Exportador". Nessa remodelação, o suposto tino comercial dos árabes – elemento que historicamente marcava sua posição periférica dentro do país – tem sido muito bem acolhido, sob certas circunstâncias, pelas elites brasileiras ansiosas em exportar.

Comércio étnico e proteção da economia nacional

Ao comentar os primeiros fluxos de imigração síria e libanesa, muitos descendentes contam hoje a história de dois sírios, Assad Abdalla e Najib Salem, que desembarcaram em São Paulo no começo dos anos 1890. Abriram um "armazém de revenda" na atual rua 25 de Março, no centro da cidade. Outra história parecida é a dos irmãos Jafet, que chegaram na mesma década e abriram fábricas de confecções nos anos 1910. Em seus respectivos empreendimentos, as empresas dos Abdalla, Salem e Jafet forneciam os produtos para os "patrícios" que iam mascatear na periferia da cidade e no interior.

Já em 1893, os médio-orientais correspondiam a 90% dos "mascates" no livro de registros de atividades da capital paulista[5]. Em

1907, constavam 315 empresas de médio-orientais, especializadas em secos e confecções. Em 1920, possuíam 91 pequenas indústrias em São Paulo. Para o sociólogo Clark Knowlton, os sírios e libaneses abriam "indústrias que requeriam um mínimo de capital. Era possível montar uma pequena confecção com quatro ou cinco operários numa sala alugada, usando máquinas de costura de segunda mão".[6] Mas o forte dos médio-orientais era o comércio atacadista. Em 1930, os sírio-libaneses eram donos de "468 das 800 lojas de varejo e de 67 das 136 por atacado" em toda a cidade[7]. Esse comércio nas mãos dos médio-orientais se concentrava especialmente na rua 25 de Março, no centro paulistano.

Em 1913, membros das famílias Abdalla, Salim e Jafet convocaram a "reunião preparatória" da Câmara Síria de Comércio. O orador principal no evento foi Nami, o primogênito dos Jafet. E começou: "O comércio é a maior realização do homem, o fator mais importante que ele criou para o crescimento, a robustez e o progresso do corpo social."[8] Essa glorificação do comércio até podia ser um auto-elogio, sobretudo ao se levar em conta os negócios da família Jafet. Mas também era um esforço para melhorar o prestígio do comércio, na época muito baixo, e a fama dos "turcos" que eram vistos como o próprio símbolo do comércio. "A Câmara será um farol", concluía ele, "que iluminará e orientará cada comerciante sírio, desde o ambulante com caixa até o atacadista por caixas [...] Assim, teremos uma base de operações para grande e pequeno, e haveremos de progredir."[9] Como precursora da entidade "árabe brasileira" atual, a Câmara Síria de Comércio foi concebida como uma entidade privada para promover o comércio árabe no começo do século xx no Brasil.

O elogio de Jafet ao comércio, porém, caiu em ouvidos moucos. As elites brasileiras viam o país como uma grande fazenda que fornecia borracha, cacau e principalmente café para a América do Norte e a Europa[10]. Para elas, Jafet e outros médio-orientais eram "turcos" espertos por natureza, que enriqueciam com o comércio miúdo. A esse respeito, o famoso escritor João do Rio comentou: "Cada cérebro oriental tem um Potosí em suas circunvoluções."[11]* Alfredo Ellis Jr. também falava do "sírio" como um "negociante congenito e por hereditariedade [...] capaz de mercadejar a propria vida, jurando não ganhar nada"[12]**. Da mesma forma, Guilherme de Almeida, comentarista dos anos 1930, refletia: "Qual é a receita de um turco? Pegue um shaker de cocktail da 25 de Março e ponha dentro um sírio, um árabe, um armênio, um persa, um egípcio e um curdo. Agite bem e – pronto – sai um turco."[13]*** Como ficava especialmente claro na rua 25 de Março, o conceito corrente era de que os "turcos" tinham um talento de nascença para ser mascates e comerciantes.

Julgava-se também que os árabes usavam essa esperteza inata para fazer fortuna pessoal, em detrimento da nação brasileira entendida como país agrícola. Assim, por exemplo, um participante da reunião da Sociedade Nacional de Agricultura comentou em 1926: "Tudo devemos tambem fazer para difficultar a immigração do elemento syrio que, longe de beneficiar a lavoura, parasytariamente a explora, na profissão de falsos neociantes."[14] Um dos maiores críticos à imigração síria, Herbert Levy, escreveu "o typo de immigração requerido pelas necessidades do paiz, é o de agricultores e os syrios não se acham classificados nessa categoria", pois estão "dedicados ao commercio e às activadades especulativas em geral...". Ele destacava que "os sírios não fazem parte" dos 700 mil trabalhadores rurais re-

---

* Os "orientais", neste texto, eram libaneses cristãos maronitas, e João do Rio estava comentando uma missa. João do Rio era o pseudônimo de Paulo Barreto, um famoso ensaísta e cronista do Rio de Janeiro no começo do século XX.

** Lesser conta que Ellis descendia de confederados norte-americanos que tinham fugido dos EUA, devido à derrota na Guerra Civil, e vindo para o Brasil. Ele seguiu os passos do pai na política brasileira e se tornou ensaísta, discorrendo sobre os vários povos que haviam se estabelecido em São Paulo (Lesser, 1999, p. 64).

*** Lesser vê essa observação como prova da capacidade do comentarista de distinguir etnicamente os "turcos". Para mim, também mostra como o comércio, designado pela "coqueteleira da 25 de Março", marcou o significado de "turco", sobretudo em São Paulo.

gistrados em São Paulo[15]. Os mascates médio-orientais também foram criticados por um famoso etnólogo e político brasileiro, Edgar Roquette-Pinto[16]. Desviando-se do tema de seu livro sobre a história natural da Amazônia, ele comentava:

> Arabes, sirios e turcos mascateiam por toda parte. Internam-se, catando frequeses, em todos os cantos. Dos milheiros deles, que o Brasil recebe anualmente, não ha elemento estrangeiro mais espalhado pela superficie do país. No coração de Mato-Grosso, na Amazonia, em Minas Gerais, na Capital da Republica, vivem grandes massas de mercadores *turcos*. Embora, pelas condições do seu mistér habitual, sejam obrigados a entrar em relação com os brasileiros, vivem, de fato, perfeitamente segregados na sua raça, nas suas normas, no seu eitio. Ninguem sabe ao certo como se chamam, de onde são, que religião professam [...] Seria injusto negar os serviços elementares que prestam esse mascates ás populações do interior. É uma imigração que cumpre, na hora atual, missão de utilidade; não tem trazido, porém, consigo, nenhuym germen de progresso[17].

Embora Roquette-Pinto reconhecesse a "utilidade elementar" dos "turcos", ficava claro que o comércio ambulante não tinha uma aceitação que pudesse lhe garantir um lugar dentro da nação agrícola brasileira. Desse ponto de vista, os "mercadores turcos" eram párias.

Mas, nas décadas seguintes, o comércio e a indústria tiveram um desenvolvimento extraordinário no Brasil. Respondendo por 21% do Produto Interno Bruto (PIB) em 1907 e em 1919, a produção industrial passou para 43% do PIB em 1939[18]. Nas décadas de 1940 e 1950, as taxas de crescimento agrícola variaram entre 0,5 e 3% ao ano, ao passo que a produção industrial teve um crescimento anual de mais de 10% na década de 1930, caindo ligeiramente para

5% no começo dos anos 1940 e depois subindo para quase 10% até 1961[19]. Como símbolo da aurora de uma nação de industriais e proletários, foi construído o complexo siderúrgico de Volta Redonda, entre São Paulo e Rio de Janeiro. Entrando em pleno funcionamento em 1943, Volta Redonda servia como metáfora de uma nação brasileira que não mais se imaginava como simples fazenda, e sim como uma fábrica a todo vapor, em letras maiúsculas.

Nessa virada histórica, os sírio-libaneses continuaram em sua escalada, de mascates a proprietários em São Paulo. Em 1945, os brasileiros com sobrenomes médio-orientais respondiam por 27% das empresas no setor de fiação e tecelagem de algodão, seda, rayon, lã e linho (112 num total de 413). Representavam 40% do segmento de tecidos de rayon (90 num total de 215). Quase todas essas empresas foram abertas nos meados dos anos 1930, em parte em virtude dos incentivos do governo Getúlio Vargas ao comércio e à indústria[20]. Atendendo às classes comerciais e industriais urbanas (na maioria compostas de imigrantes), Vargas instituiu uma política protecionista, com impostos elevados sobre as importações. Essa política beneficiou a indústria têxtil nacional dos anos 1930 em diante. "Protegidos por tarifas extremamente elevadas nos têxteis importados", que ainda nos anos 1960 chegavam a quase 280%[21], os industriais e atacadistas do setor têxtil e os empresários do ramo de confecções cresceram em número e organização. Desenvolveram uma cadeia de produção e distribuição em que os rolos de tecido eram vendidos aos atacadistas, que então os revendiam aos donos de confecções. Na década de 1960, as centenas de lojistas da 25 de Março respondiam por cerca de 60% dos lucros do atacado no setor têxtil brasileiro*.

Através dessa rede, os "turcos" conquistaram uma respeitabilidade ambivalente na nação. Por um lado, as elites da mídia lhes dedicavam elogios por transformar a 25 de Março numa "via públi-

---

* "Comércio atacadista desaparece da cadeia têxtil", *Gazeta Mercantil*, 25 ago. 2000.

ca de destacada função comercial"*. Para o cronista urbano Gabriel Marques, a 25 de Março "deveria chamar-se rua Sirio-Libanesa [...] que bem se entronsa no conjunto viario paulistano [...] marcando, dia a dia, a riqueza paulista"**. Marques, mais tarde, comentou que a "velha rua do quibe cru" marca a "prosperidade Paulista" e "simboliza o poder de um povo forte e unido"***. Porém, por outro lado, a região começou a ocupar o noticiário como lugar propício para atividades irregulares do ponto de vista fiscal. Uma matéria informava que uma equipe de quarenta fiscais da receita conferiu "milhares de notas fiscais, centenas de volumes abertos e regular quantidade de mercadorias sem nota apreendida, numa operação que os chefes do serviço de fiscalização qualificaram de "tomada de pulso do comércio"****. Assim, os "sírio-libaneses" e a 25 de Março eram elogiados por suas "funções comerciais" e malvistos por causa de atividades questionáveis em termos fiscais.

Muita coisa havia mudado para os brasileiros de origens médio-orientais entre o final do século XIX e os anos 1960. Se os mascates imigrantes, até a década de 1930, eram menosprezados como párias econômicos na nação imaginada em termos agrícolas, na metade do século eles haviam conquistado uma respeitabilidade ambivalente, não só devido à ascensão social como proprietários e industriais, mas também por causa da guinada comercial e indus-

---

* "As ruas e sua história: A Rua Vinte e Cinco de Março", *A Nação*, 9 out. 1963.

** Gabriel Marques, "Rua Vinte e Cinco de Março: O rio das sete voltas", *Folha da Noite*, 2 mai. 1957; idem, "Rua Vinte e Cinco de Março: As chácaras recuaram", *Folha da Noite*, 3 mai. 1957; idem, "Rua Vinte e Cinco de Março: O outro Harun al-Rachid", *Folha da Noite*, 6 mai. 1957. Cf. também Marques 1966.

*** Idem, "A velha rua do quibe cru. I", *O Estado de S. Paulo*, 12 jun. 1960; idem, "A velha rua do quibe cru. II", *O Estado de S. Paulo*, 19 jun. 1960. O quibe cru (*kibi ni'yi*, em árabe) é uma mistura de carne crua de cordeiro e trigo triturado, que vai muito bem com folhas frescas de hortelã e cebola crua. Não por acaso, o melhor quibe que me ofereceram em São Paulo foi num restaurante na região da 25 de Março.

**** "'Comandos' fiscais em ação na 25 de Março", *O Estado de S. Paulo*, 28 jun. 1960.

trial na economia brasileira. Todavia, apesar dessas mudanças, os comentadores da elite continuaram a invocar sistematicamente a suposta propensão comercial dos médio-orientais para questionar o lugar da etnicidade árabe dentro da nação brasileira.

Regimes familiares fundam a Câmara

Em 1952, reuniu-se cerca de uma dúzia de empresários que haviam prosperado nas adjacências da 25 de Março e no setor têxtil em franco desenvolvimento naquela época, com o propósito de (re)estabelecer a Câmara de Comércio Sírio-Libanesa. A fundação se deu na sede de uma empresa da família Jafet, a Mineração Geral do Brasil. Segundo os estatutos originais, a Câmara tinha como objetivo fortalecer os laços comerciais entre o Brasil e o Oriente Médio, bem como a "união e a cooperação entre elementos de produção e consumo dentre seus associados dispersos pelo imenso território nacional"[22]. Nas décadas seguintes, a presidência e o conselho da Câmara foram ocupados sobretudo por membros de três famílias sírio-libanesas importantes: os Jafet, os Abdalla e os Chohfi.

Nagib e Eduardo, da segunda geração da família Jafet, ocuparam três mandatos seguidos na presidência e vice-presidência da Câmara, de 1953 a 1958. Deviam seu prestígio material e simbólico ao grande sucesso capitalista da geração imigrante anterior. Como comentamos rapidamente, os Jafet chegaram ao Brasil no final do século XIX. Abriram um atacado têxtil, Nami Jafet e Irmãos (por respeito ao irmão mais velho). Enquanto investiam nas importações, os cinco irmãos Jafet ingressaram no setor industrial, fundando em 1906 a Fiação, Tecelagem e Estamparia Ypiranga Jafet. Expandindo-se nas décadas seguintes, o complexo industrial da família Jafet veio a empregar mais de 3 mil trabalhadores nos meados dos anos 1930[23]. Como a família mais rica da colônia na primeira metade do século XX, os Jafet criaram um bairro inteiro, o Ipiranga, onde ficavam as fábricas e as mansões residenciais. Consta que uma parte do capital inicial dos irmãos Jafet "caiu do céu numa importação: uma encomenda de anilina feita pela empresa antes da [...] Primeira Guerra Mundial estava com dois números a mais, de modo que chegou um volume cem vezes maior do que o necessário, no momento em que dispararam os preços da anilina"[24]. Nos decênios seguintes, os investimentos e empreendimentos da família Jafet se verticalizaram, ampliando-se para a mineração, o setor bancário, transportes e outros setores da economia brasileira. A partir de 1959, porém, talvez simbolizando a falência que os Jafet iriam declarar nos anos 1960, nenhum membro da família voltou a ocupar um assento na direção da CCAB.

A eles se seguiram os descendentes do famoso Assad Abdalla, que havia chegado ao Brasil em 1895. Três membros de segunda geração da família Abdalla ocuparam a presidência da Câmara durante cinco mandatos, entre 1959 e 1964 e, depois, entre 1977 e 1980. Como dissemos mais acima, o progenitor Assad Abdalla foi mascate na periferia de São Paulo no final do século XIX, abriu um depósito atacadista com o primo Nagib Salem no começo do século XX e acabou adquirindo uma área e construindo um bairro inteiro, o Parque São Jorge, na cidade de São Paulo. O filho Nabih Assad Abdalla (presidente da CCAB em 1959-60) conta que, desde 1912, seu pai aplicava "religiosamente" metade dos lucros da empresa têxtil na compra de imóveis, principalmente no centro da cidade. Consta que o pai, um dia, fez uma conta de brincadeira com um dos sócios: "Primo, um metro de chita alemã [...] importada custa $300 o metro, e este terreno, $240; não se desgasta e nem desbota e ainda fica na linha do bonde, com frente para a Celso Garcia..." no centro paulistano[25]. Na primeira metade do século XX, esse tipo de investimento fez com que a família passasse a ter uma área de quase 1 milhão de metros quadrados, correspondendo ao Parque São Jorge, cujo campo de esportes foi vendido mais tarde para o clube de futebol Corinthians.

Embora em menor escala, essa estratégia de investir em imóveis foi utilizada por muitos comerciantes e industriais sírio-libaneses[26].

Após os Abdalla, Ragueb Chohfi ocupou a presidência da CCAB durante três mandatos, de 1965 a 1970, e seu filho Lourenço Chohfi ocupou o assento por duas vezes, entre 1983 e 1986. Também oriundo de Homs, o pai fundou e desenvolveu a Companhia Têxtil Ragueb Chohfi. Mas foi o filho Lourenço que transformou a empresa no maior atacado têxtil do Brasil desde o final dos anos 1970 até o começo dos anos 1990. O segredo do sucesso consistia em estocar um grande volume de mercadorias dos fabricantes num período de inflação alta, aumentando, assim, a margem de lucro do atacadista. Por exemplo, os Chohfi compravam milhares de metros de tecidos nacionais. Estocados nos depósitos, os tecidos se valorizavam com a remarcação mensal do índice geral dos preços, com taxas de inflação que variavam de 100% a 2.700% ao ano[27]. O tecido era vendido aos varejistas, meses depois, a um preço várias vezes maior do que o valor pago originalmente. Naquela época, essa estratégia de "ganhar em cima do estoque" era corriqueira entre os comerciantes, mesmo em menor escala. Com a abertura econômica de 1991 e a estabilização monetária de 1994, porém, os têxteis dos Chohfi deixaram de se valorizar e começaram a sofrer a concorrência dos fabricantes nacionais e dos importadores asiáticos que vendiam diretamente aos varejistas. Com um prejuízo de quase 17 milhões de dólares apenas em 1997, a Têxteis Chohfi fechou as portas. Mas nem tudo estava perdido. Por vinte anos, a empresa da família tinha investido os lucros em imóveis nas áreas urbana e rural. Vendendo terrenos que valiam dezenas de milhões de dólares e alugando lojas com menor valor de revenda (perto da 25 de Março), a fonte da riqueza da família Chohfi deixou de ser o ramo atacadista têxtil e passou a ser o mercado imobiliário. A influência da família continua, como mostra o fato de que o genro de Lourenço Chohfi, Paulo Atallah, foi o presidente da Câmara entre 1998 e 2002*.

---

* O pai de Atallah foi presidente da Câmara por dois mandatos seguidos, de 1971 a 1974.

Dirigida por essas três famílias abastadas de origem sírio-libanesa, a Câmara dependia quase que exclusivamente da generosidade delas para financiar suas atividades sociais nos anos 1950 e 1960. Naquela época, explica um dos diretores atuais, a Câmara tinha "mais atividades culturais. Recebia embaixadores. Promovia conferências. Ela estava realmente ligada à sociedade". Com diretores cujas biografias se entrelaçavam com o mercado têxtil e a economia brasileira, a Câmara de Comércio Sírio-Libanesa era para os empresários bem-sucedidos de ascendência sírio-libanesa uma instituição que lhes permitia estabelecer contato com as associações da colônia árabe em São Paulo, com os grupos sociais e empresariais brasileiros e com os diplomatas e dignitários do mundo árabe. Apenas em 1966 a Câmara recebeu visitas de funcionários do governo do Líbano, da Jordânia, do Egito e da Síria[28].

A alteração do nome da Câmara mostra o papel cada vez mais importante das potências árabes. A união entre a Síria e o Egito, formando a República Árabe Unida (1958), e a unificação dos respectivos corpos diplomáticos no Brasil chamaram a atenção dos diretores da Câmara – ainda de origem majoritariamente sírio-libanesa – interessados em ampliar "as relações com os países árabes". No mesmo ano, reuniram-se com o cônsul-geral da República Árabe Unida no Brasil e adotaram o nome de Câmara de Comércio Árabe Brasileira[29]. Todavia, quando houve o rompimento da RAU e a proclamação da República Árabe da Síria, foi adotado o nome oficial Câmara de Comércio Síria Brasileira[30]. Essa terminologia não era fortuita. Os laços com o governo sírio eram tão estreitos que, quando a Câmara comprou e se mudou para as novas instalações na avenida Paulista, em 1965, o presidente Ragueb Chohfi doou uma área para os escritórios do cônsul-geral da Síria no mesmo edifício. Somente em 1975 foi adotado o nome Câmara de Comércio Árabe Brasileira. Na época, os diretores da CCAB procuraram contato com as embaixadas do mundo árabe no Brasil, incluindo a Líbia, o Iraque, a Argélia, o

Egito, a Arábia Saudita e o Marrocos[31]. A Câmara esperava prestar futuros serviços diplomáticos e servir de intermediária comercial entre o Brasil e o mundo árabe.

Desde 1952 dirigida por esses magnatas sírio-libaneses do setor têxtil, a Câmara de Comércio Árabe Brasileira foi, a princípio, financiada basicamente pela riqueza das famílias na indústria têxtil brasileira, em franco desenvolvimento naquela época, e serviu sobretudo a suas finalidades sociais e culturais no Brasil e junto ao mundo árabe.

A CCAB, a 25 de Março e fluxos transnacionais

Após a crise do petróleo em 1973, o Estado e as elites empresariais brasileiras passaram a recorrer cada vez mais à Câmara de Comércio Árabe Brasileira, procurando orientação em assuntos diplomáticos e comerciais com os países árabes. O governo brasileiro queria saber como reduzir o deficit na balança comercial entre o Brasil e o mundo árabe do petróleo. Grandes executivos brasileiros perguntavam como exportar para o mundo árabe. Diante do interesse, a própria CCAB passou por uma profunda reestruturação financeira e organizacional. Em 1974, ela começou a cobrar honorários pelos serviços solicitados pelo governo e por empresas árabes e brasileiras. Ao mesmo tempo, recebeu do Estado brasileiro a definição oficial de "entidade sem fins lucrativos". Antes materialmente financiada por diretores de origem sírio-libanesa, agora a Câmara passa a ser indiretamente custeada pelo fluxo de bens e capital entre os governos e empresas do Brasil e do mundo árabe. Desde então, as atividades e os cofres da CCAB não pararam de aumentar.

Na década de 1990, cerca de 75% da receita das exportações brasileiras anuais para os países árabes (vários bilhões de dólares) consistia de alimentos (como carne de frango congelada), minério de ferro, açúcar, fibra de alumínio e café em grão. A maior parte da renda auferida pela Câmara provém da certificação dessas exportações brasileiras para o Oriente Médio. Como diz um panfleto da CCAB: "As Embaixadas Árabes em Brasília somente concedem a legalização consular nos documentos de exportação após a certificação realizada pela CCAB". Antes de ser remetida às embaixadas árabes em Brasília, a documentação para exportação precisa passar pelos escritórios da CCAB. Com o aumento das exportações brasileiras para os países árabes, a CCAB tem condições de se sustentar sozinha. Na verdade, os clientes brasileiros justificam dizendo que a Câmara "precisa cobrar para sobreviver", e a exigência de certificação para os produtos exportados resulta numa receita mais do que suficiente para bancar suas atividades e programações, como, por exemplo, missões empresariais brasileiras em visita ao mundo árabe e seminários sobre "Como exportar para os países árabes" para exportadores brasileiros em potencial (tratados mais adiante).

Em minhas perambulações dentro da Câmara, lembro claramente de Pierre, o secretário-geral da CCAB, assinando os certificados de origem para as exportações brasileiras com destino ao Oriente Médio. Com uma caneta na mão para assinar os documentos, um cigarro aceso na boca, o telefone apoiado entre o queixo e o ombro – aguardando uma ligação importante – e com um antropólogo insistente sentado diante dele, Pierre se demonstrou um mestre na arte de atender aos mais variados clientes. "O que a Câmara ganha", explicou ele, "ela ganha com a certificação, com os documentos que estou assinando aqui". Essa papelada garante a sobrevivência da CCAB e reforça sua imagem de "parceira" dos exportadores brasileiros. Estes chegaram à conclusão de que a parte de regulamentação dos produtos alimentícios e farmacêuticos é complicada, e a CCAB oferece o suporte técnico necessário para atender a ela. "Toda a documentação para as exportações", explicou também um cliente (não árabe), "passa pela Câmara para ser verificada, e ela lhe dá todo o apoio na tradução e na legislação necessária. [...] É um trabalho importante." Como será exposto mais detalhadamente, os descendentes sírio-libaneses na CCAB ganharam maior reconhecimento graças à circulação transnacional de bens e capital entre o Brasil e o mundo árabe.

Mas seus colegas no mercado atacadista têxtil na 25 de Março passaram por uma experiência muito diferente no mercado brasileiro da neoliberalização. Nascida durante o período protecionista da economia nacional, a cadeia de produção e distribuição que se desenvolveu entre fabricantes, atacadistas e varejistas começou a se romper no início dos anos 1970. Naquela época, as indústrias têxteis nacionais começaram a vender diretamente às fábricas de confecções e aos varejistas, passando por cima dos atacadistas que constituíam a maioria dos empresários da 25 de Março. Essa medida para a redução de custos se aprofundou ainda mais com a abertura econômica do início dos anos 1990*. Embora ela tenha possibilitado a recuperação ou, pelo menos, a sobrevivência da indústria têxtil nacional, a abertura significou um forte golpe para os atacadistas do setor têxtil brasileiro.

Se antigamente a 25 de Março liderava a distribuição de tecidos no mercado varejista de todo o país, agora, nos cálculos de um comerciante pessimista, haviam sobrado apenas seis atacadistas têxteis na região**. Anunciando essa transição, uma matéria de jornal de 1993 noticiou que "as lojas da região tradicional da 25 de Março estão se transformando em grandes clientes de empresas italianas, americanas, coreanas e chinesas"***. Beto, presidente da associação comercial da região da 25 de Março, tem plena consciência dessa

---

* Embora o presidente Fernando Collor de Mello tivesse desativado as políticas protecionistas em 1991, o valor da moeda nacional ainda não permitia que os empresários brasileiros importassem grandes quantidades. Mas, com a estabilização do sistema monetário em 1994, os índices de importações aumentaram exponencialmente.

** "Comércio atacadista desaparece da cadeia têxtil", *Gazeta Mercantil*, 25 ago. 2000. É uma manchete um pouco exagerada, mas expressiva.

*** Wanise Ferreira, "25 de Março vira pólo de importados: lojas de armarinhos e distribuidores de aviamentos importam a maioria dos produtos oferecidos", *O Estado de S. Paulo*, 2 abr. 1993. Mais recentemente, a região da 25 de Março foi considerada como o principal lugar para conseguir roupas, óculos de sol e tênis pirateados: Fátima Fernandes, "Piratas roubam mercado de empresas e US$ 10 bi do país", *Folha de S.Paulo*, 3 set. 2000. Cf. Paulo Vieira e Fernando Souza, "Piratas tomam a rua dos micreiros", *Veja São Paulo*, 11 out. 2000.

inundação dos importados. Ele é um sírio-libanês de terceira geração, que criou uma firma de importação de têxteis logo após a abertura econômica de 1991. O pai libanês entrou com o capital inicial e um pequeno escritório no prédio da família, perto da 25 de Março. Hoje, a firma de Beto importa a maioria dos tecidos da Coréia do Sul, conta com vinte empregados no depósito da 25 de Março e coordena quarenta vendedores comissionados em todo o país. Além disso, a família de Beto é dona de cinco ou seis prédios inteiros (para várias lojas) na região. Com esse respaldo da família, Beto comenta que, na 25 de Março, "qualquer loja em que você entre hoje tem [...] metade dos produtos importados, no mínimo". E continua:

> a economia local, ela está abastecida com muita coisa de fora, né? Você tem muita loja que vende artigo de fora, da Ásia, da China, né? Presente, brinquedo, e tal... Hoje, qualquer loja que você entra, eu diria cem por cento das lojas, tem alguma coisa importada, né? Ou metade da loja é produto importado... não menos que isso... Você entra, por exemplo, numa loja de bijuteria, tem muita coisa que vem de fora. Você entra numa loja de brinquedo, tem muita coisa de fora. Você entra numa loja de tecido, a mesma coisa. Então hoje está meio... o comércio aqui está muito dependente de importação...

Muitos comerciantes da região da 25 de Março deixaram de trabalhar com têxteis e acessórios nacionais para abastecer as prateleiras com têxteis, tênis, bijuterias, brinquedos e até equipamentos eletrônicos importados.

Uma firma de primos sírio-libaneses de segunda geração, chamada O Rei dos Armarinhos, ilustra a transição do comércio atacadista para o comércio varejista na 25 de Março. Um dos primos, Rodolfo, comentou que os lucros com o atacado de fitas, botões e outros artigos diminuíram nos anos 1970 e chegaram lá em baixo no começo dos anos 1990. Antes os fabricantes nacionais desses artigos atendiam a loja de Rodolfo, mas agora eles vendem diretamente ao consumidor final. Em vista disso, Rodolfo agora importa 80% de seu estoque da Itália, China, dos Estados Unidos e de outros países. Ele e os sócios chegaram a reformar o prédio de quatro andares, transformando-o em loja de varejo. Antigamente era um depósito atacadista de tecidos, e agora atende clientes de classes média e baixa.

Os escritórios do pai e do tio de Rodolfo ficavam no segundo andar. Com a reforma, ele transformou o espaço no Memorial 25 de Março, para "preservar a memória dos imigrantes sírios e libaneses na região da 25 de Março". São duas salas espaçosas, que expõem com elegância várias fotos em preto-e-branco, móveis antigos e várias peças de escritório. Há uma série de cartazes nas paredes, narrando em prosa e verso as histórias da 25 de Março e do comércio sírio-libanês. Tendo fugido do Império Otomano "com 5 mil anos de história para dar e vender", os sírio-libaneses são celebrados como mascates de "uma civilização pioneira" no Brasil. "Os sírio-libaneses percorreram todo o interior, abrindo lojas em cada povoado", diz um cartaz. Transformaram a rua 25 de Março no "grande centro de [...] tecidos, roupas e acessórios por atacado". Omitindo a posição marginal dos primeiros tempos, os descendentes expõem e enaltecem essas memórias apenas no final dos anos 1990, especificamente no caso do velho depósito atacadista reformado e convertido numa loja simpática aos clientes. A esta luz, a construção do passado pioneiro dos sírio-libaneses reflete o novo rumo adotado nessa área, que agora se dedica ao varejo de importados na economia aberta do Brasil*.

---

* A peculiaridade desse lugar atribuído ao passado árabe dentro de São Paulo fica evidente quando comparamos com a história árabe americana em Nova York. A Atlantic Avenue no Brooklyn, por exemplo, antigamente abrigava famílias sírias e libanesas que, no começo do século xx, viviam de pequenos negócios de tecidos na Washington Street de Manhattan. A partir dos anos 1970, as famílias sírias e libanesas cederam espaço a imigrantes jordanianos, palestinos e iemenitas (Orfalea, 1988,

Apesar desse projeto, que tenta vincular o passado sírio-libanês do pequeno comércio à região da 25 de Março, esta ganhou fama – ou, muitos diriam, má fama – por vender produtos importados baratos, artigos falsificados e inclusive por manter estabelecimentos com condições de trabalho ilegais. Na verdade, esses estabelecimentos com mão-de-obra sem documento muitas vezes pertencem a imigrantes da China, da Coréia e de Taiwan. Uma reportagem brasileira calculou que "existiam 2.500 estabelecimentos comerciais coreanos em São Paulo, 90% deles oficinas de confecções"[32]. Começando na mesma época em que decaíam as indústrias têxteis nacionais, as oficinas coreanas com trabalho sem documentação aparentemente produziram em 1998 "um em cada três" artigos de vestuário vendidos no Brasil. O que exacerba ainda mais essa situação são cerca de 7 mil camelôs no centro paulistano*. Com bancas dos mais variados artigos – roupas, bijuterias, cds piratas e outras bugigangas –, os camelôs costumam se instalar na frente das lojas movimentadas que comercializam os mesmos produtos.

Sejam médio-orientais, asiáticos ou nordestinos, os camelôs e lojistas da 25 de Março trabalham com produtos importados. Mas esses produtos muitas vezes são "irregulares" segundo os fiscais da fronteira e da Receita, pois seriam contrabandeados do Paraguai. De fato, quando houve um fechamento temporário das fronteiras entre o Brasil e o Paraguai, no começo de 2001, os lojistas e os camelôs

---

pp. 224-5). Desse ponto de vista, a arabicidade contemporânea da Atlantic Avenue no Brooklyn foi construída, ao que parece, pelos imigrantes do final do século, e não por árabe americanos de segunda e terceira geração que tiveram ascensão social. Ainda que existam lojinhas de imigrantes recentes, sobretudo do Líbano, na rua 25 de Março, a exposição pública da arabicidade em museus particulares e encontros de negócios tem sido realizada por árabe brasileiros de segunda e terceira geração.

* Esses números foram fornecidos por funcionários da Secretaria das Administrações Regionais, do município de São Paulo.

ficaram com as prateleiras e bancas desabastecidas*. Devido a essas conexões supostas e reais entre as importações e a 25 de Março, entre 1999 e 2001 houve diversas operações de "busca e apreensão", as chamadas blitzes**. As mercadorias sem nota fiscal e sem documentação, às vezes pesando mais de uma tonelada, eram apreendidas tanto nas lojas quanto nas ruas. A certa altura, o próprio Beto recebeu uma visita de uma equipe de fiscais, para a grande alegria dos camelôs e dos inquilinos asiáticos. Apesar da exposição de um passado pioneiro mítico dos sírio-libaneses, hoje há limites para o reconhecimento étnico da 25 de Março na nação neoliberal.

Respectivamente associadas à exportação e à importação na economia nacional, a CCAB e a 25 de Março hoje estão ligadas aos fluxos internacionais de bens e capital. A transformação iniciada nos anos 1970 beneficiou a direção da CCAB, mas foi mais ambivalente para os comerciantes da 25 de Março. Essa dissonância entre os brasileiros de origem sírio-libanesa aponta uma continuidade, mas também uma mudança na hierarquia entre etnicidade e nação no Brasil contemporâneo.

---

* Michele Oliveira, "Bloqueio no Paraguai afeta negócios na rua 25 de Março", *Gazeta Mercantil*, 26 set. 2001. O artigo afirma que "o fechamento da Ponte da Amizade" que liga Foz do Iguaçu a Ciudad del Este no Paraguai "tem impacto no comércio da região da rua 25 de Março, no centro. Conhecida pela venda de produtos importados, a região já enfrenta falta de..." várias mercadorias.

** Para alguns exemplos noticiados na imprensa, cf. Alessandra Zapparoli, "Vaivém sem fim: Prefeitura faz nova tentativa de tirar os camelôs da região da 25 de Março", *Veja São Paulo*, 11 ago. 1999; Valéria Rossi, "Blitz anticamelô toma 25 de Março de madrugada: Para evitar a montagem das barracas, 350 fiscais e guardas civis chegaram à rua às 4 horas", *Jornal da Tarde*, 30 jun. 2000; Bárbara Souza, "Guardas e camelôs confrontam-se no centro: Ação na Ladeira Porto Geral deixou vários feridos por golpes de cassetete", *O Estado de S. Paulo*, 7 out. 2000; José Gonçalves Neto, "Região da 25 de Março é alvo de blitz: Fiscalização atingiu comércio formal e também os ambulantes da região", *O Estado de S. Paulo*, 12 out. 2000; Meire Furuno, "'Camelódromo' da 25 segue intocável: Enquanto a Barão de Itapetininga está livre dos ambulantes, eles continuam ocupando a rua 25 de Março", *Jornal da Tarde*, 20 jan. 2001; Liliana Ciardi, "Blitz tira camelôs da rua 25 de Março", *Jornal da Tarde*, 24 mar. 2001.

Parceiros nacionais e étnicos no "Brasil exportador"

Encerrando um período de sessenta anos de protecionismo, a abertura econômica brasileira diminuiu as tarifas de importação e reduziu as barreiras comerciais, mas de uma maneira tão súbita que, para muitos empresários, foi "traumática" e "chocante". Vários deles contaram as mesmas experiências no começo dos anos 1990, quando tiveram de enfrentar de repente a concorrência global, fosse em cosméticos, produtos farmacêuticos ou alimentos. Daniella, uma executiva do setor de cosméticos, conta que sua empresa tinha três concorrentes, e em 1992 passaram a ser dezenove. Importando produtos de grife de fornecedores asiáticos, várias firmas novas no Brasil conseguiam vender a linha de produtos da empresa de Daniella a preços mais baixos. "Com a abertura econômica, perdemos muito mercado aqui dentro", pondera Daniella, "e então você tem que exportar e procurar mais mercado". Eduardo, executivo da área de equipamentos hospitalares, também explicou que os "grandes jogadores mundiais" dos Estados Unidos e Europa entraram no mercado interno com produtos mais baratos e com maior tecnologia de ponta. Embora a experiência tenha sido "traumática", disse ele, "nosso setor está tentando prospectar mercados potenciais em nível mundial para se globalizar também". Tendo sobrevivido à enxurrada de importados baratos e competitivos, que ocorreu com a abertura econômica, os executivos brasileiros adotaram estratégias "globalizantes" e voltadas para a exportação.

Para incentivar a burguesia nacional a vender uma porcentagem significativa de seus bens e serviços no exterior, o Estado brasileiro criou várias agências e programas no final dos anos 1990. Com siglas misteriosas como APEX (Agência de Promoção de Exportações) e PROEX (Programa de Financiamento às Exportações), essas entidades oficiais voltadas à exportação foram bem recebidas nos círculos empresariais. Avaliando como elas "despertam" o "espírito exportador" das elites industriais brasileiras, Luiz Furlan, presidente da Sadia, afirmou:

... tradicionalmente, o Brasil não era exportador. Então, essas agências têm como razão de ser *despertar* o espírito exportador em pequenas e médias empresas. E, ao mesmo tempo, educar, assessorar, dar acesso à informação: quem são os países que compram? Qual é o tipo de produto?*

Sem ocultar sua satisfação com as perspectivas de uma indústria nacional voltada à exportação, com o apoio de agências do governo, esse grande empresário elogiou a seguir o presidente Fernando Henrique Cardoso por transformar o Brasil numa nação exportadora.

Furlan também enfatizou as parcerias entre as agências oficiais de exportação e as câmaras internacionais de comércio. Hoje em dia existem em São Paulo cerca de vinte câmaras internacionais de comércio, muitas delas com o apoio institucional do Estado e com poderes de negociação em seus respectivos países de origem. Essas entidades geralmente são dirigidas por imigrantes ou descendentes de imigrantes, e entre elas se destacam a norte-americana, a árabe, a italiana e a russa. Para Furlan, essas câmaras "Emprestam serviços para empresas interessadas... E, ao mesmo tempo, têm um entrosamento com as autoridades brasileiras, visando aumentar o fluxo de negócios entre os países". Ocupando as manchetes dos principais jornais, essas parcerias entre o setor público e o setor privado para as exportações são acolhidas em termos positivos. De modo geral, considera-se que elas geram um fluxo certo de capital externo, garantindo assim uma base estável para o desenvolvimento nacional dentro da economia mundial.

Como uma dessas "câmaras de comércio internacional", a CCAB desenvolveu sua imagem de entidade sem fins lucrativos volta-

---

* Grifo de Furlan. A Sadia é a maior empresa de frangos do Brasil. Suas exportações correspondem a quase um terço de todo o comércio com o mundo árabe, e Furlan conhece bem os diretores da CCAB. Note-se ainda que Furlan foi nomeado ministro da Indústria e do Desenvolvimento do governo Lula.

da às exportações na década de 1990. Hoje, ela emite certificados de origem para as exportações brasileiras destinadas ao Oriente Médio, organiza visitas em missão comercial das elites políticas e empresariais brasileiras ao mundo árabe, representa o Brasil nas feiras internacionais patrocinadas pelos árabes e organiza seminários para as elites brasileiras sobre as maneiras de negociar com os países árabes. Ao contrário das câmaras de comércio que pretendem abrir o mercado brasileiro para a importação de bens e serviços de seus países de origem, a CCAB tenta se diferenciar como entidade dedicada principalmente (mas não exclusivamente) à exportação de bens e serviços brasileiros para o Oriente Médio: "... a Câmara atua de forma inteiramente independente e voltada principalmente para a exportação, em perfeita consonância com os objetivos do governo e da economia brasileira"[33]. A CCAB se vê e se representa como uma câmara que trabalha basicamente para aumentar as exportações brasileiras para o Oriente Médio. Ela procura garantir seu papel como parceira étnica no setor exportador da economia nacional brasileira.

Institucionalmente, a CCAB é considerada como "ponte" entre o Brasil e o mundo árabe. Em 1992, a Liga dos Estados Árabes a reconheceu oficialmente como agência de promoção econômica, no que foi seguida por várias câmaras de comércio em todo o Oriente Médio. Mas apenas em 2000 foi selada uma parceria institucional com o Estado brasileiro, para conscientizar as elites empresariais sobre a importância de exportar para o "mundo árabe". Com isso, a CCAB passou a manter relações institucionais com a APEX, órgão do governo federal. Essa parceria permite que a CCAB divulgue suas várias atividades – missões comerciais, feiras internacionais, seminários sobre exportações – como entidade com "patrocínio do Estado". Como examinarei mais adiante, um funcionário da APEX elogiou os seminários sobre "como exportar para o mundo árabe", que treinam os executivos brasileiros sobre os costumes econômicos e culturais do mundo árabe. Aliás, o logotipo da CCAB – um crescente com as cores da bandeira brasileira – aparece entre os emblemas das agências federais do país.

Servindo de ponte para o "mundo árabe", os diretores da CCAB, com origens sírias e libanesas, invocam uma arabicidade mais ampla. Tome-se, por exemplo, a explicação de Pierre, um brasileiro sírio de terceira geração que é o secretário-geral da CCAB desde 1998: "Eu sou sírio, um descendente de sírio, mas sou árabe. Se eles perguntam se eu sou libanês, digo que não, sou árabe, sou descendente de árabe. Então não tem essa... idéia de nação individual. É a nação coletiva [pausa] dos árabes." Essa arabicidade geral forma a própria essência dos vínculos institucionais da CCAB com organizações governamentais e comerciais. Os laços oficiais com a Liga dos Estados Árabes, por exemplo, baseiam-se na ascendência árabe da diretoria executiva da CCAB, conforme estipula o regulamento da Câmara, revisto nos anos 1980[34]. Nesse sentido, como disse um antigo membro da Câmara, a ascendência dos presidentes e diretores "ganha espaço" para os executivos brasileiros no "mundo árabe". Estendida ao mundo árabe, essa forma de brasilidade árabe abriu um espaço de mercado para os exportadores brasileiros.

Mas essa arabicidade é diferente de sua manifestação anterior nos anos 1950. Naquela época, a Câmara "síria e libanesa" havia alterado o nome para "árabe brasileira", refletindo o auge do nacionalismo árabe na efêmera união de três anos entre a Síria e o Egito, como República Árabe Unida. A atual arabicidade da Câmara tem mais a ver com as transformações socioeconômicas dentro e fora do Brasil. Deixando de se concentrar na Síria e no Líbano nos anos 1980, a CCAB agora se relaciona muito mais com as nações petrolíferas do Golfo Árabe. De fato, são elas as principais áreas que recebem as exportações e os exportadores do Brasil. A reorientação da CCAB se baseou implicitamente no conceito do "petrodólar árabe" na economia global. Nos anos 1980 e 1990, o Golfo Árabe respondeu por mais da metade das exportações brasileiras para todo o Oriente Médio*. Nos manuais, seminários e missões, a CCAB encaminhava os exportadores brasileiros para os países árabes superavitários[35]. A Arábia Saudita, o Kuwait, os Emirados Árabes Unidos e outros eram tratados não como nações árabes irmãs, e sim como mercados capazes de "absorver" as exportações brasileiras. Dessa maneira, os brasileiros de origem sírio-libanesa estenderam sua arabicidade para a região do Golfo dentro de uma lógica de mercado, refletindo as agendas nacionais brasileiras, e não necessariamente sírias ou libanesas.

Essa arabicidade em sentido lato atraiu alguns clientes brasileiros de origens médio-orientais. Shahid, por exemplo, é um empresário palestino de segunda geração no setor de telecomunicações. Tendo perdido receita após 1991, ele se interessou em exportar para o mundo árabe. Shahid deduziu que os importadores no mundo árabe iriam preferir os produtos de um colega árabe no Brasil. A arabicidade era uma alavancagem, disse ele. Mas, para a surpresa de Shahid, a Câmara o ignorou. Ele me pediu para perguntar à CCAB por que ela nunca respondeu a suas consultas. Um diretor da CCAB comentou comigo, depois, que as "telecomunicações asiáticas" são fortes em todo o Oriente Médio e que Shahid não chegaria a lugar nenhum, mesmo que a Câmara o ajudasse. Passei o recado para Shahid e ele não se conteve, questionando a razão de ser da CCAB: "Mas a Câmara não devia estar ajudando a gente?", referindo-se a "nós, os árabes". Ele continua freqüentando os eventos da CCAB e espera uma futura oportunidade para exportar. Desse ponto de vista, a etnicidade árabe se intensificou, mas de uma maneira nem sempre aplicável à interação concreta entre os que se identificam como árabes.

A arabicidade da CCAB, portanto, hoje reflete uma lógica de mercado. Apesar de ser uma entidade sem fins lucrativos, os dire-

---

* Em 1998, o Golfo Árabe respondeu por 850 milhões de dólares do total de 1,7 bilhão de dólares de produtos e serviços brasileiros exportados para a região do Oriente Médio.

tores têm interesses em jogo nesses fluxos transnacionais entre o Brasil e o Oriente Médio. Tome-se o exemplo de dois membros sírio-libaneses de uma missão comercial em visita ao Golfo Árabe, em 2000, os quais foram convidados a participar do conselho diretor da CCAB. Um lida com bancos de investimentos e outro com a indústria de lactose. Selando acordos comerciais durante a missão no Golfo, também conseguiram assento na direção da Câmara. Num outro exemplo, Bashar, dono de uma famosa agência de turismo em São Paulo, passou a fazer parte do quadro da diretoria muitos anos atrás. Desde então, ele monta exposições sobre o turismo egípcio e argelino no Brasil. Ele me explicou: "Dentro da Câmara, esta é a minha área". Mas, em 2001, ele fez parte de um comitê para divulgar o turismo brasileiro numa feira internacional, a Arabian Travel Market, em Dubai, nos Emirados Árabes Unidos. Um boletim da CCAB comentou que "a ocasião foi tão favorável para selar acordos que um operador de turismo brasileiro já fretou quatro vôos charter [dos Emirados para o Brasil]"*. Aqui, as vantagens da arabicidade reverteram para os diretores da CCAB e a economia nacional brasileira.

Comparemos com a Câmara de Comércio Árabe Americana (CCAA) nos Estados Unidos. Fundada em 1992 por um grupo de empresários árabe americanos na Grande Detroit, a Câmara tentou se tornar um "eixo de comércio entre o Oriente Médio e os Estados Unidos, como é Miami em relação à América Central e à América do Sul"**. Na luta para conquistar uma parcela dos 55 bilhões de dólares do intercâmbio comercial entre o mercado norte-americano e o mercado árabe, a CCAA realizou o primeiro "Fórum Econômico Árabe-Americano" em Detroit, em setembro de 2003. Entre os mil participantes que pagaram uma inscrição na faixa de 3 mil dólares,

---

* "Turismo em alta", *Câmara Árabe Notícias*, vol. 1, n. 2, 2001.
** Tom Walsh, "Mideast's future to take shape in Detroit", *Detroit Free Press*, 25 set. 2003.

estavam Colin Powell e funcionários do governo norte-americano, o príncipe Saud al-Faisal e membros da realeza do Golfo Árabe, além de altos executivos da Intel, Boeing e ExxonMobil*. Com cobertura da imprensa em toda a nação, o fórum pretendia enfocar as relações comerciais entre os EUA e as potências árabes, mas a política ocupou o primeiro plano**. Enquanto o fórum era criticado por um movimento popular de militantes árabe americanos, por discriminação e cumplicidade com os interesses norte-americanos, as autoridades públicas dos EUA introduziam suas metas de difundir a "democracia" por meio da "economia do livre comércio". Assim, o empresariado árabe americano tentou projetar sua etnicidade como lógica de mercado num âmbito nacional e transnacional, mas ele se mantém atrelado à agenda oficial norte-americana de difundir a "democracia" no mundo. Como sua equivalente brasileira, a CCAA busca uma parceria com o governo e o empresariado dos EUA e dos países árabes, mas é inevitavelmente cúmplice da hegemonia norte-americana.

Encenando a parceria árabe brasileira na export(n)ação

Por outro lado, no Brasil, a parceria entre as elites étnicas, governamentais e nacionais foi encenada nos seminários da CCAB: "Como negociar com os países árabes" e "Exportando para os países árabes". Esses seminários começaram nos meados dos anos 1990 com apresentações bimestrais em todo o Brasil, atraindo de 50 a 120 empresários, sobretudo não árabes, de diversas empresas brasileiras. Os seminários do ciclo "Exportando para os países árabes", copatrocinados pela APEX, ganharam visibilidade na imprensa brasileira, sobretudo na *Gazeta*

---

* "Key players in the U.S.-Arab economic forum", *Detroit Free Press*, 29 set. 2003.
** Tom Walsh, "Arab leaders' dialogue is all about power, politics", *Detroit Free Press*, 29 set. 2003.

Mercantil*. Descrevo a seguir dois seminários do ciclo "Exportando para os países árabes", a que assisti em 1999 e em 2001**.

Na entrada do auditório, lotada de gente com roupas sóbrias e escuras, os participantes, homens na grande maioria, pegavam os crachás de identificação distribuídos pelas secretárias. Cuidadosamente arrumadas nos 120 assentos, havia pastas com panfletos divulgando as próximas feiras internacionais e missões empresariais. Os participantes examinavam o material, ajeitavam os crachás e ficavam olhando seus relógios de ouro, até começar o seminário. Após a apresentação dos conferencistas da Câmara Árabe e do governo federal brasileiro, sentados à mesa em frente ao público, seguiu-se uma sinopse das atividades em parceria. "O papel da CCAB", começou Paulo Atallah, presidente da Câmara, "é incrementar o comércio entre o Brasil e os países árabes". Para isso, continuava ele, a "Câmara Árabe" possui filiais no Maranhão, Bahia, Goiás, Brasília e no sul do Brasil, além de filiais internacionais, como o Centro Empresarial Brasileiro em Dubai, nos Emirados Árabes. Atallah fez questão de frisar que o centro empresarial de Dubai tinha sido parcialmente financiado pelo governo brasileiro. A CCAB, portanto, foi apresentada como entidade que se ramifica pelo Brasil e é direcionada ao mundo árabe.

---

* "Seminário ensina a exportar para mercado árabe", *Gazeta Mercantil* (Santa Catarina), 15 ago. 2000; "Indústria cearense chama atenção de países do oriente", *Gazeta Mercantil* (Ceará), 11 set. 2000; "Comércio exterior: Consórcio mineiro de confecções mira mercado árabe", *Gazeta Mercantil* (Minas Gerais), 9 out. 2000; "ZF pode conquistar mercado árabe", *Gazeta Mercantil* (Amazonas), 9 abr. 2001; "Fiemt e Apex promovem encontro sobre exportação para os países árabes", *Gazeta Mercantil* (Mato Grosso), 30 mai. 2001; "Seminário discute perspectiva de comércio", *Gazeta Mercantil* (Goiás), 20 jun. 2001. Esses artigos sugerem que o comando espacial da CCAB é reconhecido pelas elites empresariais e pelos meios de comunicação no Brasil. Como observou o presidente de uma federação comercial na região amazônica: "Temos grandes oportunidades de abrir espaço com a Câmara Árabe de Comércio no exterior."

** Além desses seminários, a CCAB, em sua sede paulista, abriga mensalmente apresentações sobre vários temas empresariais para filiados, executivos e funcionários do governo.

A seguir, Atallah apresentou dois funcionários do Ministério das Relações Exteriores, que estavam a seu lado, na frente do auditório. O primeiro declarou que o governo brasileiro planejava dobrar as exportações do país em 2000, com a recente criação da Agência de Promoção das Exportações, a APEX. Com uma "visão muito moderna", a APEX representava um dos "pontos principais de avanço" no governo de Fernando Henrique Cardoso, que procurava transformar o Brasil num "grande país exportador na economia global". Um dos principais "parceiros" nessa meta era a CCAB. "Poucas câmaras têm a experiência que esta tem", elogiou o funcionário do governo. "Ela leva os empresários do Brasil a exportar para o mundo árabe." E, concluindo: "Cumprimento essa iniciativa da CCAB de montar um escritório em Dubai." É uma demonstração exemplar de como a Câmara Árabe ganhou reconhecimento como parceira do Estado brasileiro.

Em 2001, após o discurso do representante do governo, veio uma apresentação de Pierre, o secretário-geral da CCAB, sírio de terceira geração. Convidado a ocupar o microfone, Pierre falou por cerca de vinte minutos sobre as características do "mercado árabe". Depois de apresentar seus principais traços econômicos, inclusive as barreiras alfandegárias e os índices de crescimento, Pierre mostrou um mapa do Oriente Médio. "Nem precisaria", desculpou-se ele, "mas é só para dar uma idéia dos países que formam o mercado árabe". Apontando a "região mediterrânea" do Líbano, Síria e Palestina, Pierre comentou que a "maioria dos imigrantes no Brasil" veio "desses países árabes", e mais tarde ressalvou que essa era uma área de risco. Passando para o Golfo Árabe, ele explicou que "tem o segundo maior movimento comercial, só atrás de Hong Kong". Pierre marcou com um alfinete no mapa do "mercado árabe" a região síria de onde vinha sua família, mas deu destaque ao potencial econômico de uma outra região. Assim ele juntou a evidente arabicidade dos diretores sírio-libaneses da Câmara, oriundos da parte ocidental do "mercado árabe", com as margens orientais desse mercado, a saber, o

Golfo Árabe. Passando da terra natal na Síria ou no Líbano para o "movimento comercial maior" do Golfo, essa ampliação da arabicidade reflete o destino da exportação brasileira para o mundo árabe.

Um segmento significativo do seminário foi dedicado à "cultura árabe", na esperança de facilitar o futuro intercâmbio empresarial entre os executivos brasileiros e os executivos árabes. Nos seminários de 1999 e 2001, por exemplo, quando Pierre apresentou as "características culturais do empresário árabe", os ouvintes brasileiros ficaram alvoroçados, anotando tudo o que ele dizia*. Pierre ressaltou a "importância da cultura árabe". Em 1999, ele especificou que os árabes gostam de "relações pessoais" nos acordos comerciais, e "os árabes gostam de barganhar, então é bom dar um descontinho, baixar um pouco o preço". Em 2001, Pierre apresentou uma versão parecida, mas um pouco mais polida, do perfil do "importador árabe": ele "gosta de se sentir importante", explicou o secretário-geral da CCAA. "Ele gosta de confiar no parceiro e está realmente disposto a barganhar. Ele gosta de negociar, de oferecer um café e discutir o preço da mercadoria, [...] e gosta de sentir que venceu na questão do preço." Assim, os diretores da CCAB projetavam para o próprio mundo árabe a imagem historicamente específica do árabe como comerciante esperto no Brasil. Mas, com isso, fortaleciam seu papel como parceiros dos executivos brasileiros, que sabem como negociar e barganhar do jeito que só um árabe sabe fazer.

Tais referências à capacidade de barganha dos empresários no Golfo Árabe não eram desconhecidas dos clientes brasileiros (não árabes) da Câmara. Como chefe do departamento de relações inter-

---

* Cabe acrescentar, porém, que o próprio Pierre comentou a "falta" de arabicidade em sua vida privada. Um dia, quando tomamos o elevador juntos, ele perguntou num tom casual se eu falava árabe. "Falo, mas não muito bem", respondi. Pierre retorquiu: "Pelo menos você fala". Ainda lamentando, ele disse: "Perdi esse lado da cultura". Apesar dessa admissão pessoal, Pierre foi visto (por si e pelos outros) como especialista público em cultura árabe nos seminários "Exportando para o mundo árabe".

nacionais da FIESP (Federação das Indústrias do Estado de São Paulo), Maurice comentou que essa perspicácia inata dos árabes para os negócios se encontra não só no Brasil e no Oriente Médio, mas também em toda a Europa. Falando da sagacidade comercial dos árabes na Romênia, sua terra natal, Maurice citou um provérbio que diz que "um árabe vale por sete romenos". Eduardo, o executivo do setor de equipamentos hospitalares acima citado, também comentou que "o árabe tem por natureza um jeito comercial de ser. Negociar está nas raízes". Manifestando admiração pelos "executivos altamente qualificados" que conheceu durante a missão comercial da CCAB ao Golfo Árabe, Eduardo deu maiores detalhes sobre os árabes no Brasil:

> A gente sempre soube desde criança que o comerciante tinha de ser alguém da comunidade, sempre negociando, com roupas, tecidos, mercearias. Você sempre tinha a comunidade árabe nessa área. Para nós aqui no Brasil [...] essa cultura do imigrante [árabe] faz parte do dia-a-dia.

Tendo aprendido "como negociar" no Golfo Árabe, os executivos brasileiros achavam plenamente natural que seus colegas no mundo árabe possuíssem a mesma essência comercial árabe que havia no Brasil.

Daniella, a executiva do setor de cosméticos, participou da mesma missão comercial ao Golfo Árabe. Ela explicou que estava disposta a "ganhar a confiança" dos executivos árabes e tinha se armado com um lote de amostras de escovas de cabelo, gravadas no cabo "Para seu bebê" em árabe. Satisfeita com esse lance comercial de apelo cultural, e tendo contado com a ajuda da CCAB para a tradução, Daniella comentou: "Estou entrando na cultura deles". Mas também ponderou sobre a dificuldade de fazer negócios com os executivos árabes. Conversando sobre suas experiências com os "árabes" antes e depois da missão comercial, ela explicou:

> A gente ouve muito que o árabe sabe fazer negócio. Você pede um desconto, mas o árabe realmente segura muito. Ele não quer ceder. As pessoas dizem: "Os árabes tiram tudo que podem." Lá na 25 de Março o comerciante fala assim: "Ô, senhora! Vou lhe fazer baratinho! Vendo barato, senhora" [dito com sotaque "árabe" e o punho fechado]. Mas quando eu vi a hospitalidade na Arábia, aqueles almoços, os carros esperando no aeroporto, as roupas que eles usam... Então tem essa outra coisa: é uma característica dos árabes serem hospitaleiros. [...] Mas, apesar da hospitalidade, negócio é duro pra fazer.

A despeito da hospitalidade, Daniella sentiu dificuldade em fechar negócio com os executivos árabes que visitaram as feiras comerciais patrocinadas pela CCAB no Oriente Médio. Mas, mesmo sem fechar nenhum contrato, ela repetiu que havia aproveitado muito a viagem e viu que, mesmo que os médio-orientais sejam "duros de lidar", há a questão da "hospitalidade". Longe de desfazer a idéia de uma essência comercial árabe, que Daniella havia conhecido na rua 25 de Março, sua experiência empresarial transnacional veio a juntá-la ao próprio Oriente Médio em si.

No final dos anos 1990, Eduardo e Daniella eram apenas dois dos milhares e milhares de executivos brasileiros que participaram dos seminários da CCAB sobre as negociações com o Oriente Médio. Voltaram dos dez dias de visitas comerciais aos países do Golfo sonhando com as possibilidades de bons contratos*. E, tal como

---

* Desde 1998, a CCAB promoveu cerca de doze missões comerciais ao Golfo Árabe e ao norte da África. Copatrocinadas, a partir de 2000, pela Agência de Promoção da Exportação do Ministério de Relações Exteriores (Apex – MRE), essas "missões comerciais" visam "dar ao executivo a oportunidade de encontrar diretamente o comprador e/ou distribuidor de seus produtos. A CCAB cuida da logística e você de seu negócio". A "logística" das missões comerciais é montada com as câmaras árabes de comércio filiadas e as embaixadas brasileiras. Anunciando em revistas e jornais

os seis outros participantes entrevistados, manifestaram admiração pelo "papel" da CCAB nessa viagem de negócios. Consideraram especialmente útil o manual com dicas de comportamento que a CCAB distribuiu entre eles, e elogiaram a organização das feiras comerciais que "abriram as portas" para os executivos brasileiros conhecerem e "tratarem" com os importadores árabes*. Eduardo explicou:

> Quando você vai para um país, é importante ter alguém que te abra as portas. E a Câmara [Árabe] faz esse papel. Ela tem um relacionamento com esses países, pois faz parte da comunidade. [...] Então ela consegue arrumar o canal de comunicação e facilitar os contatos. [...] É um agente importante que faz o canal entre o Brasil e os países da comunidade árabe.

Os executivos brasileiros colocaram a CCAB na posição de "abrir as portas" para os mercadores árabes. Criando um "canal de comunicação" entre o Brasil e o Oriente Médio, o "papel" da CCAB – como parceira, e não pária – foi louvado pelos exportadores brasileiros.

Ao buscar a assistência da CCAB para a exportação de frangos de sua empresa para o Oriente Médio, Luiz Furlan, presidente da Sadia, comentou a condição atual da economia nacional e o lugar da Câmara dentro dela:

> A economia brasileira sempre foi uma economia muito fechada. [...] Era muito difícil [exportar]. Era uma ciência exportar. E agora com a abertura, houve uma renovação do papel das

---

empresariais locais e distribuindo folhetos sobre os "perfis" das empresas brasileiras, a CCAB trabalha para garantir que os executivos árabes participem de várias "feiras comerciais" e outros eventos relacionados.

* Há diversos hábitos e costumes "que se deve ter em mente", aconselha o panfleto da CCAB, ao negociar com executivos árabes. Por exemplo, não se pode mostrar a sola dos sapatos, pois é um gesto ofensivo na região do Golfo. Nunca se pode usar a mão esquerda, pois é tida como impura. E, em vista da presença de mulheres na missão, em público elas sempre devem usar lenços na cabeça.

câmaras comerciais, e há várias delas que são muito ativas. E uma das mais ativas é a Câmara Árabe, que congrega empresários de muitos setores e, ao mesmo tempo, tem promovido missões ao exterior. [...] É admirável o trabalho que a Câmara Árabe vem fazendo nos últimos anos, no sentido de unir esses interesses das comunidades árabes, mas também tem uma posição pró-Brasil.

Na abertura de uma economia antes fechada, as elites empresariais procuraram câmaras "internacionais" de comércio para "facilitar" o fluxo dos produtos nacionais para o exterior. E, como afirmou um executivo muito respeitado, a CCAB foi uma das mais "admiráveis".

Essa etnicidade intensificada da diretoria da CCAB, estendendo-se até o lado mais oriental do mundo árabe, também foi reconhecida por membros do governo. Num jantar comemorativo do qüinqüagésimo aniversário da Câmara, em 2001, por exemplo, o presidente Fernando Henrique Cardoso agradeceu à CCAB pelo papel desempenhado nas "exportações [que] estão crescendo continuamente"*. Ele declarou, com uma certa franqueza:

> Houve um incremento muito grande do comércio do Brasil com o mundo árabe. Meu governo vê a comunidade como um aliado importante e até indispensável ao nosso esforço de aumentar e diversificar nossas exportações [...] Tenho a dizer que devemos muito ao esforço que tem sido feito pela Câmara de Comércio Árabe Brasileira e pela comunidade. Só me resta agradecer uma vez mais à CCAB e, por seu intermédio, à comunidade árabe por tudo que têm feito para promover o bom nome do Brasil...**

---

* "Câmara Árabe comemora seu cinqüentenário", *Câmara Árabe Notícias*, vol. 2, n. 7, 2002,

** "O jantar dos 50 anos", *Chams*, vol. 11, n. 120, set. 2002.

Antes menosprezados como párias, os "árabes" – a CCAB e, implicitamente, a "comunidade árabe" – agora são considerados um "aliado indispensável" da nação e do Estado brasileiro.

Da mesma forma, Dorothéa Werneck, diretora da APEX, elogiou a Câmara por sua "liderança" entre os executivos brasileiros*. Ela declarou enfaticamente que "o projeto da Câmara Árabe tem sido um sucesso, não só pelo resultado concreto no aumento das exportações (mais de 50% neste ano), mas também pela capacidade de mobilizar empresários dos mais diferentes setores". Mesmo o secretário-geral das relações exteriores do governo Fernando Henrique afirmou: "Reconheço como um dos pontos mais elogiáveis da Câmara de Comércio Árabe Brasileira a adoção de uma postura pioneira, que consiste em também apoiar de forma eficiente os exportadores brasileiros na conquista de mercados árabes."** Na reestruturação neoliberal da economia nacional, o papel da CCAB e da "comunidade árabe" ganhou um maior reconhecimento como "parceiro" no Brasil contemporâneo.

Supostamente dotados de um talento comercial inato, os médio-orientais ocupavam no Brasil um lugar menosprezado ou criticado desde o final do século XIX. Mesmo hoje, os importadores de origem sírio-libanesa na região da 25 de Março continuam a ser vistos com uma certa ambivalência quanto à sua respeitabilidade, tanto pelas elites quanto por outras classes no Brasil. Por outro lado, a Câmara de Comércio Árabe Brasileira veio a ocupar uma posição privilegiada. Concebida como uma entidade de lazer para os magnatas sírio-libaneses do setor têxtil nos anos 1950 e 1960, a Câmara foi reinventada nas últimas décadas do século XX. Seus atuais diretores, sírio-libaneses de segunda e terceira geração, têm se empenhado em ajudar os executivos brasileiros a exportar para o Golfo Árabe

---

* "Bate-papo com Dorothéa Werneck: Projeto CCAB-Apex e exportações brasileiras", *Câmara Árabe Notícias*, vol. 1, n. 4, 2001, 8.

** "Discurso do [...] secretário-geral das Relações Exteriores, embaixador Osmar Chohfi", *A Palavra Internacional do Brasil* (acessado em 2 de maio de 2002).

e o Norte da África. Assim, esses novos promotores de exportações, com origens sírio-libanesas, têm conquistado um maior reconhecimento como os parceiros literais das elites brasileiras, não a despeito de sua suposta propensão comercial, e sim devido à sua utilidade para as exportações nacionais.

Neste capítulo, defendi que essa mudança tão nítida (mas não definitiva, nem homogênea) nas relações hierárquicas entre a etnicidade árabe e a nação brasileira começou com a neoliberalização da economia nacional imaginada nos anos 1970 e acelerada com a abertura econômica oficial em 1991. Durante esse período, as exportações foram entendidas como atividades benéficas para o desenvolvimento brasileiro e para a inclusão de sua agenda nacional no mundo globalizado. Nessa mudança de paradigmas, as elites políticas e nacionais brasileiras se aliaram ao grupo étnico dos árabes "astutos" para iniciar o deslanche da exportação brasileira, não em seus países de origem, a Síria e o Líbano, e sim nos mercados mais lucrativos do Golfo Árabe e do Norte da África.

Capítulo 2
A ÉT(N)ICA E A REFORMA TRANSPARENTE DO ESTADO

As referências à pretensa astúcia árabe também ocuparam as manchetes dos jornais num escândalo sobre corrupção que enlameou a administração municipal de São Paulo em 1999 e 2000. Enquanto empresários, profissionais liberais e pessoas ligadas à mídia reivindicavam uma administração "mais transparente", os vereadores de origem médio-oriental apareciam nas matérias da grande imprensa como a própria corrupção encarnada. Num esforço para contrabalançar a imagem de uma etnia corrupta, os vereadores de origem médio-oriental organizaram a segunda comemoração do aniversário da independência libanesa na Câmara Municipal. Pedindo justiça no Oriente Médio, esses políticos mostravam a faceta honrada da etnicidade árabe num governo brasileiro em processo de reforma transparente.

Examinando uma dimensão ética do projeto étnico árabe, este capítulo se concentra em políticos, personalidades midiáticas e profissionais liberais de origem médio-oriental num escândalo de corrupção na prefeitura paulistana. Meu objetivo é entender como a etnicidade árabe se intensificou com as imagens de corrupção na mídia brasileira e no discurso sobre ética do Banco Mundial. Analisando as acusações de corrupção na mídia nacional contra os políticos de origem médio-oriental, sustentarei que eles utilizaram a comemoração do dia oficial da independência libanesa no município para conquistar um reconhecimento ético, enquanto etnia árabe na esfera pública. Servindo de plataforma para declarações honrosas, a comemoração deu destaque à responsabilidade da ét(n)ica árabe no Brasil dentro de um programa de anticorrupção patrocinado pelo Banco Mundial.

Esse destaque ético da etnicidade fica mais claro na conceituação de Akhil Gupta sobre o Estado imaginado[1]. Ao analisar a formação do Estado por meio das representações da mídia e das práticas dos moradores e pequenos funcionários públicos, Gupta argumenta que "o discurso da corrupção se revela uma arena fundamental onde passam a se imaginar [...] o Estado, os cidadãos e outras organizações". Continuando, ele afirma que, "em vez de tratar a corrupção como um aspecto disfuncional das organizações estatais, vejo nela um mecanismo por meio do qual o Estado se constitui no discurso"[2]. Longe de invalidar o poder do Estado, os comentários da mídia e da população sobre a corrupção compõem sua presença discursiva na esfera pública. Dialogando com o trabalho de Gupta, este capítulo propõe uma outra maneira retórica pela qual se imagina o Estado: a transparência. Como observam Todd Sanders e Harry West (2003), a transparência ganhou circulação mundial entre as organizações, governos e meios de comunicação internacionais. Nesse meio, o Estado, que historicamente assegurava o poder persuadindo as pessoas a "ver" como ele lhes garantia uma melhoria de vida[3], agora só continua a assegurá-lo porque alega ser "visto" por inúmeras entidades e agentes globais. Expressas junto com o discurso contra a corrupção, as reivindicações e alegações de transparência hoje desafiam e reconfiguram o poder do Estado.

Embora as suspeitas de corrupção e as declarações de transparência não sejam novidade no Brasil, elas ganharam um contorno simbólico mais nítido no Estado imaginado do final do século xx. Reinaugurados com a abertura democrática do país nos anos 1980, os meios de comunicação – especificamente a imprensa e a televisão – serviram como veículos para campanhas eleitorais, iniciativas de conscientização política e sátiras ao governo[4]. Na década de 1990, a imprensa fez uma ampla cobertura do aparente aumento da corrupção e saudou as investigações éticas que se seguiram nos círculos municipais, estaduais e federais do governo[5]. Noticiando a parceria entre o Banco Mundial e a prefeitura de São Paulo, aparentemente "mais transparente", os meios de comunicação de massa tiveram um papel fundamental em desenhar os contornos atuais do Estado imaginado brasileiro. Em termos discursivos, o Estado teve de enfrentar as reivindicações de transparência e se (re)compor por meio delas.

Mesmo questionando "o próprio sentido da transparência", este capítulo retoma a pergunta de Sanders e West: "O que se está afirmando, afinal, quando se diz que o funcionamento do poder é transparente? O que *é que a visão atravessa*, e o que *se vê* então?"[6]. "Vistas" pela televisão ou da imprensa, as elites comprovaram o aumento da corrupção numa escala sem precedentes. A esquerda interpretou essa escalada como conseqüência da neoliberalização feita às pressas no país. Mas os conservadores a entendem como prova da eficiência da reforma neoliberal. Apesar das divergências de opinião, os dois lados "vêem" o "desmascaramento" da corrupção como uma forma de tornar o Estado "mais transparente". Este capítulo, porém, mostra que, nessa transparência, os únicos vistos como corruptos foram os médio-orientais. Usando o discurso do Banco Mundial, o serviço público tentou tornar o governo mais transparente, mas também precisou se desviar das acusações de corrupção. Ofuscando a lógica do poder que funcionava como pretendia, a linguagem da transparência apresentou a corrupção na esfera pública como fenômeno pretensamente árabe.

Portanto, esse episódio mostra que, embora os brasileiros de origem médio-oriental tenham adquirido maior visibilidade, há limites para suas pretensões dentro das relações hierárquicas mutáveis entre a etnicidade e o Estado nacional. Enfrentando a cobrança de responsabilidade ética nos meios de comunicação, os vereadores de origem libanesa não ocultaram sua etnicidade, e sim se encarregaram de comemorar o Dia da Independência Libanesa no município. De fato, a Secretaria de Relações Internacionais do governo municipal – criada em 2000 pela prefeita Marta Suplicy – mantém relações com instituições globais como o Banco Mundial, e também patrocina eventos oficiais das colônias em São Paulo, como, por exemplo, a comemoração do aniversário da independência libanesa. Embora fazendo parte de um processo mais geral de intensificação da etnicidade no governo municipal, os eventos de perfil médio-oriental serviram para desviar as suspeitas de corrupção do Estado imaginado.

Ligações políticas do passado e a atual conjuntura da corrupção

Formando-se, a partir dos anos 1930, em prestigiosas instituições universitárias, os filhos e netos de humildes comerciantes sírio-libaneses estavam bem preparados para entrar no vácuo político do regime pós-estadonovista conduzido por Getúlio Vargas. Chamados de "experiência de democracia"[7], esses anos posteriores da era Vargas permitiram, em meio à marginalização das "elites políticas tradicionais"[8], o envolvimento dos imigrantes e seus descendentes. Oswaldo Truzzi descobriu que 41 "políticos distintos de origem sírio-libanesa" de São Paulo exerceram 88 mandatos na esfera municipal, estadual e federal entre 1945 e 1966[9]. Mais notadamente em 1962 e 1966, os sírio-libaneses conquistaram respectivamente 10% e 17% das eleições para deputados estaduais e federais em São Paulo[10]*. Essa "sobre-representação" política dos

---

* Curiosamente, a presença árabe significativa na política brasileira nos meados do século XX foi objeto de observação de um comentarista quase cinqüenta anos mais tarde, no jornal *Folha de S.Paulo*. Em 1999, Ricardo Ricupero lembrou que, em 1961 ou 1962, ele tinha ouvido "do finado Emílio Carlos [Kyrillos] que eram mais de cinqüenta os integrantes do que ele chamava de 'bancada da República Árabe Unida' no Congresso Nacional". Ricupero continua: "Quantos serão hoje? Levantamento feito em 1987 e restrito à comunidade libanesa recenseou 33 deputados federais, sete senadores e dois governadores de Estado, sem contar ministros, deputados estaduais, prefeitos etc.": Ricardo Ricupero, "Patrícios, mascates e deputados", *Folha de S.Paulo*, 29 ago. 1999. Saudando a ascensão política dos patrícios sírio-libaneses,

médio-orientais de meados do século prosseguiu por mais duas décadas, atravessando a ditadura militar e chegando à época da redemocratização no Brasil[11]*.

O sucesso eleitoral inicial fazia parte de uma trajetória dos profissionais liberais (como discutiremos no Capítulo 3). Os sírio-libaneses com formação universitária conquistaram uma base no governo como profissionais liberais e dos meios de comunicação. Entre os 41 árabes eleitos e reeleitos para cargos municipais, estaduais e federais em São Paulo entre 1945 e 1964, dois terços eram advogados, locutores de rádio ou médicos[12]. Anis Aidar, por exemplo, ocupou cargos municipais e estaduais entre 1940 e 1952, tendo sido "eleito basicamente por ser o advogado" de uma associação farmacêutica[13]. Também eleito para vários cargos de 1947 a 1968, Nicolau Tuma teve uma longa carreira política assegurada por sua atividade anterior de locutor de esportes na Rádio Record durante os anos 1930 e 1940[14]. Abraçando profissões liberais, os étnicos dos meados do século ingressaram na política municipal, estadual e federal.

Foi assim que o deputado estadual paulista Antônio Salim Curiati iniciou sua carreira política nos anos 1960. No começo, ele tinha uma pequena clínica de otorrinolaringologia numa cidade interiorana de São Paulo. O filho do político polêmico, atual vereador de São Paulo, conta que seu pai:

> os comentários de Ricupero saíram por coincidência no mesmo dia em que o jornal publicava artigos sobre uma "máfia" popularmente associada aos árabes: Otavio Cabral, "Escândalos perseguem vereadores pela cidade"; "Vereadores paulistanos são vistos com desconfiança após escândalos"; "Desgaste não evita nova candidatura", todos na *Folha de S.Paulo*, 29 ago. 1999. Construída no Brasil no começo do século XX, a fama de esperteza econômica dos árabes se identificava cada vez mais com a corrupção política no final dos anos 1990.

* Muitos afirmam a tendência política de direita da colônia. Percebi que os políticos sírio-libaneses são filiados à direita e à esquerda, mas os elementos de direita parecem ter mais sucesso em obter apoio eleitoral e financeiro da comunidade.

Era o único otorrinolaringologista de toda a região, né? Então ele atendia do maior fazendeiro da área ao pior peão da área, né? Ele costuma contar a história de que ele se deu bem na vida porque ele tem muito 'Deus lhe pague' acumulado nas costas. As pessoas [diziam]: "– Doutor, não posso pagar"; [e ele respondia] "– Não tem problema"; [e seus pacientes agradeciam] "– Deus lhe pague! Deus lhe pague! Deus lhe pague!". Porque ele recebia muito "Deus lhe pague" e Deus paga, né? E foi... cresceu muito na vida... também o único médico ali, né?, todos se consultavam, operava todo mundo...

Tendo acumulado várias dívidas das elites e das massas como médico benfeitor da cidade, Curiati foi contatado por um figurão político no começo dos anos 1960. Pedindo apoio para um candidato a deputado federal, o médico libanês conseguiu nada menos do que 2 mil votos. Na mesma década, Curiati decidiu lançar sua própria candidatura para a Câmara Estadual. Nunca se arrependeu. Em seus trinta anos de política, as supostas dívidas médicas se transformaram em capital político. Hoje, esse poder social ajudou a eleger seu filho para a Câmara Municipal de São Paulo.

Como o patrício mais infame na política brasileira, Paulo Salim Maluf, libanês de segunda geração, teve uma trajetória parecida. Nascido em São Paulo de um pai imigrante libanês e de uma mãe pertencente a uma outra rica família libanesa, Maluf estudou no Colégio São Luís e depois se formou em engenharia civil na Universidade de São Paulo. Em O *malufismo* (2000), o jornalista Maurício Puls relata que Maluf ganhou poder político graças à amizade com o general Costa e Silva, travada nos anos 1950 em clubes hípicos. Como chefe de Estado nos primeiros anos da ditadura (1967-69), o general Costa e Silva nomeou o jovem Maluf para a prefeitura de São Paulo. Nos trinta anos seguintes, Maluf embarcou numa carreira política muito desenvolta e, alguns diriam, ardilosa. Sua corrida para governador de São Paulo foi considerada especialmente infame. Na época, o presidente general Ernesto Geisel (1976-80), ao escolher o candidato da Arena, o partido político da ditadura, passou por cima dele. No meio-tempo, Maluf foi visitar pessoalmente a maioria dos oitocentos delegados arenistas que escolheriam o candidato do partido. "No dia da convenção", relata Puls, "Maluf cumprimentou todos os delegados da Arena pelo nome [...] ele sabia o nome da cidade, da esposa e dos filhos de cada um deles"[15]. No final de 1978, Maluf foi empossado pela Assembléia Legislativa no governo paulista. Como Maluf, os árabes garantiam o sucesso mantendo ligações políticas no Brasil autoritário.

Mas Maluf também conquistou muito apoio entre os que se identificavam com sua forma própria de populismo, o *malufismo*. Adeptos e adversários concordam que Maluf "rouba, mas faz". Puls sugere que Maluf deu continuidade à tradição populista de Adhemar de Barros, uma figura de destaque no primeiro processo de redemocratização do país (1945-64). A expressão "rouba, mas faz" se referia originalmente a Adhemar de Barros, especificamente em sua disputa com Jânio Quadros pelo governo paulista, em 1954. Enquanto Adhemar era caracterizado pelo mantra popular "rouba, mas faz", Jânio ganhou a eleição com a promessa de "varrer" a corrupção*. Historicamente, a imagem de Maluf como político esperto foi herdada do *adhemarismo*, o estilo populista de Adhemar de Barros.

Em 1999 e 2000, essa dinâmica do passado ganhou uma nova força na chamada "máfia das propinas", envolvendo prefeitos paulistanos do passado e do presente. Em troca de apoio legislativo à prefeitura, os vereadores ganharam o poder de indicar os diretores

---

* O símbolo da campanha de Jânio Quadros era a "vassourinha". Ele iria usá-la para "varrer" a corrupção supostamente endêmica do sistema político em São Paulo. Jânio ganhou as eleições e cumpriu o mandato, mas perdeu os direitos políticos com a ditadura militar em 1964.

das unidades administrativas do município (as chamadas Administrações Regionais, ou ARs). Nos casos investigados, amigos escolhidos a dedo tinham favorecido os distritos eleitorais fazendo vistas grossas à lei ou conseguindo serviços e decretos municipais que os beneficiavam. As propinas coletadas entre diversos grupos – a saber, camelôs e lojistas – então eram redirecionadas para os vereadores que votavam a favor da prefeitura e da direita*. Esse arranjo garantia à prefeitura a maioria na câmara e aos vereadores uma máquina administrativa para obter votos e promover interesses pessoais entre os eleitores. Se as ligações pessoais antes garantiam sucesso político, sua institucionalização passou cada vez mais a ser rotulada de "corrupção" na imprensa.

O caso da máfia das propinas veio à tona no começo de 1999, quando um camelô denunciou um famoso político brasileiro de origem libanesa, convertendo-se num escândalo político em matérias de jornais e reportagens de televisão ao longo de 2000. Exercendo influência na Administração Regional da Sé (AR-Sé), o vereador Hanna Garib, do Partido Progressista Brasileiro, o PPB, teria mandado assassinar o camelô que havia feito as denúncias. Garib tinha muito em jogo. Havia extorquido propina dos camelôs em troca da permissão *de facto* de continuarem a ocupar as ruas e calçadas. Ironicamente, Garib também recebia pagamento dos lojistas para retirar os camelôs da área. O esquema de extorsão rendeu milhões de dólares para Garib e outros vereadores, mas as investigações foram interrompidas pelas forças da direita, resultando na condenação de

---

* Nas palavras do principal investigador na Câmara, a "máfia das propinas" permitia ao vereador "indicar o nome do apadrinhado que quer ver nomeado e, em troca, assume o compromisso de 'apoiar' o prefeito – ou seja, de 'aprovar' os projetos de lei que este encaminha ao Legislativo – e de 'não fiscalizar' aquilo que ele acha que 'não deve ser fiscalizado'" (Cardozo, 2000, p. 34). O interessante é que Cardozo foi o vereador mais votado nas eleições de 2000. Depois, tornou-se deputado federal (com a vitória nas eleições de 2002).

apenas três vereadores: Vicente Viscome, José Izar e Hanna Garib. Nas manchetes dos jornais, apenas Izar e Garib foram etnicamente apontados por corrupção.

As suspeitas de manobras irregulares na prefeitura continuaram a perseguir os filiados do PPB. De fato, dezoito dos trinta vereadores que haviam apoiado o prefeito em troca do controle das administrações regionais eram do PPB. Mesmo o "padrinho" deles, Paulo Maluf, foi implicado no escândalo, quando as acusações de corrupção chegaram ao sucessor pessoalmente indicado por ele, o prefeito Celso Pitta (1997-2000). Como antigo "afilhado" de Maluf, Pitta elegeu-se prefeito em 1996 graças a seu apoio*. Na época, o padrinho político do PPB prometeu nos jornais, na televisão e no rádio: "Se Pitta não for um bom prefeito, nunca mais votem em mim". Houve petições para prosseguir com o inquérito (e para conseguir o impeachment de Pitta), mas foram derrotadas pela velha guarda direitista da Câmara Municipal.

O êxito das forças conservadoras apenas intensificou a cobertura dos meios de comunicação. Após o encerramento prematuro da CPI, as rádios passaram a distribuir adesivos de carro que diziam "São Paulo não merece vereadores corruptos" e "Tenho vergonha dos vereadores de São Paulo". Na mesma linha, a *Folha de S.Paulo* publicou o nome, a filiação política e a carreira legislativa de todos os vereadores que tinham votado contra as apurações éticas e as sessões para discutir o impeachment**. Uma outra reportagem

---

* Rebecca Reichmann (1999, p. 17) comenta rapidamente o apoio de Paulo Maluf ao primeiro prefeito negro de São Paulo, Celso Pitta. Aliás, durante algum tempo, as charges políticas nos jornais satirizaram o "turco" Maluf como "pai" de Pitta, um negro.

** "A intenção de voto para a CPI das regionais", *Folha de S.Paulo*, 9 fev. 1999; "Quem votou contra a CPI", *Folha de S.Paulo*, 24 fev. 1999; "Veja como votaram os 'mandantes' das regionais", *Folha de S.Paulo*, 25 fev. 1999; "Como devem votar os vereadores na CPI da oposição", *Folha de S.Paulo*, 2 mar. 1999; "Veja como seu vereador deve votar", *Folha de S.Paulo*, 18 mai. 1999; "Veja como seu vereador deve votar", *Folha de S.Paulo*, 20 mai. 1999; "Como votaram os vereadores de São Paulo", *Folha de S.Paulo*, 27 mai.

publicou a colocação da prefeitura de São Paulo no "ranking mundial da corrupção", organizado pela ONG Transparência Internacional*. Um artigo comentou que a posição do país tinha melhorado em comparação a 1995, mas ressaltava que "o Brasil só não aparece numa posição pior no ranking porque o levantamento foi feito antes dos escândalos da Câmara Municipal de São Paulo"**. Ao divulgar a ligação dos vereadores com a corrupção e o lugar do país num ranking internacional da corrupção, as imagens dos meios de comunicação criaram e, ao mesmo tempo, contestaram a gestão não ética da prefeitura. Embora suspeitas de corrupção tenham surgido em épocas anteriores na história brasileira, elas foram ampliadas hoje pela idéia global de transparência.

A vereadora Myryam Athie, libanesa de segunda geração, teve uma presença significativa nessa cobertura dos meios de comunicação. Relatora da Comissão Parlamentar de Inquérito, foi dela o voto fundamental para poupar Pitta (e o padrinho político de ambos) de uma investigação mais prolongada. Após o "arquivamento" precoce dos trabalhos de uma Comissão Parlamentar de Inquérito contra o prefeito, Athie ganhou notoriedade como cúmplice do sistema. Por alegar que não havia provas suficientes contra o prefeito e a Câmara Municipal, ela foi alvo de acusações de corrupção na cobertura da imprensa, mesmo admitindo: "Eu [...] me senti uma criminosa estampada em todos os jornais."*** Como muitos colegas, Athie saiu do PPB de Maluf no final de 1999, indo para o PMDB. Foi também

---

      1999; "Como votaram os vereadores de São Paulo", *Folha de S.Paulo*, 28 mai. 1999; "Os vereadores que enterraram a CPI", *Folha de S.Paulo*, 29 mai. 1999; "Como votaram os vereadores de São Paulo", *Folha de S.Paulo*, 4 jun. 1999; "Como votaram os vereadores na prorrogação da CPI por apenas três dias", *Folha de S.Paulo*, 5 jun. 1999; "Como votaram os vereadores de São Paulo", *Folha de S.Paulo*, 9 jun. 1999.

  * "Brasil é 45º no ranking mundial da corrupção", *Folha de S.Paulo*, 27 out. 1999.
  ** "Brasil melhorou pouco desde 1995", *Folha de S.Paulo*, 27 out. 1999.
*** "Mudança de discurso", *Folha de S.Paulo*, 3 fev. 1999.

Athie que promoveu o evento Dia da Independência Libanesa na Câmara Municipal.

Comemorando a ética libanesa na Câmara Municipal de São Paulo

Enquanto os médio-orientais ocupavam as manchetes sobre o escândalo da corrupção divulgado por todo o Brasil, Athie orquestrou uma "sessão solene" em homenagem ao dia 22 de novembro, Dia da Independência. Realizada pela primeira vez em 1999, a comemoração da data se repetiu em 2000, logo após a eleição da vereadora encarregada. Embora haja uma lista de comemorações de mais de quarenta grupos étnicos na prefeitura paulistana, essa comemoração libanesa colocou sua ênfase na questão ética. O que se segue é um relato etnográfico da luxuosa cerimônia realizada no Salão Nobre da Assembléia da Câmara Municipal de São Paulo.

Ganhando um alfinete de lapela no formato do Líbano, enfeitado com a bandeira libanesa, assinei meu nome com uma caneta de ouro no livro encadernado de couro no oitavo andar da Assembléia, no centro de São Paulo. Aceitando uma taça de champanhe oferecida pelo garçom obsequioso, peguei um cálice fino, decorado com o cedro, símbolo nacional do Líbano. Tal como as borbulhas faiscantes do champanhe e as cores brilhantes do meu alfinete de lapela, o oitavo andar resplandecia de homens com ternos de tecido macio e relógios de ouro e mulheres com jóias e vestidos cintilantes. Os lustres do Salão Nobre reluziam enquanto um filme mostrava pontos turísticos do Líbano. Senhores mais idosos na multidão considerável – que não estavam se acotovelando no corredor ao lado, lotado de gente – assistiam às imagens com muitos "Ohs" e "Ahs".

Estavam presentes diversos notáveis da comunidade síria e libanesa, inclusive religiosos, congressistas, diplomatas (da Europa e do Oriente Médio) e representantes, na maioria de segunda e terceira geração, de cerca de cinqüenta entidades sociais e políticas da comunidade árabe em São Paulo. Tinham seus nomes anunciados e "registrados" nos anais públicos. A apresentação dessas pessoas e entidades importantes durou quinze minutos, abrindo a cerimônia. Também foram lidos e aplaudidos vários telegramas e cartas de "personalidades ilustres". Em suas mensagens parabenizando a vereadora pela iniciativa e cumprimentando os convidados de honra da comunidade libanesa pelo dia da independência, um deputado federal e um governador frisaram o orgulho que sentiam em "ser de origem libanesa". Enquanto os sobrenomes libaneses ganhavam destaque nas manchetes sobre a corrupção, os participantes da sessão solene abraçavam seus nomes étnicos com franco orgulho.

O hino brasileiro e o hino libanês foram tocados, e depois o mestre-de-cerimônias convidou a vereadora Athie a ocupar a tribuna nos minutos seguintes. Primeiro ela agradeceu a presença dos convivas nas comemorações do dia nacional da independência do Líbano, promulgado em 22 de novembro de 1943. Declarou que "o tributo que fazemos hoje é dedicado aos descendentes libaneses que se distinguiram em São Paulo e no Brasil". Mascates ou médicos, empresários ou juízes, artistas ou esportistas, continuou Athie, os descendentes se distinguiam em todas as profissões. "A presença do Líbano", concluiu com firmeza, "é uma constante nesta nação que nos recebeu tão carinhosamente". Nesse sentido, a comemoração do Dia da Independência Libanesa em São Paulo referia-se não só ao "Líbano", mas também aos libaneses na nação brasileira.

Athie destacou a forte presença dos "descendentes libaneses" no Estado brasileiro. De fato, havia dois parlamentares federais importantes sentados ao lado dela, na mesa oficial. Em deferência a Michel Temer, então presidente da Câmara Federal de Deputados, ela sorriu e comentou que um "filho de libaneses" ocupava o terceiro cargo mais importante no Brasil. Temer, também filiado ao PMDB, sorriu ao elogio à sua identidade étnica. Em seguida, Athie passou ao senador do Rio Grande do Sul, Pedro Simon, um presidenciável para o pleito de 2002. Enquanto a cobertura da imprensa apontava os árabes como políticos corruptos em São Paulo, sua etnicidade era enaltecida com a presença de membros do Congresso Nacional nessa comemoração da independência do Líbano.

Por fim, Athie mencionou a terra natal libanesa. Referindo-se à sangrenta guerra civil do Líbano, ao longo de quinze anos, ela afirmou que "os libaneses e seus descendentes podem falar dos ferimentos físicos e morais infligidos ao corpo do Líbano". Mesmo hoje, disse ela, o país não pode celebrar sua "independência de verdade", que "só existe no papel". Com quase metade da população na pobreza, a economia periclitante e o "regime de segurança" impostos por uma "terceira parte" (a Síria), "o País dos Cedros" estaria com sua "soberania" ameaçada. Apesar desses problemas, a honrada vereadora lembrou que o Líbano era abençoado com uma "riqueza humana e espiritual" que vinha desde os fenícios. Herdando "fé, determinação, ousadia para conquistar um ideal, amor e paciência", os atuais "libaneses e descendentes", insistiu ela, prosseguirão na luta por "justiça" em meio a tantas "adversidades". Concluindo, ela fez um apelo aos "ascendentes" e "descendentes" libaneses: "Caberá a nós [...] uma missão grandiosa [...] da formidável aventura fenícia, que descobriu o mundo e os continentes, lutando pela defesa de nossa cultura e nosso sonho de liberdade." Assim, Athie configurou o Dia da Independência do Líbano como uma luta pela justiça e pela soberania.

Depois que o cônsul libanês em São Paulo louvou a contribuição libanesa ao Brasil, quinze libaneses brasileiros (catorze homens e uma mulher) foram chamados, um a um, à frente do Salão Nobre. Apenas dois eram cidadãos naturalizados, e a maioria era filhos ou netos de imigrantes. Anunciando orgulhosamente os nomes, o mestre-de-cerimônias lia primeiro uma curta biografia do convidado de honra, dando destaque a uma longa lista de realizações empresariais ou cargos políticos do passado ou do presente no Brasil (nunca no Líbano). Também mencionava a "cidade originária" dos pais ou avós. Os homenageados pareciam ter pouco contato com a terra dos ancestrais, mas essa identificação conferia autenticidade ao evento político. Presenteados com uma plaqueta no formato do território nacional libanês, ornada com a bandeira (um cedro, uma faixa branca e duas faixas vermelhas), os homenageados posavam para as fotos enquanto o público aplaudia. Agradecendo aos pais, aos familiares e à vereadora, cada convidado de honra manifestava seu orgulho pelas "raízes", "origens", pelo "sangue" ou "descendência" libanesa, e também por "ser brasileiro" e "viver na nação brasileira". As constantes referências ao Brasil não ficavam "deslocadas" num evento que celebrava o Dia da Independência Libanesa. Afinal, as elites étnicas estavam sendo elogiadas por suas realizações econômicas e políticas não no torrão natal libanês, e sim no Brasil.

A ênfase sobre a presença libanesa no Brasil acentuou-se ainda mais nos discursos dos dois congressistas no final da cerimônia. O senador Pedro Simon ocupou o palanque liberado pelo mestre-de-cerimônias. Utilizando toda a eloqüência e fervor que o caracterizam, Simon discursou para o público por mais de dez minutos. Num de seus lampejos de lirismo, Simon declarou que "existe gente que pensa que o povo brasileiro [...] até deu nas manchetes [...] é um povo com propensão atávica para a corrupção". Quanto ao escândalo da corrupção na Assembléia Municipal, o senador se esquivou ao assunto: "o Brasil [é] um grande povo", porque misturou "brancos, negros, índios, caboclos, portugueses, italianos, alemães, árabes [e] libaneses"*. E prosseguiu: "Nós nos integramos no que chamamos de raça brasileira. É dentro dessa raça brasileira [...] que vemos o povo libanês como um dos que mais contribuíram". Dessa maneira, Simon afastava os

---

* O interessante é que os judeus não faziam parte dessa "mistura". Também importante notar a diferenciação de Simon entre árabes e libaneses, apesar da tendência de Athie de juntar os rótulos.

descendentes de libaneses do espetáculo da corrupção e os reinseria na narrativa nacionalista da miscigenação[16]*. Esse elogio da integração libanesa no Brasil foi repetido na cobertura da imprensa.

Temer, que na época era o presidente da Câmara dos Deputados, foi o último convidado de honra a ocupar o palanque. Filiado ao mesmo partido de centro-direita de Pedro Simon e da vereadora Athie, Temer começou o discurso fazendo um elogio estatístico à sua irmandade étnica e política. "Na Câmara dos Deputados", disse ele de passagem, "10% dos membros são descendentes de libaneses". Referindo-se a essa ascensão política, Temer indagou retoricamente:

> Que país permitiria que Myryam Athie fosse vereadora tão eficiente quanto é, que Pedro Simon, ex-governador do Rio Grande do Sul, senador da República, fosse candidato à presidência da República, que um modesto tietense chegasse a Brasília para ser presidente da Câmara dos Deputados? Que país o permitiria senão o Brasil?

Atribuindo a ascensão "eficiente" e "modesta" das elites políticas libanesas na "terra abençoada do Brasil", Temer situou a si e seus dois colegas num Estado e numa nação alegadamente éticos. Encerrando o discurso, ele comentou que todos deveriam agradecer "a Deus" por "terem pais libaneses e terem nascido no Brasil".

Enquanto aquele "Líbano" do Oriente Médio era empurrado para o pano de fundo, os convidados de honra e o público presente glorificavam os libaneses no Brasil. A motivação material para esse

---

* Como disse na introdução, a mistura racial tem sido uma varinha de condão do nacionalismo brasileiro desde a publicação de *Casa grande e senzala*, de Gilberto Freyre (1977 [1933]). Curiosamente, no começo do século xx no Brasil, suspeitava-se de endogamia entre as famílias árabes e, portanto, elas eram periféricas para a ideologia nacionalista. Hoje, os árabes cristãos enfatizam sua "mistura", mesmo que freqüentemente se casem dentro da colônia. O tema será tratado no Capítulo 4.

truque de prestidigitador ficou mais clara quando Temer desceu do palanque e cedeu o lugar a Athie, que então fez o encerramento oficial. Visivelmente embargada de "emoção", ela se dirigiu ao deputado, ao senador e a outros parlamentares dizendo: "Obrigada por poder transformar esta Casa, que durante algum tempo foi objeto de críticas da imprensa, que apenas mostrou o lado ruim." Sob o escrutínio da mídia, um cortejo de políticos libaneses se reuniu para projetar seu lugar etnicamente idôneo dentro do Estado brasileiro.

Tingindo a corrupção no Estado transparente imaginado

Empenhando-se em dar uma aparência ética aos libaneses, Athie rivalizava com as autoridades não árabes que reivindicavam transparência na cobertura da imprensa. Um nomeado da prefeitura, por exemplo, anunciou medidas para reduzir as propinas onipresentes e declarou: "Quero transparência no trabalho [de fiscalização]."* Um vereador de centro-direita também alegou "mostrar transparência e facilitar qualquer tipo de investigação. Não podem me colocar no mesmo saco e me chamar de chefe de quadrilha"**. Da mesma forma, Celso Pitta cortou relações com Maluf e afastou administradores indicados, o que, segundo ele, iria "dar mais transparência às investigações"***. Seu advogado chegou a comentar que "Pitta foi refém do malufismo durante anos, e agora, tendo se libertado, vai mostrar transparência em seu governo e ajudar a acabar com esse verdadeiro cancro de corrupção que tomou conta do município"****. Essas declarações de transparência desviavam as suspeitas de corrupção nas manchetes nacionais.

---

* "Fiscais passam por novo rodízio", *Folha de S.Paulo*, 27 jan. 1999.
** Gonzalo Navarrete, "Governistas resistem a CPI", *Folha de S.Paulo*, 9 fev. 1999.
*** Lílian Christofoletti, "Prefeito afasta administrador que não foi indiciado", *Folha de S.Paulo*, 6 mar. 1999.
**** "Pitta era refém de esquema malufista, afirma advogado", *Folha de S.Paulo*, 5 abr. 1999.

A ética e a transparência também foram temas de destaque nas eleições de 2000. Os candidatos de direita e de esquerda alardeavam sua defesa da ética e da transparência. Enquanto o candidato a prefeito Paulo Maluf se dizia vítima de acusações de corrupção, o Partido dos Trabalhadores (PT) obtinha vitórias políticas esmagadoras com um apelo de integridade ética. Objeto de sátira, como símbolo de um PT cor-de-rosa, a candidata vitoriosa Marta Suplicy era recém-chegada à política (embora casada, na época, com um senador). Antes, Marta teve um programa de televisão, onde ficou famosa como psicóloga sexual, popularmente conhecida como "sexóloga". A principal razão do sucesso de Marta Suplicy foi sua posição periférica em relação ao sistema e seu apelo à desilusão da burguesia e das classes trabalhadoras com a corrupção. No discurso de vitória, a prefeita proclamou: "Um compromisso eu posso assumir: transparência absoluta."* Dando um ímpeto radical a um lema parecido, o ícone da esquerda Frei Betto falou da "rebelião ética" do eleitorado paulistano contra um sistema corrupto, cuja apoteose evidente era o libanês brasileiro Paulo Maluf**.

Mas o voto em Marta dificilmente seria uma rebelião. Ao cumprir seu compromisso ético com "o povo de São Paulo", a prefeita, já no primeiro mês após a vitória nas eleições, negociou uma "parceria" com o Banco Mundial***. Com o virtuoso nome de Progra-

---

* Fábio Zanini e Sílvia Corrêa, "'Sim, a dona Marta é do PT', diz eleita", *Folha de S.Paulo*, 30 out. 2000.

** Frei Betto, "A rebelião ética", *Folha de S.Paulo*, 5 nov. 2000. Como membro da Igreja Católica (embora sem ser ordenado padre), Betto ajudou dissidentes políticos a fugir do Brasil nos primeiros anos da ditadura no país. Foi preso em 1969, e permaneceu na prisão por cerca de quatro anos. Também contribuiu para a formulação da Teologia da Libertação, da CUT e do PT.

*** Thomas Traumann, "Prefeita eleita Marta Suplicy recebe oferta de pesquisa do Banco Mundial", *Folha de S.Paulo*, 16 nov. 2000; João Batista Natali, "Bird quer programa anticorrupção: Instituição estuda financiar projeto de transparência na prefeitura", *Folha de S.Paulo*, 12 nov. 2000; "Parceria contra corrupção", *Jornal da Tarde*, 17 mar.

ma de Boa Governança e Combate à Corrupção, a parceria iniciou uma investigação da corrupção na gestão municipal*. Ela teve início quando Marta Suplicy e Jorge Mattoso, à frente da nova Secretaria Municipal de Relações Internacionais, se reuniram com autoridades do Banco Mundial em Washington, D.C., em novembro de 2000. Não por acaso, o programa de 1 milhão de dólares concentrou-se primeiramente nas administrações regionais, onde haviam surgido as suspeitas de corrupção nos quase dois anos anteriores às eleições**. Cerca de 3 mil funcionários municipais foram arrolados para serem ouvidos durante o "mapeamento" das "redes de corrupção", usando os termos da própria prefeita, no sistema político paulistano***. Como assinalaram seus idealizadores, o programa anticorrupção não era original, sendo semelhante a outros implementados em países da América Latina e da África. Ao fortalecer o Estado "eficiente" no mundo, a campanha contra a corrupção fazia parte da tentativa do Banco Mundial de enfocar os aspectos sociais e humanos da globalização, em vez de se restringir somente aos interesses comerciais e industriais, como mostrou o Consenso de Washington****. Surgido no Banco Mundial e divulgado pelos meios de comunicação nacionais, esse discurso da reforma anticorrupção ajudou a remodelar a gestão municipal. Se nos meados do século surgira uma pretensão

2001; Maurício Moraes, "Marta quer parceria com o Bird para combater corrupção em São Paulo", O Estado de S. Paulo, 16 mar. 2001. Curioso notar que o PT convencionalmente evita relações com organizações neoliberais como o Banco Mundial.
* Marcus Lopes, "Bird vai mapear focos de corrupção em SP", O Estado de S. Paulo, 17 mar. 2001.
** "Pesquisa sobre corrupção vai ouvir servidor", Folha de S.Paulo, 8 mai. 2002.
*** "Prefeita diz que fez convênio para combater a corrupção", Folha de S.Paulo, 12 mar. 2002.
**** "Rubin propõe ataque do FMI à corrupção", editorial, Folha de S.Paulo, 25 fev. 1999; Marcio Aith, "FMI propõe humanizar a globalização", Folha de S.Paulo, 29 set. 1999; Carlos Eduardo Lins da Silva, "Wolfensohn é o ideólogo da mudança", Folha de S.Paulo, 30 set. 1999.

semelhante de "varrer a corrupção", agora ela era ampliada pela idéia de transparência na economia mundial contemporânea.

Enquanto a administração municipal utilizava a linguagem da transparência, os meios de comunicação dominantes conjugavam corrupção e etnicidade dos políticos de origem sírio-libanesa. Em 1999 e 2000, as figuras do espetáculo da máfia das propinas foram pintadas como políticos desonestos e árabes corruptos. Carregada de sátiras políticas e gírias, essa representação da corrupção árabe era feita através de insinuações indiretas sobre a popular rede de comida "árabe", o Habib's, e "pratos árabes", como tabule (salada de trigo, tomate e salsinha), quibe (carne moída com trigo triturado), *baba ghanoush* (patê de berinjela com alho e pasta de gergelim) e até esfihas (massa recheada de carne)*. Um comentarista político concedeu "prêmios" às figuras mais impopulares de São Paulo, conferindo o "prêmio Habib's" a Paulo Maluf. No começo de 1999, ele escreveu:

> O Prêmio Habib's vai pro doutor (doutor do quê, hein?) Baulo Baluf.
> Depois de um ano desses, em que a encomenda do prefeito virou pita azeda e a disputa que era pra ser tabule virou quibe cru, só resta ao ilustre cidadão abrir uma cadeia (sem trocadilhos) de comida árabe e licenciar suas mandingas pra que todos os oponentes tenham câncer**.

---

* A cadeia Habib's, com seu marketing de "franquia de comida árabe", e a popularidade crescente da "cozinha árabe" serão tratadas no Capítulo 5. Por ora basta dizer que o rótulo "árabe" corresponde ao que, nos Estados Unidos, se chamaria cozinha "médio-oriental". A presença ubíqua da "comida árabe" no mercado brasileiro atual pode explicar por que foi utilizada para associar a arabicidade à corrupção, em vez de outros indicadores de etnicidade, como a roupa ou a língua.

** Gustavo Iochpe, "Aos vencedores as batatas: Os piores de 1998", *Folha de S.Paulo*, 11 jan. 1999.

Enquanto se associava a corrupção a pratos médio-orientais, inclusive o pão pita, o tabule e o quibe, Paulo Maluf era ridicularizado por seu apoio à gestão de Celso Pitta, que afundou São Paulo num de seus piores escândalos de corrupção.

Nos meses seguintes, uma comentarista social fez críticas parecidas a várias figuras envolvidas na máfia das propinas. Numa coluna ao estilo "querida conselheira", uma leitora provavelmente inventada se lamentou:

> **BEM FEITO**
> "Meus últimos votos foram para o Maluf, o Pitta, o Garib e o Viscome. Vou queimar eternamente no fogo do inferno ou serei merecedora de alguma clemência divina? Tenho alguma chance de ser perdoada? Como?"
> "Quibe Frito em Óleo Fervente", SP.
>
> **PREZADA SENHORA HABIB'S,**
> Temo que a senhora irá sofrer o mesmo castigo de outros paulistanos que cometeram o mesmo pecado: ser condenada a viver em uma cidade feia, suja e malvada*.

Apesar da menção a dois políticos não árabes implicados no escândalo de corrupção (Celso Pitta, que se identificava como negro**, e Vicente Viscome, descendente de italianos), o discurso da comida médio-oriental ("quibe frito") e a referência à rede Habib's tingiam a corrupção com a etnicidade de Paulo Maluf e Hanna Garib. Em São Paulo, a corrupção política era identificada não com a negritude ou com a italianidade, e sim com a arabicidade.

---

* Bárbara Gancia, "BEM FEITO", *Folha de S.Paulo*, 25 abr. 1999.
** No começo da carreira política, Pitta recusava-se a se identificar como negro (talvez por discordar do movimento negro na esquerda). Mas depois, quando aumentaram as críticas a seu governo, ele assumiu sua identidade negra.

Os meios de comunicação, porém, não eram os únicos críticos. Em junho de 2000, o Sindicato dos Bancários organizou um protesto em que foram distribuídas 3 mil esfihas na frente da Câmara de Vereadores. Revoltados com a derrota do impeachment de Celso Pitta, o sucessor indicado por Paulo Maluf, os manifestantes demonstraram sua indignação mudando uma frase coloquial, "vai acabar em pizza", que significa "não vai resultar em nada". Disse um organizador que, como o protesto era em homenagem aos árabes e libaneses, o escândalo não terminaria em pizza, e sim em esfiha*. Cobrindo o evento, o jornalista relatou:

> Em vez de pizza, um grupo de cinqüenta bancários, vestidos como árabes, deram esfiha às pessoas que passavam em frente à Câmara Municipal, em protesto pela rejeição do impeachment do prefeito Celso Pitta. O presidente do Sindicato dos Bancários [...] disse que a troca da pizza pela esfiha foi motivada pelo fato de que "o padrinho do Pitta, Paulo Maluf, é de origem libanesa"**.

Com turbantes na cabeça e prometendo uma bailarina para a dança do ventre, os sindicalistas passaram por cima das origens de outros políticos implicados no escândalo e tomaram a arabicidade como encarnação do cancro da corrupção na gestão municipal.

Curiosamente, as críticas mais mordazes contra os políticos médio-orientais vieram das elites de centro-esquerda dos meios de comunicação, as quais diziam ser de origem libanesa. José Simão, famoso por escrever uma coluna diária na *Folha de S.Paulo*, foi in-

---

* Outro comentarista político utilizou o jogo de palavras em relação a Maluf, notando que, "embora tudo aqui termine em pizza, o senhor de escravos no 'latifúndio' desse (des)governo municipal seria o indigesto e autoritário quibe": Celso Luiz Prudente, "Casa grande x senzala", *Folha de S.Paulo*, 13 set. 2000.
** "Protesto troca pizza por esfiha", *O Estado de S. Paulo*, 21 jun. 2000.

cansável em seu discurso espirituoso, às vezes críptico, sobre a corrupção dos colegas "turcos". Satirizando a sigla do partido de Paulo Maluf, ppb, Simão escreveu: "... como eu sou libanês, eu posso falar que ppb quer dizer Propina Pros Brimos. Rarará!!"*. Ele brincou com a dificuldade dos falantes de árabe em pronunciar o "p" em "primo", usando o "b" – por isso o "brimo". Simão também gracejou em outros artigos dizendo que Paulo Maluf iria aproveitar os holofotes para escrever e lançar uma autobiografia chamada *Minha vida é uma esfirra aberta***. Satirizando a comida e o sotaque árabes, esse jornalista que se auto-identificava como libanês deu destaque ao caráter corrupto da etnicidade médio-oriental na imprensa nacional.

Hanna Garib também foi objeto de gozação. No trecho a seguir, Simão comentava que a saída forçada de Garib da cena política levou à sua substituição por um outro político, Wadih Helou, que por coincidência também era médio-oriental:

> E atenção! Turcocircuito em Sampa! Saiu o Grana Garib, e o suplente que assume é o Wadih Helou? Sai um turco e entra outro? Como diz um leitor amigo meu: "Trocaram quibe por esfirra? Parece rodízio do Habib's!" Rarará! Acabou em esfirra, e não em pizza***.

Usando a comida médio-oriental e o etnônimo popular "turcos", o colunista libanês ressaltou o perfil corrupto de Hanna Garib e até de seu substituto Wadih Helou (que não tinha nada a ver com esse escândalo da corrupção).

---

* José Simão, "Uêba! Melô a cpi e fiquemo sem Grana Garib!", *Folha de S.Paulo*, 11 jun. 1999.

** Idem, "Buemba! Buemba! Na Globo abunda Pita", *Folha de S.Paulo*, 16 mar. 2000.

*** Na época, Garib já tinha saído da Câmara (tentando escapar às investigações) e ocupou seu assento na Assembléia do Estado de São Paulo, para a qual havia sido eleito em 2000. Assim, Wadih Helou substituiu Garib na Assembléia: idem, "Grana Garib! Turcocircuito em Sampa!", *Folha de S.Paulo*, 1 jul. 1999.

Arnaldo Jabor, outro nome famoso que escrevia na *Folha de S.Paulo* e fez algumas aparições na Rede Globo*, acentuou a suposta arabicidade da corrupção e o papel subserviente da negritude. Sugeriu que a máfia das propinas durante a gestão de Celso Pitta, o primeiro prefeito negro da cidade, era orquestrada por Paulo Maluf e outros "turcos". Satirizando os políticos médio-orientais como uma "máfia" de "comedores de 'babaganuche'... com gergelim escorrendo-lhes pelo queixo", ele acrescentou que o prefeito negro "vai virar quibe na mão dos turcos". Celso Pitta era um "negro de ganho" que "pôs-se no seu lugar" por Maluf e pela Conexão Esfiha, que se aproveitava dos lucros do esquema das propinas**. Mencionava-se a raça negra de Celso Pitta na medida em que simbolizava sua suposta servilidade diante dos "turcos" mais espertos. Os negros eram os criados, e os árabes, os senhores de engenho na "Casa Grande" da corrupção, sugeria Jabor***. Enquanto a cor negra de Pitta aparecia desempenhando um papel subordinado nos nefandos negócios do governo, a arabicidade de Garib, Maluf e outros era identificada com a própria corrupção. Mencionando rapidamente suas origens "turcas", Jabor escreveu num artigo posterior: "... vimos árabes vorazes comandando as maracutaias: Nahas, Garib, Yunes, Pagura, a 'turcalhada' toda (também o sou...) comendo esfihas e babaganuche e transformando São Paulo numa caverna de Ali Babá..."****.

---

* Escritor e figura pública, Jabor aparecia uma vez por semana no jornal das oito da TV Globo. Também participou de programas de tevê a cabo, como *Manhattan Connection*, transmitida por uma estação ligada à Globo. Ele tem uma grande audiência entre as classes médias e altas.

** Arnaldo Jabor, "Temos de beber desta lama luminosa e vital", *Folha de S.Paulo*, 4 abr. 2000; idem, "Corrupção global vai do angu até o FBI", *Folha de S.Paulo*, 2 mai. 2000.

*** Essas metáforas da diferença étnica e racial estão por trás do artigo de Prudente, mencionado acima, "Casa grande x senzala", *Folha de S.Paulo*, 13 set. 2000.

**** Arnaldo Jabor, "Pitta ficou com os lábios roxos e a boca seca", *Folha de S.Paulo*, 21 mar. 2000.

Evocando a culinária médio-oriental e o próprio Ali Babá das lendas, Jabor frisou a arabicidade da corrupção e, ao mesmo tempo, sua própria diferença étnica.

Em 1999 e 2000, os "turcos" ganharam visibilidade num novo contexto. A suposta astúcia inata dos brasileiros médio-orientais transferiu-se da economia para a política. Preparada e apresentada com a linguagem da comida étnica, a corrupção dos "turcos" divulgada nos meios de comunicação foi usada para desviar as críticas da estrutura administrativa da gestão anterior e da gestão nova. Na cobertura da imprensa, várias lideranças políticas alegavam transparência, enquanto a corrupção era identificada com a etnicidade árabe. Legitimada pelo discurso anticorrupção do Banco Mundial, a estrutura da prefeitura paulistana não arcou com o peso da responsabilidade, o qual, pelo contrário, recaiu sobre um bode expiatório etnicizado. Sem dúvida havia alguns políticos de origem médio-oriental envolvidos nesses nefandos arranjos políticos. Mas, em última instância, foi sua diferença étnica o alvo de acusações de corrupção na esfera pública.

Esse episódio guarda algumas semelhanças com os problemas enfrentados por outros políticos "turcos" na América Latina, como Carlos Menem, ex-presidente da Argentina, e Abdala Bucaram, ex-presidente do Equador. Ambos foram descritos como "encarnação da irracionalidade e uma ameaça à democracia e à civilidade"[17]. No caso específico de Bucaram, suas "origens libanesas" foram invocadas pelos jornalistas "para explicar sua corrupção"[18]. Como Athie (tratada mais adiante), Bucaram encarnou uma imagem populista em vários meios de comunicação, inclusive num CD de músicas[19]. Mas Menem e Bucaram não intensificaram a etnicidade nos termos éticos que seus colegas libaneses utilizaram dentro do programa de reforma transparente do governo brasileiro.

Essas políticas dos "turcos" na América Latina, divulgadas nos meios de comunicação, são muito diferentes da publicidade que cerca as políticas árabe americanas nos Estados Unidos. Como já mencionei, qualquer reconhecimento público da "arabicidade" nos EUA é construído de acordo com o colonialismo judaico europeu[20]. De fato, as figuras públicas árabe americanas têm mostrado que suas atividades – organizando a comunidade ou implementando políticas públicas – são monitoradas de perto e muitas vezes violentamente criticadas por grupos norte-americanos pró-Israel no Capitólio[21]. Ao contrário de seus colegas na América Latina, o envolvimento dos árabe americanos na política interna dos EUA continua determinado (e marginalizado) por vias que refletem o mundo árabe dentro da política externa norte-americana.

Luta ética e vergonha étnica na esfera pública

Naturalmente Myryam Athie fez questão de divulgar suas declarações éticas na festa do Dia da Independência Libanesa. A vereadora assegurou-se da divulgação da festividade em duas revistas da comunidade sírio-libanesa, *Chams* e *Carta do Líbano*, distribuídas para mais de 15 mil lares em todo o Brasil*. "Numa cerimônia impecável", dizia o artigo em *Chams*, "a vereadora enalteceu a força do povo libanês". E especificava: "se a noite foi festiva, também não faltaram momentos de reflexão sobre o processo de paz no Oriente Médio, problema fundamental para o desenvolvimento dos países árabes". Trazendo trechos do discurso de Athie sobre a terra dos ancestrais, os dois artigos apresentaram o evento como um avanço nas justas lutas do Líbano e do mundo árabe. Associados à corrupção na grande imprensa, agora os médio-orientais eram mostrados de modo positivo na cobertura da imprensa étnica.

---

* "A data celebrada na Câmara Municipal de São Paulo" e "Palavras de Myryam Athie", *Chams*, vol. 10, n. 100, jan. 2001; "Câmara Municipal de São Paulo homenageia descendentes libaneses: A vereadora Myryam Athie organiza e discursa para trezentos convidados", *Carta do Líbano*, vol. 6, n. 55, nov. 2000.

As duas revistas traziam fotos de destaque de Athie. A manchete em vermelho na capa de *Chams* dizia: "Myryam Athie Homenageia Líbano-Descendentes"*. No alto havia uma foto de tamanho considerável da vereadora sorridente com um vestido verde-claro, ao lado de uma imagem da bandeira libanesa com o formato geopolítico do país. Nas páginas centrais da *Carta do Líbano* (que normalmente é em preto-e-branco) havia dezoito fotos dos homenageados, aparecendo sempre abraçados com a vereadora. Mostrando mais fotos de Athie do que trechos do discurso, a cobertura da imprensa étnica ajudava a cultivar sua imagem de integridade.

Usando a imprensa brasileira, Athie conseguiu a publicação da festa de comemoração da independência libanesa no *Jornal do Brás*, de propriedade de um árabe, mas de circulação popular no bairro**. Lido pelos comerciantes e trabalhadores do Brás, o quinzenário cobre notícias e eventos exatamente na mesma área onde surgiram as acusações de corrupção mais graves contra Hanna Garib e as suspeitas contra a vereadora. Mantendo boas relações com o editor-chefe e dono do jornal, Athie teve o evento publicado em página inteira. Intitulado "Líbano, 57 Anos de Independência", o artigo dizia: "Como iniciativa da vereadora reeleita Myryam Athie, a Câmara Municipal de São Paulo patrocinou uma noite especial [...] em comemoração ao Dia da Independência do Líbano." O parágrafo final citava trechos do discurso de Athie defendendo a terra libanesa: "O País dos Cedros e seus filhos clamam por justiça, soberania e independência." Mostrando a vereadora ao lado dos políticos do planalto, a construção visual e textual do artigo conferia uma aura ética a um grupo étnico e político manchado pela corrupção nas manchetes nacionais.

---

* Curiosamente, na capa em português estava "líbano-descendentes", com hífen, em vez da expressão mais usual "descendentes libaneses".

** "Líbano, 57 anos de independência", *Jornal do Brás*, 25 nov.-15 dez., 2000.

Essas tentativas de resgatar o nome árabe da vergonha, porém, não se limitaram à imprensa étnica e de bairro. A quarta maior rede de televisão do Brasil, a rede Bandeirantes, também noticiou a comemoração do Dia da Independência Libanesa. Não por acaso, seu fundador, um brasileiro libanês de segunda geração, recebeu uma homenagem póstuma da vereadora, que elogiou seu "trabalho pioneiro" no desenvolvimento dos meios de comunicação do Brasil. Tendo convidado a filha do fundador da Bandeirantes para receber o prêmio e a homenagem ao pai, Athie conseguiu ter cobertura da televisão. Durante a cerimônia, os câmeras gravaram alguns trechos e poses caprichadas que foram ao ar no dia 23 de novembro de 2000, num segmento de quatro minutos no noticiário da meia-noite da Bandeirantes.

A abertura mostra personalidades religiosas, diplomáticas e nacionais, de corpo inteiro, em poses elegantes, enquanto o locutor dizia que "a Câmara de São Paulo prestou homenagem aos libaneses e descendentes que se distinguiram no Brasil". A voz masculina especificou que o fundador da rede de rádio e televisão Bandeirantes era um dos homenageados. A reportagem então cortava para uma tomada da filha mais velha, dizendo que o pai, "sendo uma pessoa que dedicou toda a sua vida à integração entre as raças no Brasil, [foi] um homem do rádio [e da tevê]. O prêmio é por essa razão". Passando rapidamente para imagens de Pedro Simon e Michel Temer, os dois parlamentares de Brasília ali presentes, o locutor noticiou que ambos também haviam sido homenageados no evento. Simon apareceu dizendo: "Descendentes de libaneses [*pausa*]. Eles têm uma característica muito importante. Eles se integram no Brasil. Eles se identificam com o Brasil. Eles adoram o Brasil." Após inserir e enaltecer os árabes dentro da ideologia nacionalista brasileira da miscigenação e da democracia racial, o locutor terminou dizendo que "a autora do decreto que homenageia os libaneses é a vereadora Myryam Athie". Athie sorriu e declarou: "O Líbano contribuiu muito para a formação do Brasil. [...] O Líbano exportou grandes personalidades para este país." Depois de divulgados como sujeitos corruptos na grande imprensa, os árabes apresentaram-se em plena glória étnica na nação brasileira da "mistura de raças".

Mas essa divulgação da festa de comemoração da independência libanesa não compensou a vergonha e a frustração da "colônia" na cobertura da máfia das propinas. Vários empresários, artistas e profissionais liberais frisaram que o escândalo da corrupção "sujou" ou "envergonhou" o nome da "colônia". Márcia, uma escultora, comentava como era difícil abrir o jornal quando o escândalo da corrupção estourou na imprensa, pois "aparecia o nome, você via todos aqueles sobrenomes árabes, todos eles aparecendo como corruptos". Wlademir, um engenheiro, comentou que os nomes médio-orientais simplesmente apareciam mais do que os outros. Essa atenção da mídia em cima dos árabes envolvidos na corrupção "envergonhou tanto a colônia" que, disse o arquiteto Ricardo, deviam formar um "comitê interno de ética" dentro da comunidade, para impedir publicidade negativa. Mesmo uma *socialite* que havia organizado um evento para homenagear profissionais brasileiros de origem libanesa comentou, brincando: "Todas as profissões estarão representadas, menos a política". Sintetizando os sentimentos de muitos descendentes, o comerciante Beto da rua 25 de Março declarou:

> Fico chateado de saber que tem tanto árabe na política nacional fazendo besteira. Roubando, aparecendo no jornal... com o nome no jornal associado a escândalo, a roubo. Então, o árabe, ele... às vezes ele pega uma conotação de esperto, de não sei o quê, mas por uma maneira errada. Quer dizer, tem tanto árabe aí na política que está fazendo vexame, que a gente tem até às vezes medo de eleger mais um árabe pra ele não fazer nada errado, porque ele suja o nome da colônia, né?

Esmagados pela aparente preponderância de seus conterrâneos no escândalo da corrupção, os médio-orientais leigos ficaram profundamente perturbados ao ver o nome da comunidade arrastado na lama da corrupção, apesar da imagem de integridade da identidade étnica orquestrada por Myryam Athie na comemoração do Dia da Independência Libanesa.

Os políticos que apoiaram o inquérito ético na Câmara Municipal usavam uma linguagem parecida sobre a arabicidade e o esquema das propinas. Um vereador de centro-direita declarou que "a colônia foi injustamente desmoralizada [...] passando pelo que não merecia passar". E ressaltou que os libaneses e árabes em geral não são mais nem menos corruptos do que outros grupos étnicos, apesar de estarem com o nome associado ao escândalo. Um representante do Partido dos Trabalhadores notou de modo mais direto que o escândalo "realmente abalou a colônia [...] porque associou [os sírio-libaneses] com aqueles envolvidos [na corrupção] que eram da comunidade". E acrescentou que os próprios clubes da colônia freqüentados pelos políticos acusados ficaram com o nome enlameado por causa da corrupção desses sócios. E até um deputado federal que tinha o mesmo sobrenome de um dos vereadores condenados comentou que "algumas figuras" na quadrilha da máfia "marcadas como corruptas eram de origem síria ou libanesa. [...] Elas realmente sujaram nosso nome". Na condição de parente distante do vereador condenado, o deputado federal lamentou que o nome da família e o nome da comunidade tivessem se sujado com o escândalo.

Esses descendentes, quer pertencessem às elites políticas, empresariais ou profissionais liberais, não consideraram a publicidade necessariamente preconceituosa ou racista. Na verdade, os únicos dois que declararam que a cobertura midiática era "preconceituosa" foram políticos de centro-direita inicialmente envolvidos na corrupção. Pelo contrário, a maioria dos descendentes achava que o escândalo e a divulgação na mídia geravam constrangimento. O arquiteto

Ricardo disse: "Sentimos um certo constrangimento. Hoje em dia, quando você fala nos árabes, eles são vistos com uma certa desconfiança." Mas Wlademir entendia essa cautela em relação aos árabes não como "preconceito, e sim ciúme, inveja, brincadeira dos caras". Esse "ciúme" e essa "inveja", explicou ele, apareciam principalmente quando seus colegas gozavam dos "patrícios" por causa da corrupção. Wlademir disse que, para lembrar que o escândalo envolvia brasileiros de várias outras origens, ele respondia: "Merda! E os teus [patrícios]?" Na alta sociedade, a imagem da corrupção árabe era sentida não só como uma pressão contra um estilo de vida abastado. Como veremos no próximo capítulo, a ênfase dos médio-orientais sobre o caráter não discriminatório da cobertura da imprensa reflete a ideologia da democracia racial – a idéia de que não existe ou existe apenas pouco racismo – no Brasil.

Em vez de denunciar as reportagens da mídia como racistas, os descendentes criticavam seus conterrâneos políticos devido ao envolvimento ético da comunidade na cobertura da imprensa. Hassan, um médico, declarou: "Tudo isso é culpa do Maluf!" Vários observadores também colocaram a culpa em Hanna Garib e seu famoso ego. Outros cidadãos manifestaram simpatia e até pena de Myryam Athie, que também estava envolvida na controvérsia. Tais sentimentos foram expressos por médio-orientais conservadores e progressistas, igualmente frustrados ou envergonhados com a aparente corrupção das lideranças políticas árabes. Aceitando tacitamente a arabicidade como a própria corrupção encarnada, esses cidadãos não se limitavam a manter a crença na democracia racial. Os próprios médio-orientais confirmavam a representação arabizada da corrupção, ao passo que a administração municipal alegava transparência.

Refletindo essas tensões intra-étnicas, a liderança da colônia tomou providências para garantir novas alianças com a esquerda em ascensão. Durante uma de minhas reuniões com Ricardo, editor de uma revista, o diretor de um clube sírio sofisticado ligou. Ricardo aconselhou o colega a mandar um convite oficial para um evento do clube, que ia ocorrer em data próxima, ao vereador Nemer, político do Partido dos Trabalhadores de ascendência síria que, até então, havia se mantido afastado da colônia. O interlocutor manifestou suas dúvidas em se aliar com alguém "da esquerda". Minimizando o "afastamento" do petista, Ricardo insistiu que o vereador Nemer não tinha nada contra "os burgueses". Simplesmente não tinha sido convidado a participar da comunidade. "É importante convidar Nemer", aconselhou Ricardo, "porque ele pode ser a ponte entre a colônia e Marta Suplicy". O editor concluiu que esse papel de intermediário não só iria "fortalecer a posição do garoto, mas também [seria] bom para a colônia [...] e [iria] deixar o pai dele muito contente". O conselho de Ricardo foi acatado. A partir de 2000, comecei a ver Nemer nos eventos da comunidade (que, conforme ele tinha me dito antes, era "a praia da direita"). Esse contato pessoal sugere que os líderes comunitários deram passos práticos para alinhar seu "grupo étnico" com os poderes políticos dominantes.

Institucionalizando a etnicidade na representação política

Apesar de não conseguir convencer o eleitorado sírio-libanês, as declarações e imagens de Athie apontam para a institucionalização da etnicidade no município. Antes de ser condenado por extorsão e venda de cargos, Hanna Garib apresentou e algumas vezes conseguiu aprovar decretos com finalidades explicitamente étnicas*.

---

* Alguns exemplos especificamente relacionados com a colônia árabe são: Lei n. 11.889, 28 de setembro de 1995, "Institui o 'Dia da República Árabe Síria' no âmbito do Município de São Paulo"; Projeto de Decreto Legislativo n. 0071, Ano 1997, "Dispõe sobre a outorga da Medalha Anchieta ao Presidente da República Libanesa, Exmo. Sr. Elias Hraoui"; Projeto de Lei n. 0696, Ano 1997, "Declara cidades-irmãs Amman e São Paulo"; Lei n. 116/1998, "Institui no calendário oficial do Município de São Paulo o 'Dia da rua Vinte e Cinco de Março e Adjacências'"; Projeto de Lei n. 0188, Ano 1998, "Declara cidades-irmãs Tel-Aviv e São Paulo".

Obtendo apoio eleitoral e financeiro da colônia, ele instituiu o "Dia da Independência da Síria" e "o 'Dia do Líbano' no âmbito da municipalidade de São Paulo" em 1995*. De fato, um artigo da *Chams*, em 1997, noticiando a comemoração do dia da independência num clube social, mencionava Garib como o "autor da lei que incluiu o Dia Nacional do Líbano no calendário municipal"**.

A lei do vereador condenado é, portanto, anterior à legislação de Athie que supostamente teria criado a comemoração do Dia da Independência Libanesa, em setembro de 1999***. Athie declinou do meu pedido de conversar com ela, mas parece que sua pretensão de ser "autora" da lei que supostamente instituiu o dia comemorativo se baseia em duas razões. Primeiro, Garib estava diretamente associado à corrupção. Qualquer referência a ele como "pai da lei" comprometeria a expressão ética da etnicidade árabe no evento. Segundo, Athie conseguiu o lugar de suplente apenas nas eleições municipais de 1996. Como Garib caiu em desgraça em 1999, Athie pôde passar a ocupar a vaga de titular na Câmara dos Vereadores e ter penetração naqueles eleitorados antes cultivados pelo próprio Garib, entre eles a colônia sírio-libanesa. Qualquer referência a Garib teria prejudicado seus interesses pessoais como a presumida líder de um evento que prometia ter uma cobertura positiva nos meios de comunicação. Através da sua lei que basicamente reproduziu a legislação municipal já existente (do Garib), Athie visou limpar o nome da comunidade árabe, envergonhada pelo escândalo de corrupção, e, mais importante, atrair seu apoio eleitoral e financeiro.

---

* *Diário Oficial do Município*. Lei n. 11.741, 6 de abril de 1995. São Paulo: São Paulo.
** "Monte Líbano", *Chams*, vol. 7, n. 64, jan. 1998.
*** Projeto de Lei n. 00543, Ano 1999, "Institui no âmbito do município de São Paulo o dia 22 de novembro como sendo o dia comemorativo da independência do Líbano". *Diário Oficial do Município*. Lei n. 13.000, 7 de junho de 2000. São Paulo: São Paulo.

Apresentando-se como a "mãe da lei" que instituiu a comemoração do Dia da Independência Libanesa, o histórico legislativo de Athie mostra claramente seus objetivos políticos. Entre os projetos de lei municipais propostos ou convertidos em lei pela vereadora constam a mudança do nome de vias públicas, para homenagear líderes locais (árabes e não árabes)*, a celebração de um acordo de "cidades-irmãs" entre São Paulo e uma outra metrópole internacional (não árabe)** e a instituição de dias comemorativos oficiais no município***. Entre os 28 projetos de lei apresentados pela vereadora até 2001, nada menos do que treze atendiam a funções simbólicas, tendo como alvo eleitorados específicos e potenciais financiadores de sua campanha****. Um de seus eleitorados eram os médio-orientais. No entanto, essa institucionalização da etnicidade não era exclusiva de Athie ou de outros políticos atolados em procedimentos corruptos.

Entre as atividades dos vereadores da colônia, os médio-orientais de segunda e terceira geração também construíram um histórico

---

* Alguns exemplos: Projeto de Lei n. 00193, Ano 2001, "Denomina rua Moacir Fagundes, o logradouro [...] no bairro Fazenda Aricanduva, Distrito da Cidade Líder"; Projeto de Lei n. 00345, Ano 2000, "Altera denominação de praça pública..."; Projeto de Lei n. 00396, Ano 2001, "Alterna denominação da avenida Indianópolis para República Árabe-Síria"; Projeto de Lei n. 00454, Ano 1998, "Altera denominação da rua Valdemar [...] para rua Giuseppe Garibaldi".

** Projeto de Lei n. 00368, Ano 2000, "Declara 'cidades-irmãs' Monte San Giacomo e São Paulo...".

*** Projeto de Lei n. 00424, Ano 1998, "Institui no âmbito do município de São Paulo o dia 6 de junho como sendo o dia da mulher progressista"; Projeto de Lei n. 00543, Ano 1999, "Institui no âmbito do município de São Paulo o dia 22 de novembro como sendo o dia comemorativo da independência do Líbano"; Resolução n. 00001, Ano 2000, "Institui [...] a comemoração anual do 'dia internacional da mulher'".

**** Um amigo atuante nos círculos políticos comentou certa vez que Myryam Athie é conhecida por seu clientelismo. E arremedou esse tipo de política enfiando a mão dentro do bolso. A essa luz, alguns senhores que ajudaram a financiar a campanha vitoriosa de reeleição de Athie, em outubro de 2000, foram homenageados como "pioneiros" no dia da comemoração da independência libanesa, em novembro de 2001.

legislativo semelhante. Ao longo dos anos 1990, apresentaram ou aprovaram leis para mudar os nomes de vias públicas, doar imóveis a grupos "filantrópicos" sírio-libaneses e estabelecer convênios de irmandade com outras metrópoles internacionais*. Vários parques da cidade, por exemplo, foram arrolados para ser rebatizados em homenagem a elites sírio-libanesas no Brasil ou a cidades de origem no mundo árabe. A Câmara Municipal também apresentou ou aprovou convênios de irmandade com Amman, Beirute e Damasco. Invariavelmente coroadas com eventos elegantes ou cerimônias de inauguração, essas atividades legislativas foram fundamentais para render publicidade favorável aos políticos e conseguir favores eleitorais e financeiros entre o eleitorado étnico.

Essa institucionalização da etnicidade árabe na Câmara Municipal refletia o "governo de reconstrução" neoliberal em São Paulo. Como dissemos antes, a prefeita Marta Suplicy criou a Secretaria Municipal de Relações Internacionais em sua gestão, logo após ganhar as eleições em 2000. Além de manter parcerias com "organizações multilaterais", como o Banco Mundial e o FMI, e ONGS internacionais, a secretaria mantém laços oficiais com "trinta comunidades étnicas na cidade de São Paulo", além dos consulados, embaixadas e outras entidades dos respectivos países de origem. Seu "papel estratégico" se encontrou resumido no website da prefeitura:

> Com o advento da globalização e a aceleração dos fluxos internacionais de comércio, metrópoles como São Paulo passam a ter um papel estratégico na articulação da cooperação

---

* Projeto de Lei N. 0894, Ano 1995, "Denomina praça do Islã no bairro do Paraíso"; Lei n. 12.239, 28 de março de 1996, "Denomina praça Salim Abeid [...] no bairro do Paraíso"; Projeto de Lei n. 0158, Ano 1996, "Declara 'cidades-irmãs' Beirute e São Paulo"; Lei n. 13.029, 18 de julho de 2000, "Denomina praça Marjeyoun [...] no bairro do Paraíso"; Lei n. 12.886, 7 de outubro de 1999, "Declara 'cidades-irmãs' Damasco e São Paulo".

descentralizada em nível local. [...] O caráter de exclusão da globalização reforçou o papel das cidades como potenciais protagonistas de uma outra política, a de inserção social e cidadã [...] e de criação de outra institucionalidade internacional, menos competitiva e mais regulada, solidária e justa*.

Empregando a linguagem da justiça e, mesmo que apenas implicitamente, da ética, a Secretaria Municipal de Relações Internacionais aparece como um intermediário institucional que, espera-se, irá melhorar, se não corrigir, o impacto negativo das forças globais em cidades metropolitanas como São Paulo.

A secretaria oferece, em particular, vários serviços especiais para as colônias. Em março de 2002, ela criou um portal na internet, "São Paulo: A cidade dos mil povos". Ele reflete a "prioridade" dada à propaganda durante a gestão Suplicy, que nos três primeiros meses de 2002 já havia gastado 82,1% de seu orçamento anual para a publicidade**. Dedicado a trinta grupos étnicos em São Paulo, o site armazena uma enorme quantidade de informações que celebram e apresentam as histórias pessoais, os locais e as características de comunidades oriundas da Europa, América Latina, Ásia, África e do Oriente Médio. Além de documentar os numerosos convênios com as "cidades-irmãs"***, o site apresenta uma lista de "datas oficiais e co-

---

* Cf. o site da Secretaria Municipal de Relações Internacionais: http://www2.prefeitura.sp.gov.br/secretarias/relacoes_internacionais/organizacao/0001.

** Marcus Lopes, "Marta: Prioridade para publicidade", *Jornal da Tarde*, 27 mar. 2002, C3.

*** Cf. http://milpovos.prefeitura.sp.gov.br Alardeando que "há mais de quarenta leis municipais decretando cidades como parceiras de São Paulo", um artigo on-line explica a intenção da prefeita nesses atos de "cooperação internacional". Diz o seguinte: "A prefeita trata esse assunto com carinho, priorizando acordos que têm potencial para se transformar em ações concretas, que atendam ao interesse mútuo das partes envolvidas. As comunidades de origem estrangeira podem, nesse aspecto, tornar-se um aliado importante, no sentido de estabelecer e manter a dinâmica desse processo de cooperação. Um dos critérios para identificar potenciais parceiros, aliás, é a pos-

memorativas" que rendem tributo a comunidades étnicas e raciais em São Paulo. Quase vinte "povos" são homenageados nessas datas. Depois dos dias consagrados à Alemanha, Hungria, Áustria e "Comunidade Afro-Brasileira" em outubro e novembro, segue-se o "Dia do Líbano" no final de novembro. Esses "eventos comemorativos" permitem que os vereadores ou a prefeita solicitem e cultivem o apoio dos eleitores que votam por consciência étnica ou racial.

Não por acaso, a prefeita Marta Suplicy e Jorge Mattoso, secretário municipal das Relações Internacionais, participaram do evento de comemoração da independência libanesa em 2001. Como metáforas do governo local, eles reconheciam, acentuavam e pretendiam atrair os eleitorados étnicos. Nesse sentido, a comemoração municipal da ét(n)ica significa o reconhecimento e, ao mesmo tempo, seus limites dentro da retórica e das alianças políticas dominantes, indicando a reprodução e a reorganização hierárquica da etnicidade e dos poderes públicos nacionais de hoje. Embora tenham servido de bode expiatório como elementos corruptos na esfera pública, os étnicos conceberam um projeto de liderança ética que reflete e molda a etnicização e a eticização mais ampla do poder político no Brasil neoliberal.

Este capítulo sustentou que a etnicidade árabe se intensificou por meio da linguagem da corrupção e da ética em São Paulo. Em 1999 e 2000, um escândalo de corrupção atingiu o sistema conservador e prenunciou a gestão de esquerda de Marta Suplicy. Enquanto os funcionários do governo que saía e do governo que entrava empregavam o discurso da transparência – legitimado pelo programa anticorrupção do Banco Mundial –, a diferença étnica de políticos de origem médio-oriental era identificada com a corrupção nas reportagens dos meios de comunicação. Apresentados como

sibilidade de envolver as comunidades de descendentes" na cidade de São Paulo (http://milpovos.prefeitura.sp.gov.br/interna.php?com=38&lang=1&id=429 – acessado em 20 abr. 2008).

étnicos corruptos nas manchetes nacionais, esses políticos conceberam um projeto para o reconhecimento ético da libanicidade e da arabicidade dentro dos recintos da própria Câmara Municipal. Suas manifestações em prol de ideais éticos, porém, não convenceram os meios de comunicação e os cidadãos da mesma etnia que confirmavam a representação de uma corrupção supostamente árabe. Dentro do contexto dessas posições divergentes, o evento comemorativo do Dia da Independência Libanesa mostra não só o maior reconhecimento da arabicidade, mas também seus limites dentro do governo municipal et(n)icamente intensificado.

SEGUNDA PARTE
REMODELANDO A ORDEM NACIONALISTA

Capítulo 3
OS "TURCOS" NO MODELO DE MERCADO DA DEMOCRACIA RACIAL

Como mostramos nos capítulos anteriores, o termo "turco" serve como uma designação genérica para o "médio-oriental" no Brasil. De início, foi usado pelas elites brasileiras do começo do século XX para denegrir os imigrantes como párias econômicos. Rejeitando essa classificação depreciativa, porém, os comerciantes sírio-libaneses tentaram conquistar uma posição mais elevada, mandando os filhos para escolas particulares e universidades. Essa estratégia de mobilidade vertical ao longo das gerações se prolonga em cursos equivalentes feitos "no exterior" (principalmente nos Estados Unidos). Nesse contexto, os profissionais liberais sírio-libaneses continuam a ser rotulados de "turcos", mas agora eles se identificaram com a designação, chegando a considerá-la como um termo de referência "carinhoso" ou "de brincadeira".

Interessado nessa transformação, o presente capítulo examina como a etnicidade sírio-libanesa foi projetada por meio das imagens do mercado e da ideologia racial. Na ascensão social, a relação dos médio-orientais com a categoria "turco" passou por dois paradigmas da economia brasileira: a industrialização urbana até os anos 1970 e a reestruturação empresarial e profissional liberal subseqüente. Enquanto os médio-orientais viam o termo "turco" como um nome por engano e uma designação depreciativa durante o mercantilismo da metade do século XX, os descendentes ressaltam seu significado não discriminatório nas profissões liberais contemporâneas. Com a mobilidade do mercado, os sírio-libaneses agora adotaram o rótulo de "turcos", utilizando a linguagem nacionalista da democracia racial. Manifestando uma certa nostalgia pelo passado étnico de mascateagem, os médio-orientais se identificam e são identificados como "turcos" neste novo contexto das profissões liberais que parecem ocupar uma posição social mais elevada, mas ao mesmo tempo são cada vez mais competitivas.

Atento a esse reconhecimento étnico dos profissionais liberais médio-orientais no atual modelo de democracia racial, este capítulo trata de vários estudos sobre raças, classes e ideologias no Brasil. Os primeiros estudos fundamentais entendiam a raça como resultado da estrutura econômica[1]; mais tarde, os trabalhos mostraram a tendência de considerar a raça como a força determinante na mobilidade econômica[2]. Mas, numa abordagem mais equilibrada, o antropólogo Peter Wade[3] ponderou que deveríamos ver "a economia, a política, a raça e a etnicidade numa relação de influência mútua, ao invés de privilegiar um ou outro como determinantes". Seguindo a linha de Wade, vejo uma dinâmica entre etnicidade, mobilidade do mercado e ideologia racial "*através* do meio da cultura"[4].

Nos meados do século, considerava-se que as profissões liberais garantiam uma maior respeitabilidade e segurança material, mas hoje elas vêm perdendo cada vez mais em prestígio e remuneração. Nesse contexto, os profissionais liberais, subindo e descendo na escala social, passaram a romantizar o passado de mascates, e inclusive o rótulo de "turcos". Essa nova admiração pelo "baixo" status de outrora se desenvolveu com a representação pública dos descendentes sírio-libaneses como novos Horatios Algers*, passando de mascates a doutores. Em contraste com os étnicos da metade do século passado, que rejeitavam a designação de "turcos" como algo depreciativo, os profissionais liberais de hoje se identificam com o termo, considerando-o "carinhoso" e "não discriminatório".

---

* Horatio Alger, escritor norte-americano do século xix, famoso por seus romances em que os pobres, graças ao trabalho e à dedicação, conseguiam subir na vida. É tido como o romancista do "sonho americano", e a expressão "Horatio Alger" passou a designar a pessoa que sai do nada e, por seu esforço próprio, adquire renome e prosperidade. (N. T.)

Esses adjetivos ainda indicam o poder da democracia racial, mas num novo contexto. Nas críticas dos estudiosos, dos meios de comunicação e do poder público, esse "mito" nacionalista é desmentido pelas representações estatísticas das desigualdades entre os ditos "brancos" e "negros"*. Neste capítulo, porém, eu afirmo que as imagens de mercado não só desgastaram, mas também confirmaram a ideologia nacionalista. Os "turcos" representam a si mesmos e são representados pelos outros como "doutores" que subiram a partir de suas origens comerciais, em termos públicos e numéricos. Ressaltando a inexistência ou quase inexistência de preconceito nas profissões liberais de hoje, os médio-orientais ganharam um reconhecimento étnico naquilo que, a meu ver, constitui a remodelação mercadológica da ideologia nacionalista da democracia racial.

Imaginando a ascensão social no começo do século XX

Nos anos 1940, as profissões liberais e os estudos universitários adquiriram uma importância extraordinária com o crescimento das classes industriais e urbanas, graças, em parte, ao programa de industrialização liderado pelo Estado, do governo Getúlio Vargas. A nova categoria dos profissionais liberais desenvolveu-se na administração pública, nas organizações empresariais e nos respectivos setores de serviços dentro dos espaços urbanos em desenvolvimento. Como observou o historiador Brian Owensby[5], a classe dos profissionais liberais na primeira metade do século XX era composta

---

* Sem dúvida essas desigualdades são muito concretas. Todavia, cumpre ressaltar que as disparidades materiais não significam necessariamente que se deva descartar a "democracia racial" como uma espécie de cortina de fumaça. John Burdick (1998) observou que as mulheres que sofriam discriminação racial no local de trabalho nem por isso rejeitavam o ideal da democracia racial. Neste capítulo, porém, sustento que as próprias estatísticas econômicas utilizadas para questionar a democracia racial devem ser entendidas como um fato "sociocultural".

majoritariamente pelos filhos e netos de comerciantes e industriais imigrantes. Com grau universitário, médicos, advogados, engenheiros e outros tiveram uma oportunidade inédita de ascensão numa ordem social que historicamente inibia essa mobilidade.

Embora os médio-orientais tivessem enriquecido, eles julgavam que só conseguiriam alcançar uma posição social mais elevada se garantissem educação para os filhos. Para muitos pais imigrantes, o diploma universitário era fundamental para o bem-estar econômico e o destaque cultural dos filhos e filhas. Tome-se o exemplo de Sami, um senhor de mais de setenta anos. Sustentando a faculdade dos seis filhos em direito, medicina e sociologia, Sami conta que "o pai árabe [...] tira da própria boca, da própria roupa. [...] Faz de tudo para os filhos estudarem. O imigrante [árabe] [quer] que os filhos tenham raízes fortes, tenham algum tipo de profissão liberal, de distinção, de cultura".

A esse respeito, Oswaldo Truzzi encontrou um padrão educacional bem marcado nas famílias sírio-libanesas imigrantes e de segunda geração. Numa amostragem de médio-orientais formados em medicina, direito e áreas técnicas, até 1950, mais da metade eram filhos de imigrantes que trabalhavam no comércio ou na indústria[6]. "Os filhos da colônia que abraçarão as profissões liberais", refletiu Truzzi, "'limparão o sangue' da etnia, justamente porque passarão a exercer profissões de valor intrínseco mais universal, de saber mais legítimo do que o comércio"[7]. Outros grupos étnicos – como os judeus e os japoneses[8] – também buscaram maior legitimidade com a estratégia de seguir uma profissão liberal. Mas o que diferencia o caso médio-oriental é a referência histórica ao mercantilismo.

Elevando-se aos níveis das profissões liberais, os indivíduos de segunda geração se gabavam dos sacrifícios dos pais para lhes dar educação mais avançada. "Em primeiro lugar", disse Rafael, advogado e político com um certo gosto pela retórica, "o libanês era um mascate, mas não queria que o filho fosse mascate. Se ele carregava uma mala na mão, ele queria que o filho tivesse uma caneta na mão, certo? [...] Isso era básico". Outros reforçavam a importância de um diploma universitário. "Todo pai que não estudou na vida", disse Samir, médico formado, "uma das coisas que ele queria dos filhos era um diploma. O diploma era mesmo fundamental". Valéria, que se formou na faculdade e depois se tornou dona-de-casa, usou quase as mesmas palavras: "Todos os pais queriam que os filhos fossem para a faculdade." E concluiu que as famílias dariam uma vida melhor às gerações mais novas. Financiada pela atividade comercial dos pais imigrantes, a educação universitária dos filhos era vista como um desligamento simbólico desse ramo.

No entanto, nos meados do século XX, as profissões liberais e os títulos universitários se restringiam basicamente à engenharia, ao direito e à medicina. O engenheiro Wlademir, libanês de segunda geração, comentou: "Entrei na faculdade em 58 – ou seja, 43 anos atrás... e as profissões liberais que existiam na época eram direito, engenharia e medicina." Embora goste de sua profissão, Wlademir disse que escolheu a engenharia mais por uma questão de "falta de aptidão" para a medicina ou o direito. Essa escolha um tanto fortuita da profissão também ocorreu com Assad, de segunda geração. Hoje próspero advogado, Assad conta que se matriculou inicialmente no curso de medicina, mas, depois de ver um cadáver, abandonou o curso e entrou na faculdade de direito. Continuando a trabalhar na loja de roupas do pai, na rua 25 de Março, o jovem ainda tinha algumas dúvidas sobre a carreira jurídica. Mas no dia do baile de formatura, uma colega, que freqüentava a loja do pai de Assad na 25 de Março, sem querer se referiu a ele, em seu smoking apurado, como o "moço da lojinha". Ele conta:

> Aquele "moço da lojinha" me tocou bastante. E falei pra mim mesmo que realmente não passo de um moço da lojinha. Não tenho nada a ver com essa baile. Aquilo me tocou

muito. Daí, resolvi pelo menos advogar. Foi assim que eu me convenci que deveria realmente advogar.

Assad decidiu trabalhar com mais afinco para ser mais do que o "moço" de uma "lojinha". Se as gerações mais novas escolhiam a medicina, o direito ou a engenharia, o que alimentava a estratégia de ascensão não era apenas a profissão, e sim o desejo de se distinguir.

Assad não era o único. Há inúmeros nomes médio-orientais nos registros do famoso Centro Acadêmico XI de Agosto, da Faculdade de Direito de São Paulo, hoje integrante da Universidade de São Paulo[9]. Em contraste com a ínfima porcentagem de médio-orientais formados em direito nos anos 1930, 4,5% da turma que se formou em 1940 tinha sobrenomes médio-orientais (9 em 206). Vinte anos mais tarde, em 1960, eram 5,7% (16 em 280). Ainda em 1985, o número de nomes médio-orientais chegou a 7,5% do total de formandos (28 em 374)*. Os descendentes sírio-libaneses tinham partido das "lojinhas" da rua 25 de Março.

Outros arabescos parecidos percorrem as listas da famosa Faculdade de Medicina da Universidade de São Paulo (Associação dos Antigos Alunos da Faculdade de Medicina da Universidade de São Paulo 1995). Até o começo dos anos 1930, apenas dois ou três nomes médio-orientais aparecem nos registros de formatura, ao passo que, na turma que se formou em 1940, cerca de 7% pertenciam à colônia sírio-libanesa (6 em 80). Em 1960, a proporção de formandos em medicina com nomes médio-orientais manteve-se relativamente estável, na faixa de 6,3% (5 em 80). Vinte anos mais tarde, a média diminuiu um pouco, para 5,5% (10 em 180)**. Apesar disso, respon-

---

* Refletindo sobre descobertas similares, Truzzi (1997) e Knowlton (1961) apontaram também o ingresso de um número impressionante de sírio-libaneses em diversas escolas importantes de direito em São Paulo.

** Embora o número de formandos fosse significativo ao longo do século passado, a atual redução desse percentual pode ter uma série de razões. Por um lado, exis-

diam por 7% da soma total de médicos em exercício em São Paulo (cerca de 130 entre 1.900). Aparentemente, isso se deve ao fato de que a maioria dos médio-orientais se estabeleceu na região. Formados em direito e medicina, os filhos dos comerciantes imigrantes se somaram às camadas instruídas da cidade e da nação.

Mas havia uma desigualdade marcante entre os gêneros nessa busca de um título universitário e no exercício da profissão. As mulheres, mesmo que adquirissem título universitário, eram desencorajadas no exercício profissional. Lena, uma libanesa de segunda geração na casa dos quarenta anos, conta que o pai havia incentivado seus estudos no colégio e na faculdade, na área de línguas. Mas ele se aborreceu quando ela começou a trabalhar como intérprete de francês e espanhol na Secretaria de Turismo do Estado. Conta Lena que o pai perguntou: "Filha, o que está faltando aqui em casa? O que eu não estou te dando que te faz querer trabalhar?". Essa atual dona-de-casa conclui que o pai "queria que as filhas estudassem e se formassem, mas não queria que trabalhassem". Seguindo essa linha, Truzzi avaliou que "o objetivo de estudar para as mulheres nunca foi o exercício de uma profissão, mas tão-somente se tornarem educadas"[10]. Como observou Thorstein Veblen (1899) no final do século XIX, as mulheres estudavam para conferir uma vantagem às famílias na concorrência e "rivalidade" dentro da classe ociosa, inclusive nas estratégias para contrair alianças e casamentos com famílias de posição social mais elevada*.

---

tem várias instituições de terceiro grau que oferecem cursos de medicina. Por outro lado, os médicos estabelecidos observam que o "prestígio" e a "atração" da profissão diminuíram nos últimos anos. Discutiremos isso na terceira seção deste capítulo.

* Existe certamente uma dinâmica de mudança nas trajetórias profissionais das mulheres com grau universitário. Todavia, como mostrou a comemoração do Dia da Independência Libanesa (e outro evento que será mencionado adiante), as mulheres raramente recebem reconhecimento público por suas realizações na carreira profissional.

Enquanto as mulheres ficavam restritas ao lar ou a entidades filantrópicas[11], os homens eram incentivados a exercer a profissão. Entre os dezoito profissionais liberais entrevistados, por exemplo, catorze tinham montado clínicas médicas, escritórios de advocacia e firmas de engenharia no Brasil do pós-guerra. Nesses casos, os irmãos continuavam a tocar os negócios da família, a receber as rendas dos imóveis alugados ou a vender lojas ou imóveis para abrir clínicas ou escritórios profissionais. Wlademir, agora sexagenário, seguiu o conselho do pai imigrante (que trabalhava na 25 de Março) e se formou em engenharia civil no final dos anos 1950. Ele ganhou experiência reformando casas de amigos da família, e depois montou uma firma de engenharia junto com um "patrício". Hoje, ele tem uma renda de classe média alta no ramo de construção civil. Enquanto isso, seu irmão assumiu as propriedades da família, e passou do atacado para o varejo na 25 de Março. Por outro lado, Samir, médico sírio de segunda geração, conquistou uma clientela fiel e uma renda estável trabalhando no Hospital Sírio-Libanês. O imóvel de seu pai (que trabalhava no atacado de têxteis) agora está alugado. O aluguel complementa a renda de sua irmã, que também dá aulas. Numa outra linha, dois irmãos da família Ghantous entraram na faculdade de direito nos anos 1960, por determinação do pai, um empresário bem-sucedido no mercado têxtil. O primogênito Liam conta que fecharam o negócio e venderam o imóvel da família, porque "ninguém queria continuar trabalhando na 25 de Março", e os três irmãos usaram o dinheiro para abrir um escritório de advocacia perto da avenida Paulista, que tem sido muito bem-sucedido.

As diversas trajetórias dessas três famílias indicam não só as diferentes estratégias de acumulação de capital abertas para a segunda geração, como também a questão da etnicidade, que continua pertinente. Sobretudo para os que se desligaram das atividades comerciais etnicamente marcadas de seus pais imigrantes, o padrão de classe média e classe média-alta foi alcançado com o apoio da família, dos amigos e dos colegas da "colônia". Num aspecto comum a muitos outros grupos imigrantes no Brasil[12], a ascensão dos árabe brasileiros nas profissões liberais foi impulsionada pelas relações intra-étnicas após a Segunda Guerra Mundial.

Os "turcos" às margens da democracia racial nos meados do século XX

A ascensão dos imigrantes e descendentes por meio das profissões liberais tornou-se uma possibilidade concreta, senão uma experiência real, na era Vargas. Ao mesmo tempo, porém, uma poderosa ideologia racial tornaria a imaginação da ordem social em processo de mudança ainda mais fixa e rígida. Narrando um passado mítico nas fazendas coloniais, o livro *Casa grande e senzala* (1977 [1933]), de Gilberto Freyre, apresenta as relações raciais aparentemente harmoniosas do país dentro de um sistema paternalista entre senhores e escravos. Nesse cenário, os brancos ocupam o papel dos patrões benevolentes, embora com um certo sadismo ocasional, enquanto os morenos e os negros ocupam as respectivas posições de intermediários e subordinados. Na visão de Freyre, essas relações clientelistas ajudaram a manter a inexistência ou quase inexistência do racismo no Brasil. Considerava-se que a preservação da mesma estrutura profissional, na qual predominava uma profunda desigualdade entre os brancos, os morenos e os negros, nessa ordem social em processo de mudança ajudaria a manter a harmonia racial do país. Concebida numa época em que o clientelismo na economia rural se cruzava com a meritocracia do mercado industrial urbano[13], a ideologia nacionalista da democracia racial reforçava o *status quo* racial do Brasil naqueles meados do século.

Os imigrantes médio-orientais não faziam parte desse sistema clientelista racial do passado mítico freyriano. Como dissemos no Capítulo 1, as elites brasileiras na primeira metade do século XX tinham-nos genericamente como "turcos". Mas esses chamados "turcos" reagiam de maneiras ambíguas. Ao escrever em 1945 sobre *O Líbano e os libaneses no Brasil*, Jorge Bastani, libanês de segunda geração com orgulho de suas origens, entendia o termo "turco" como um simples nome por engano:

> Os libanêses que se emigravam eram portadores de um passaporte fornecido pelas autoridades turcas. [...] foram eles cognominados de 'turco', por haver sido a Turquia quem lhes dava a permissão oficial para viajarem... Como 'turco' era também conhecido qualquer mortal oriundo daquela região oriental, fosse ele egípcio, persa, sírio, palestino ou libanês[14].

Na mesma época, Taufik Duoun[15] presumia que os libaneses, sírios e palestinos "eram chamados 'turcos'" porque a região de onde provinham estava sob o domínio do Império Otomano. Mas ele ressalva que havia uma "intenção oculta que alterava completamente o sentido do têrmo aplicado, tornando-o sinônimo de degradação". Wadih Safady acrescenta que "a palavra TURCO era um sinônimo natural" dos árabes, devido à sua condição de "súditos turcos (ou otomanos)". Mas, por causa da concorrência econômica, disse ele num gracejo, o "nome 'turco' [...] começou a ser usado como adjetivo depreciativo"[16]. Resumindo as várias designações para os "árabes" no Brasil, Jamil Safady[17] comentou que "turco é o têrmo vulgar que se dá, comumente, ao vendedor patrício, em tôdas partes do Brasil". Explicando a origem plausível do termo "turco", inúmeros intelectuais sírio-libaneses admitiam suas conotações pejorativas no período posterior à Segunda Guerra.

Mas, numa espécie de justificativa, Taufik Duoun[18] ponderou que "os primeiros imigrantes talvez merecessem, pela aparência, o têrmo depreciativo". Sua menção à "aparência pouco recomendável" dos médio-orientais recém-chegados sugere que o termo tinha não só a conotação de uma astúcia inata, mas também de uma falta de "distinção"[19]. Como me explicou Valéria, uma libanesa de segunda geração, "'Turco' não quer dizer só pão-duro"; significa também que o médio-oriental era "não refinado e grosso", por causa do trabalho braçal, das roupas pobres, do português com sotaque muito carregado e dos hábitos alimentares inadequados (cf. Capítulo 5). Reconhecendo o sentido negativo do termo, essas elites sírio-libanesas colocaram a culpa na aparente falta de distinção dos primeiros imigrantes.

Em reação a isso, os médio-orientais passaram a abraçar profissões liberais como forma de se afastar do "baixo" status do "turco". Há uma piada que circula até hoje na colônia sírio-libanesa, sugerindo como os imigrantes e descendentes associavam o termo com origens comerciais inferiores. Samir conta: "O cara, no começo, quando chega, quando é mascate, pobre mesmo, ele é turco. Depois começa a ganhar um pouco de dinheiro, e vira sírio. E aí, quando fica milionário, ele vira libanês"*. Examinaremos a diferença entre o sírio "remediado" e o libanês "rico" no Capítulo 5; por ora basta dizer que há nessa "piada" uma equivalência entre turco e origem simples. Já a condição de profissional liberal, para os descendentes médio-orientais, parecia oferecer o poder material e simbólico necessário para elevar a etnicidade árabe acima de sua posição subordinada no Brasil.

Como primeiro passo para conseguir maior distinção na metade do século xx, os pais imigrantes matriculavam os filhos em escolas primárias e secundárias freqüentadas pelas elites tradicionais, como o São Luís, o Sacré-Coeur e o Des Oiseaux. Mas os sírio-libaneses se viam classificados como turcos[20]**. Uma senhora

---

* Na linguagem coloquial, os colegas geralmente se referiam ao turco como mascate pobre, ao sírio como o lojista "remediado" ou de classe média, e ao libanês como magnata da alta sociedade. Essa anedota é citada, sob uma ou outra forma, em diversas obras acadêmicas, daí o título do livro de Mintaha Alcury Campos, de 1987: *Turco pobre, sírio remediado, libanês rico.*

** Esse compêndio, organizado por Betty Greiber, Lina Maluf e Vera Mattar (1998), contém mais de vinte entrevistas com sírio-libaneses imigrantes e de segunda geração no Brasil. Os excertos deste parágrafo foram extraídos do referido compêndio.

contou: "As colegas, quando queriam brigar, [me] chamavam de turca, turquinha."[21] Um senhor septuagenário lembrava que, "quando éramos crianças na escola [...], os colegas me chamavam 'Ô, turquinho!'". Os professores também discriminavam os chamados "turcos". "Na escola", conta outra senhora, "havia discriminação pela origem turca. As próprias freiras eram muito estúpidas [e] nos perseguiam muito. Naquela época éramos muito desprezados. A discriminação era mais ou menos geral"[22]. A razão disso, segundo Inácio, de segunda geração, consistia nas origens comerciais dos pais imigrantes. Embora suas irmãs freqüentassem "boas escolas", disse Inácio, "nós éramos vistos como seres inferiores. Primeiro por causa da humildade dos nossos pais, que vieram, mascatearam tudo isso. Quem veio formado? [...] Na turma da minha geração, acho que, médicos, tinha um ou dois formados, só"[23]. Nos meados do século XX, os jovens médio-orientais matriculados em escolas de elite eram discriminados pela pretensa inferioridade de sua condição étnica.

Embora "subindo" acima das origens comerciais dos pais imigrantes, os estudantes eram (re)classificados como "turcos" na escola primária e assim continuavam em suas trajetórias escolares e profissionais. Bastani[24] narra um episódio que envolveu um imigrante libanês e seu filho, de Minas Gerais. Ele conta que o pai se sacrificou muito para matricular o filho num colégio militar no Rio de Janeiro. "Como ele era muito inteligente e sempre estava mais adiantado do que os colegas" na escola, escreve Bastani, "o filho era alvo de violentos ataques por parte de alguns colegas que, para desmoralizá-lo, constantemente o chamavam de 'filho de turcos'". Sentindo-se com "complexo de inferioridade", o filho ficou desiludido, mas terminou os estudos. No dia fatídico do baile de formatura, o rapaz fez um discurso na frente dos colegas e do pai "radiante". Mas, conta Bastani, o filho:

> Não tocou em outro assunto a não ser a sua ascendência, e nos ataques sofridos, nas humilhações e no desprêzo dos

colegas, para afinal declarar que tudo era em consequência de ser um "filho de turco" e que se "envergonhava da sua raça e dos seus ascendentes"[25].

Bastani enfatiza a ascensão gradual dos "descendentes libaneses" na medicina, no direito e na engenharia[26], mas o caso do filho desnaturado e do pai esforçado sugere que a "pecha" de "turco" continuou a atormentar os médio-orientais em suas trajetórias ascendentes. Segundo minha leitura desse episódio, um cadete militar continuava a ser um "filho de turco".

Outro caso contado por muitos médio-orientais se refere ao conhecido jurista e político Alfredo Buzaid. Quando ele prestou exame oral para uma vaga de professor na Faculdade de Direito da Universidade de São Paulo, os "patrícios" diziam que Buzaid sofreu "preconceito" por parte da banca examinadora, que declarou que "preferia um preto a um turco", como lembra Samoel, um médico bem-sucedido. Samoel comenta que o exame de Buzaid foi objeto de controvérsia porque rompia a longa tradição das elites luso-brasileiras (os "quatrocentões") que freqüentavam e ensinavam na faculdade. Para Buzaid, "o difícil não foi entrar para a Faculdade de Direito como aluno, mas sim como professor [...] e mais ainda como catedrático", o que lhe garantia estabilidade no corpo docente[27]. Vistos como "turcos", os sírio-libaneses recordavam o velho preconceito nas profissões liberais.

Truzzi descreve obstáculos parecidos que os professores sírio-libaneses na Faculdade de Medicina da USP tiveram de enfrentar[28]. Dr. Bussamara Neme, por exemplo, alcançou o nível de professor livre-docente nos anos 1950, mas teve de esperar quase vinte anos até abrir concurso para a vaga de titular*. Truzzi conta que dr. Neme

---

* Como há um número limitado de vagas em cada nível de titulação nas universidades brasileiras, realizam-se periodicamente concursos públicos para os candidatos qualificados.

teve de ouvir comentários como "Não abram concurso para o turco entrar" e "Esse turquinho está querendo demais". Dr. Sami Arap, médico bem-sucedido, também conta que os "patrícios" começaram a se formar em várias faculdades de medicina na metade do século, mas os cargos de professor titular continuaram reservados para os "quatrocentões". Especificamente na USP, consta que os médicos de origem médio-oriental "nunca chegaram a titular aqui dentro". Mesmo dr. Daher Elias Cutait, que se formou nos EUA e na Europa[29], continuou no corpo docente como "professor livre-docente, mas nunca foi titular". Embora os médio-orientais procurassem se elevar acima das origens comerciais, as elites luso-brasileiras que continuaram a ocupar o topo da ordem social em processo de mudança nos meados do século mantiveram os descendentes "em seu lugar".

O presente das profissões liberais e o passado étnico na reestruturação neoliberal

Ao lembrar o preconceito anterior na mobilidade do mercado, os étnicos hoje bem-sucedidos, como dr. Arap, comentaram que, "depois da década de 80, essa barreira foi rompida". Mas foi nessa época que a medicina, o direito e a engenharia começaram a dar sinais de uma concorrência cada vez maior, com cortes salariais e menor qualificação (*deskilling*). Com a abertura da economia e a privatização do setor público, essa tendência se mostrou mais acentuada no campo da medicina, sobretudo por causa do surgimento dos chamados "convênios" ou empresas privadas de saúde, introduzidos por multinacionais européias e norte-americanas*. Seis médicos de meia-idade

---

* A abertura neoliberal da economia ainda não alterou significativamente o campo jurídico, embora estejam em curso negociações entre o governo brasileiro e a Organização Mundial do Comércio. A OAB (Organização dos Advogados do Brasil) exprimiu alguns receios quanto à abertura do setor jurídico da economia a escritórios estrangeiros: cf. "Advogados temem abertura de mercado", *Gazeta Mercantil*, 30 ago. 2002.

explicaram que o principal problema com os convênios de saúde é o valor fixo pago aos médicos, independente da qualificação ou da dificuldade do caso. E ponderam que os médicos recém-formados encontram hoje uma grande dificuldade em ter uma boa remuneração. Dr. Riad Younes, um médico muito bem-sucedido, declarou:

> Está piorando ano a ano. Quer dizer, o mercado saturado, principalmente em grandes cidades, e as opções ficam cada vez menores. Então, se arrasta pra começar, não está fácil. Algumas outras... uma ou outra especialidade eventualmente dá certo, mas a maioria, infelizmente, vai penar porque está saturado e os convênios estão tomando conta da população que pode realmente te pagar alguma coisa, aí você vai ganhar muito pouco porque o convênio paga pouco... Então fica um ciclo meio complicado. Então, agora, hoje, a situação do país ficou muito complicada, não está fácil, nem pro médico, nem pro hospital e nem pro doente, todos estão ruins. Está apertado.

Os recém-formados agora são obrigados a trabalhar para os convênios ou no sistema de saúde pública (Sistema Único de Saúde, SUS), como explicam outros médicos já bem estabelecidos, como dr. Younes. Assim, aquele retorno material que se esperava obter com certa facilidade no exercício de uma profissão liberal foi cortado pela economia neoliberalizante no Brasil.

Nessas condições, os médicos prósperos ressaltam a importância da distinção para conseguir um bom nível econômico. Enquanto a "grande maioria dos médicos vive dos convênios e vive relativamente mal", explicou dr. Arap, "só aqueles com muito prestígio e destaque profissional" conseguem montar uma clínica particular e entrar na equipe médica de hospitais respeitados. Dr. Younes também comentou que só se consegue um lugar na equipe médica de um bom hospital se a pessoa tiver "um pouco de distinção".

Conseguir vaga numa instituição que atende a uma clientela de alto nível pode ajudar os médicos a obter uma remuneração maior dos convênios e complementar a renda com pagamentos e honorários negociados individualmente com os pacientes. Assim, a distinção na carreira médica reflete a luta cada vez mais acirrada pelo *status* de classe média no Brasil[30].

Não por acaso, os dois médicos, dr. Arap e dr. Younes, fizeram suas residências no exterior e participam de conferências internacionais. Dr. Arap é um urologista renomado, nascido no Brasil de pais que vieram da Síria e pagaram seus primeiros estudos no estrangeiro. O pai tinha um padrão de classe média como fabricante de camisas, com imóvel próprio no centro de São Paulo. Como seus pais não tinham ligações pessoais com a instituição médica, acharam que um "diploma internacional" seria a única maneira de garantir o êxito do filho como doutor no Brasil. Foi o que ocorreu. Tendo estudado com urologistas famosos na França, Alemanha, Inglaterra e em outros países europeus, além dos EUA, dr. Arap se tornou professor titular na USP e atualmente é o chefe do departamento de urologia de um hospital na cidade. O caso de dr. Younes não é muito diferente: depois de se formar na Faculdade de Medicina da USP, ele fez sua residência de dois anos num centro especializado no tratamento de câncer, em Nova York. Sua família havia fugido do Líbano quando ele era menino, durante a guerra civil. Enquanto seu pai tinha uma renda de classe média como professor de matemática, dr. Younes se destacava nos estudos universitários. Como dr. Arap, dr. Younes é titular da USP e atende no Hospital Sírio-Libanês. Assistindo a conferências anuais em todo o mundo, ambos se lembraram da instituição em que eu estava fazendo meu doutorado, a Universidade Syracuse. E me perguntaram, em entrevistas separadas, se eu tinha contato com os colegas deles que atendem no hospital da universidade. Na economia contemporânea, estudar "fora" foi fundamental para garantir o êxito profissional.

Esses efeitos do capital cosmopolita também ficavam evidentes nas biografias e nos escritórios de outros profissionais liberais de origens médio-orientais. João, odontologista sírio naturalizado brasileiro, ressaltou sua participação em conferências internacionais. Havia pelo menos cinqüenta certificados de participação nos últimos quinze anos cobrindo uma parede inteira de seu consultório, desde a Associação Americana de Odontologia e outras conferências profissionais, do Porto Rico ao Japão. Durante uma de nossas conversas, João disse que seus filhos e netos vão escolher a profissão que lhes aprouver, mas ele quer que antes viajem pelo mundo, porque "abre a cabeça". Said, um enterologista libanês de segunda geração formado na USP, mencionou sua participação anual em conferências nos EUA e na Europa. Mesmo Rogério, libanês de terceira geração, fez engenharia na Universidade Stanford e voltou logo depois para trabalhar em São Paulo. Os profissionais liberais se tornaram cada vez mais internacionais.

Pais e filhos têm a clara consciência de que é preciso viajar ou trabalhar "no exterior". O comerciante Jorge explica que "a colônia [...] está numa fase em que os árabes hoje viraram engenheiros, médicos e advogados", acrescentando que sua filha havia se matriculado num mestrado de administração em Nova York. Outros vinte e tantos entrevistados expuseram intenções semelhantes. Além disso, os pais procuravam programas de intercâmbio cultural para os filhos no segundo grau. Uma senhora cujo marido dirige um escritório de arquitetura comentou sua intenção de matricular o filho num programa de intercâmbio antes de entrar na universidade. "É muito bom para o currículo", ponderou ela, consultando-me sobre as opções de estudo no exterior. Essas experiências internacionais, explicam os pais, permitem que os jovens aprendam um inglês fluente, o que hoje em dia é um "*must*" (dito em inglês) em qualquer profissão. Seja para ter um diploma ou aprender um inglês fluente, a necessidade de ir para o exterior não era exclusiva dos médio-orientais, sendo uma demanda do mercado brasileiro.

O que diferencia o caso em questão é que os descendentes converteram o passado mascate da geração imigrante em memória viva. Em 2001, por exemplo, a comemoração anual do Dia da rua 25 de Março foi realizada num clube elegante de São Paulo, o Club Homs. Embora a cerimônia homenageasse oito comerciantes sírio-libaneses da região da 25 de Março, os oradores foram dois profissionais liberais, um advogado e um médico. O médico Samoel fala dez línguas e participou de cursos e conferências no mundo inteiro. Ele começou seu discurso com uma pergunta retórica: "Por que convidar um médico para participar da mesa principal e fazer um discurso?" Nascido e criado em São Paulo, Samoel disse inicialmente que, quando jovem, havia trabalhado "naquela universidade chamada 25 de Março". Depois de apresentar uma versão sucinta da história da imigração sírio-libanesa, Samoel comentou que "as pessoas presentes no salão descendem das que trabalhavam na 25 de Março". A seguir, o advogado, exagerando um pouco as conquistas profissionais da colônia, disse que "a luta não foi em vão. Agora estamos nas universidades, na advocacia, na medicina e na política. Ora, estamos aqui há apenas um século, e já respondemos por 22% do PIB brasileiro".

Esse elogio não pareceu despropositado às cento e tantas pessoas ali presentes, a maioria de origem sírio-libanesa. Após a cerimônia formal, foram servidas as entradas, e vários colegas formados em administração, arquitetura, direito, psicologia e outras áreas comentaram diversas vezes que os discursos sobre o papel econômico dos sírio-libaneses no Brasil me davam uma oportunidade "interessante" para conhecer a colônia. Quando saímos do clube, um amigo formado em direito chegou a comentar que a 25 de Março "é uma tradição, uma cultura [...] que deve ser mantida". Assim, o passado comercial veio a fazer parte integrante do projeto étnico árabe no Brasil contemporâneo, erguido pelos profissionais liberais.

Mas essa guinada para as profissões "cosmopolitas" não garantiu automaticamente uma maior segurança material. Miriam, psicóloga síria italiana com menos de trinta anos de idade, é um bom exemplo. Considerada excelente aluna no curso de psicologia da USP, ela ganhou uma bolsa do governo para fazer uma especialização na Inglaterra. Na época, disse Miriam, ela e os pais acharam que isso garantiria uma fonte de renda mais estável. Depois de dois anos de estudos avançados na Inglaterra, ela voltou a São Paulo em meados dos anos 1990. Primeiro foi trabalhar como assalariada na clínica psiquiátrica de uma "patrícia". Mas, lembra ela, o salário mal dava para cobrir suas despesas de classe média. Atualmente, ela atende por convênio e seu consultório fica no seu apartamento residencial alugado num bairro de classe média. Lutando para conseguir pagar as contas do mês, apesar de atender em período integral, a educação internacional de Miriam não lhe assegurou satisfação econômica. Apenas os profissionais liberais com firmas e escritórios próprios, com uma clientela de classe alta, conseguiram uma ascensão social.

Em tom nostálgico, a psicóloga de grande competência, mas com pouca folga financeira, comentou que seus irmãos e primos "largaram a tradição dos pais". Sua geração acreditava que as profissões liberais dariam uma segurança maior do que o risco comercial dos antepassados. Mas hoje Miriam acha que "a psicologia não dá a renda que um comércio daria". Seus dois primos deixaram a profissão e voltaram à atividade varejista dos pais, para conseguir se manter. Se o negócio da família ainda funcionasse, disse ela, seus irmãos e irmãs poderiam ter um padrão de vida mais confortável. Assim, a geração de Miriam recebeu muito mais instrução do que a geração imigrante, mas isso não garantiu um padrão de vida elevado. Dizendo que seu poder aquisitivo havia diminuído, tacitamente ela exprimia uma certa saudade daquele passado étnico comercial no mercado atual. Isso sugere que, mesmo quando os descendentes não chegam à classe média-alta, eles percebem a mobilidade do mercado em termos da memória comercial sírio-libanesa. Ou seja, os médio-orientais de classe média inflectem a etnicidade dos médio-orientais de classe alta, apesar dessa experiência pessoal de luta de classes.

Os filhos das famílias que visaram subir na vida não são os únicos a ter essa percepção da maior insegurança material da formação universitária e das profissões liberais. Entrevistado em 1985, um pai libanês mostrou seu desencanto com o valor de um diploma universitário:

> O meu sonho, como o sonho de todo libanês [...] é um sonho que eu acho hoje fora de esquadro... Mas o sonho de libanês [...] é ter os filhos todos com diploma. [...] Acho que não vale mais nada, porque diploma hoje jorra que é um abuso por aí. Às vezes um médico, um grande psiquiatra, um grande psicólogo, um professor ganha menos do que um ferramenteiro ou um bom torneiro mecânico. [...] Quer dizer, aquela impressão que dava há trinta ou quarenta anos de que um diploma era uma segurança absoluta, uma segurança de que essa pessoa estaria feita na vida. [...] Hoje não é tanto assim[31].

Comentando que ele ganhava mais vendendo roupas, esse senhor deixou muito claro que o sonho da profissão liberal, antes acalentado pelos pais libaneses para o futuro dos filhos, hoje não faz mais sentido. Como disse O'Dougherty[32], "o sonho de classe acabou" no Brasil do final do século XX.

Numa linha semelhante, o médico Sarkis relatou uma conversa que teve com um imigrante idoso, dono de uma loja na 25 de Março. Perplexo com um filho formado na universidade que não conseguia renda que ao menos empatasse com a receita do pai, o senhor foi se aconselhar com o colega "mais instruído". Sarkis conta:

> Eu estava falando com um patrício na região da 25 de Março. Ele disse: "Doutor, o sr. que é mais instruído, me ex-

plique uma coisa. Cheguei neste país em 1930. Tinha cinco dólares. E hoje tenho essa loja, aquela loja e aquela outra loja. Nem sei quantos imóveis tenho alugados. Meu filho, ele nasceu em berço de ouro. Pus ele nas melhores escolas e nas melhores faculdades, e quando ele casou, tive eu de comprar o apartamento para ele morar. Quando ele precisava de um carro, ia eu e comprava o carro. [...] Onde eu errei?"

Em conclusão, o médico explicou que "o filho trabalha, como médico ou como engenheiro ou como advogado [...] mas não tem recursos para comprar um apartamento". Os pais imigrantes espantam-se que o título universitário e a profissão liberal já não consigam garantir uma maior segurança material para os filhos.

Mas outros avanços recentes em três famílias (mencionadas no começo do capítulo) contrariam essa perspectiva sombria. Na empresa de construção civil de Wlademir, sua sobrinha – que estuda arquitetura numa faculdade particular em São Paulo – começou um estágio remunerado e pensa em continuar trabalhando na próspera firma do tio. Da mesma forma, na família de Samir, o primogênito está no último ano de medicina e se inscreveu para fazer a residência em hospitais em São Paulo e no Rio de Janeiro. No caso de Ghantous, também, os sobrinhos começaram um estágio ou se tornaram sócios mais novos no escritório de advocacia da família. Assim, hoje alguns jovens de terceira geração conseguem prosperar com o capital material e simbólico acumulado pela segunda geração das famílias médio-orientais, que abriu firmas de engenharia, clínicas médicas ou escritórios de advocacia após a Segunda Guerra Mundial.

Prosperando ou afundando na economia atual, os descendentes sírio-libaneses entendem sua situação no mercado pelas lentes da narrativa étnica de seus antepassados mascates. Subindo e descendo na escala social, os "doutores" compartilham a nostalgia pelo passado comercial, e é essa nostalgia que lança uma ponte entre essas fraturas na mobilidade social. E, o que é ainda mais expressivo, ela também serve como uma espécie de contraponto irônico às tentativas de ascensão social dos chamados "turcos", com suas "baixas origens", nos meados do século xx. Longe de esquecer o passado mascate – marca fundamental da etnicidade árabe –, hoje os profissionais liberais se identificam com ele.

Os profissionais liberais etnicizados na esfera pública

Romantizando o passado mascate, os doutores sírio-libaneses fizeram uma ultrageneralização dos árabes, apresentando-os como uma espécie de Horatio Algers étnico. Pragmaticamente, calcularam a quantidade de "árabes" em círculos profissionais de grande prestígio. Temos um exemplo na conversa que tive com o amigo de um colega, Pedro, sobre a seção paulista da Ordem dos Advogados do Brasil. Na época, eu estava interessado em ver a lista dos associados, e minha intenção original, ao falar com Pedro, era ter autorização de consultá-la. Pedro explicou prontamente que a diretoria da seção é composta de noventa advogados, sendo catorze de descendência sírio-libanesa, inclusive o presidente. E acrescentou: "É mais de 15% do total." Os médio-orientais contam seus números entre as elites jurídicas de São Paulo.

Essa enumeração da ascensão profissional também se manifesta no campo da medicina. Na época em que Mário Covas, ex-governador do estado de São Paulo, fez uma cirurgia de ponte de safena, vários conhecidos fizeram questão de comentar, *ad nauseam*, que "três dos cinco médicos" responsáveis pela operação eram "árabes". Em termos mais gerais e relevantes, muitos médicos e profissionais liberais brincavam com o "monte" e a "turcalhada" que agora compunha o corpo docente altamente renomado da Faculdade de Medicina da usp. Respondendo à minha pergunta sobre o contexto da ascensão social dos árabes no Brasil, dr. Younes entrou numa discussão numérica:

> Na Faculdade de Medicina da USP, está cheio de professor árabe titular, cheio... Bom, o Jatene foi professor, titular... O Maksoud da Cirurgia Infantil... a Angelita Abergama... o Assad agora... tem o Gatas que é da Psiquiatria, tem... Ah, tem uma tonelada deles, se você pegar a congregação, acho que um terço da congregação... nós não somos um terço da população, um terço é descendente de árabe, de titulares, então é muita gente... Tem uma seleção... o Azi, o Naldo, titular da Ortopedia... Tem uma tonelada deles, viu?!

Com efeito, os descendentes médio-orientais representam cerca de um terço dos docentes da Faculdade de Medicina. O mais importante, porém, é que dr. Younes manifestou a clara consciência desse fato. Tendo superado os obstáculos anteriores, os médicos agora podem se orgulhar com a presença da etnicidade árabe nos mais altos escalões desse campo cada vez mais competitivo.

Além do direito e da medicina, os étnicos também relatam a ascensão ao campo das artes cênicas e visuais. O engenheiro Wlademir ponderou:

> Olha, eu acho que aqui no Brasil o árabe se distinguiu em todos os setores, não só em quantidade, mas em qualidade. Se você pega o setor da música popular [...] estou falando dos árabes em geral. Se você pega João Bosco, ele é descendente de árabe, que é [...] um grande músico, um compositor, cantor e violonista. Se você pega Fagner, ele é descendente de árabe. Fagner diz que aprendeu muito de música com as canções árabes. [...] Se você pega o maior duo de violão clássico do mundo, é o Duo Assad. [...] Se você pega música clássica, tem Jamil Maluf, que é um grande maestro. [...] Agora [...] no campo das artes, a gente tem um monte de árabes, na pintura, música e escultura. Se você pega o espaço do teatro,

os melhores diretores no Brasil são árabes. Tem Fauzi Arap, tem Antonio Abujamra, tem Samir Yazbek, entende?

Os profissionais liberais também vêem a presença dos patrícios em atividades nobres como a música e o teatro. Apesar de se ramificar por muitos campos de estudo e profissões liberais, os médio-orientais identificam seus colegas étnicos nos escalões superiores da sociedade brasileira.

Naturalmente, esse tipo de promoção étnica também é característico de outros grupos. Mas o que diferencia o caso em questão é a referência ao passado mascate da etnia, nessa ascensão social dos sírio-libaneses. Tome-se, por exemplo, o livro *Médicos sírios e libaneses do passado*[33], que traz biografias de médicos famosos de origem síria e libanesa. Foi escrito pelo famoso dr. Carlos da Silva Lacaz, que publicou outros livros sobre a medicina brasileira[34]. Na introdução, Lacaz aponta inicialmente o passado comercial dos sírio-libaneses no Brasil. Afirma que os mascates sírio-libaneses "abriam sua lojinha, vendendo suas mercadorias – agulhas, alfinetes, linhas, lãs, pentes, botões, grampos, jóias, perfumes baratos, bordados etc. [...] Firmemente consolidados na indústria e no comércio, poucas nacionalidades no Brasil tiveram consciência tão aguda das vantagens sociais, econômicas e políticas de uma boa educação como os sírios e libaneses". A isso ele acrescenta: "Para educar seus filhos, fizeram sacrifícios enormes e, assim, elevaram-se merecidamente na escala social."[35] Mencionando colegas sírio-libaneses com quem havia estudado na Faculdade de Medicina da USP, Lacaz apresenta os médio-orientais como pessoas que subiram na vida, saindo do comércio e indo para a medicina. Ao escrever sobre os médicos bem-sucedidos de hoje, o mascateio é romantizado e celebrado como um mito de origem da etnia.

A mobilidade médio-oriental também apareceu na edição de 4 de outubro de 2000 da revista *Veja*. O artigo, intitulado "Patrícios, dinheiro, diploma e voto: A saga da imigração árabe", trazia o box: "Os primeiros imigrantes libaneses e sírios queriam fazer fortuna e voltar. Ficaram, trabalharam duro, investiram na educação dos filhos. Criaram gerações de doutores e uma tradição de participação na política." No começo do texto, a repórter Flávia Varella identifica a diferença étnica dos médio-orientais pelo nome:

> Salim, Ibrahim, Fuad, Abrahão, Jamil, Nagib, Habib, Tufik, Salomão, Chafic. Na vida de quase todo brasileiro "da gema" há um brasileiro com um nome assim – "turco", como se diz até hoje, mais por hábito do que por preconceito. Tem o dono da venda, o dono da fábrica, o político, o médico, o pai do amigo, o vizinho. Estima-se que os descendentes de libaneses e sírios somem 7 milhões de pessoas. São 4% da população brasileira, mas estão em todo canto. [...] Na política e na medicina, a proliferação de sobrenomes árabes é tão intensa que chega a ser intrigante.

Os nomes médio-orientais hoje se encontram no comércio e na indústria, na política e na medicina. Apesar dos diversos espaços profissionais ocupados pelos cidadãos étnicos, os brasileiros "da gema" têm o hábito de rotulá-los de "turcos".

Como sugere o título, a matéria enfoca a ascensão social dos árabes no Brasil, passando das origens comerciais para as profissões liberais, em especial a política e a medicina. Ao longo das seis páginas do artigo, distribuem-se os nomes e fotografias de 26 descendentes que se distinguiram "nos palcos e nos palanques", incluindo atores, músicos, políticos, jornalistas e doutores. Um texto ao lado desse arrolamento visual de "patrícios" famosos diz que "os descendentes dos imigrantes sírios e libaneses têm destaque em vários setores da vida nacional, das artes às universidades, da política à medicina. Alguns não usam o sobrenome árabe, mas ninguém nega a origem". Na lista de famosos constam médicos como Adib Jatene e Raul Cutait e artistas como Fagner e João Bosco. Um fator que colabora para essa mobilidade vertical, escreve Varella, são as redes entre os "patrícios" que levaram ao êxito comercial dos imigrantes e ao ingresso dos descendentes de segunda geração no "mercado das profissões liberais"*. Ocultando a experiência de classe cada vez mais fraturada entre os descendentes sírio-libaneses, o artigo funciona como uma inequívoca comemoração da mobilidade dos árabes no mercado brasileiro atual.

Como observou a revista *Veja*, os descendentes em ascensão social são identificados pelo rótulo de "turcos" que marcava a diferença étnica dos antepassados mascates. O que o artigo não diz, porém, é que se continua a considerar os profissionais liberais de origens árabes como dotados de um talento inato para os negócios, a principal marca identificadora do "turco". Essa representação se manifestou num programa de televisão com o dr. Younes, renomado oncologista no Brasil e no exterior. Ele foi convidado para uma entrevista no *Programa do Jô*, da Rede Globo, programa do final da noite com o comediante Jô Soares semelhante ao *Late Night with David Letterman* nos EUA. Dr. Younes estava com um terno elegante, com o famoso sorriso que exprime seu temperamento cativante. A entrevista versava sobre os avanços e transformações recentes na medicina. A certa altura, Jô perguntou por que havia certas porcentagens para o diagnóstico e o tratamento. Dr. Younes explicou que são normas que obrigam o médico a drenar uma certa quantidade de líquido dos pulmões após a cirurgia. Mas, disse ele, esses procedimentos estabelecidos podem ser insuficientes. Baseado em sua experiência própria, ele comentou que o paciente se recupera mais rápido se for drenado mais líquido dos pulmões após a cirurgia, embora os textos médicos estipulem uma menor quantidade.

---

* Varella, "Patrícios, dinheiro, diploma e voto", p. 126.

Pegando essa "troca" metafórica de fluidos, o incansável Jô se virou para o dr. Younes e fez a pergunta étnica: "Ô Riad, 'cê é de origem árabe, né?" Sorrindo, o médico respondeu num tom firme e positivo: "Sou. Sou, sim." Com um sorriso mais maroto, Jô então perguntou: "Então será por isso que fica regateando na cirurgia, 'tira um pouco menos do pulmão,' ' menos do coração' e tal?" O público riu e aplaudiu, e os dois, entrevistador e entrevistado, pareciam igualmente divertidos. Continuando com a brincadeira, o dr. Younes corrigiu Jô: "Não, na verdade, devido à origem, devo tirar mais, mais do pulmão, mais do coração, mais..." O público riu ainda mais, e Jô deu um tapinha afetuoso no braço de dr. Younes. Mesmo diante de um especialista em câncer de renome mundial, um programa de televisão de grande audiência invoca a imagem do árabe esperto que "regateia". Embora os árabe brasileiros tenham entrado no campo das profissões liberais com todo um respaldo cosmopolita, a imagem do turco comercialmente esperto continua muito popular na esfera pública brasileira.

Passei por uma experiência semelhante quando entrevistei um fiscal da receita que cuida da região da 25 de Março, no centro de São Paulo. No começo da entrevista, eu me apresentei como doutorando em antropologia dos Estados Unidos, mas o fiscal indagou minha origem árabe. No final do encontro, ele gracejou sobre minhas intenções em São Paulo. Será que eu era mesmo um antropólogo?, perguntou ele. Ou será que eu estava interessado nas leis fiscais para abrir uma loja na área? Respondi brincando que eu, nos negócios, perderia dinheiro. Surpreso, ele exclamou: "Mas como?! Você tem o sangue, o sangue árabe! Você é turco!" Essa íntima associação entre o rótulo de "turco" e a imagem de lidar bem com o dinheiro – apesar do grau universitário ou do status de doutorando – ressurgiu num comentário de Fernando, árabe brasileiro de terceira geração que acabava de se formar numa universidade particular. Ele contou que os colegas brincavam com sua origem "turca" na cantina da escola ou nas danceterias, e imitou os amigos dizendo "Ô turco! Dá o dinheiro!" Assim, ser chamado de "turco" ainda traz a idéia de uma essência comercial árabe, apesar da ascensão educacional dos descendentes.

Marcando o médio-oriental como "turco" na democracia racial

Esse reconhecimento étnico no contexto da mobilidade profissional deve ser entendido dentro da remodelação da idéia de democracia racial em termos de mercado. Na maioria dos casos dessa reorganização do significado racial, os críticos acadêmicos, políticos e midiáticos empregam representações estatísticas das desigualdades econômicas entre "brancos" e "negros". Essas imagens quantitativas da realidade da discriminação no mercado são utilizadas para contestar o "mito" da democracia racial.

Num rápido exemplo, a revista *IstoÉ* publicou uma crítica ao chamado mito da democracia racial, em sua matéria de julho de 2001 sobre a Conferência Mundial contra o Racismo, a Discriminação Racial, a Xenofobia e a Intolerância na África do Sul. A capa provocativa mostrava a foto de uma mão negra com tinta branca pingando sobre ela, com a chamada vigorosa: "Você é Racista?". Na matéria de capa, chamada "O Preconceito Oculto: O Brasil prefere o mito da democracia racial e fecha os olhos para a intolerância", a história da escravidão e sua continuidade no mercado atual é narrada de uma maneira que faria Gilberto Freyre se revirar no túmulo. Mais importante, citavam-se as médias estatísticas das realidades econômicas da raça, elaboradas pelo Instituto de Pesquisa Econômica Aplicada (Ipea). O artigo, escrito por um intelectual público muito conhecido, dizia que o Brasil:

> ... onde o mito da democracia racial foi nocauteado pelas estatísticas, tem contas a prestar. O mercado de trabalho é

uma prova do tamanho da desigualdade [...] Um trabalhador branco ganha, em média, R$ 573 mensais. O negro, R$ 262. O Ipea concluiu também que, se os negros tivessem a mesma escolaridade dos brancos, ainda assim seus rendimentos seriam 30% menores, de R$ 407. A diferença é fruto da discriminação no mercado de trabalho, e nesse campo não houve avanços no último século.

As representações estatísticas das desigualdades entre brancos e negros no mercado de trabalho serviam como o principal critério para medir a democracia racial – ou, melhor, sua inexistência – no Brasil contemporâneo.

Por outro lado, o mito da democracia racial também era confirmado pela representação da mobilidade ascendente dos árabes no mercado. Sistematicamente apresentados como "ascendentes" em relação à atividade comercial anterior, os "doutores" árabes ressaltavam que houve uma diminuição gradual do preconceito em suas vidas, marcadas com o rótulo de "turcos". Quando perguntei sobre o sentido do termo, muitos árabes comentaram que, mesmo que "turco" fosse antigamente usado de maneira pejorativa ou preconceituosa, hoje em dia é usado de forma inócua ou afetiva. "Tinha muita gente que antes usava como pejorativo", disse o médico Said, "mas hoje não vejo muito isso". Da mesma forma, Roberto, professor aposentado, disse que, quando "os povos árabes vieram para o Brasil, eram os turcos otomanos que dominavam a região. Então os imigrantes tinham passaportes turcos e eram chamados 'turcos'. Era pejorativo, mas agora é afetivo". Valéria, dona-de-casa de segunda geração, comentou que, quando antigamente alguém era chamado de "turco", "era pejorativo. [...] Mas hoje não é mais assim. Não. Não é mais. Hoje, acho que você chama alguém de 'turco' de maneira carinhosa". Isso sugere que o preconceito foi transferido para o passado e anulado no presente[36]. Mas demonstra também que essa ênfase sobre a conotação afetiva ou carinhosa de um etnônimo antes marginalizador aponta para a força ainda presente da democracia racial, de uma maneira decididamente étnica.

Numa entrevista com o dr. Younes, um mês depois de aparecer na tevê, ele disse que "turco" não indica "preconceito" ou "discriminação", que, a seu ver, são "muito leves e muito tênues" no Brasil. Passando de estudante de medicina a professor titular na USP (e com muita experiência no exterior), esse médico libanês, muçulmano sunita, frisou que não houve nenhuma discriminação de fundo étnico ou religioso em sua carreira de ascensão social e profissional. Também comentou que um colega seu na faculdade da USP tem o apelido de "Turco". "Hoje se tornou mais uma espécie de brincadeira", concluiu ele. Durante a entrevista, rimos da piada sobre a tendência dos árabes em regatear na sala de cirurgia. Tendo ocupado seu lugar entre os profissionais liberais, os árabe brasileiros como dr. Younes transformaram a categoria "turco" que indicava a posição marginal dos árabes no passado.

Com efeito, os profissionais liberais árabes geralmente insistiam que a categoria "turco" não tinha conteúdo discriminatório. Como disse um outro médico, dr. Sarkis: "O brasileiro tem um jeito carinhoso de te chamar de 'turco'. É uma forma de carinho tipicamente brasileira [...] que não tem conotação racista nem discriminatória. Não é preconceituosa." Depois de afirmar que "turco" não é discriminatório, dr. Arap também ressaltou que "o preconceito aqui no Brasil é realmente uma coisa leve". Empregando uma linguagem ainda mais sugestiva, o engenheiro Wlademir explicou que "a maioria das pessoas agora te chama de 'turco' carinhosamente, afetivamente". Numa linha parecida, um advogado reforçou que os brasileiros "nos chamam 'turquinho! turquinho!', mas não é com ar de ofensa, de discriminação. É até um jeito carinhoso de brincar". Valéria também explicou que ser chamado de "turco" hoje "é carinhoso. É cem por cento carinhoso. Você diz: 'Ah, aquele turco ali, meu amigo, aquele turco'. Mas você diz de forma carinhosa, entende?". Jorge, administrador de empresas bem-sucedido, declarou que não se deve ver "turco" como "preconceituoso" porque "todas as raças são iguais" no Brasil. A ênfase dos profissionais liberais árabes sobre o caráter não discriminatório do termo "turco" ilustra os contornos étnicos da "democracia racial" no Brasil contemporâneo.

Esse aparente caráter não preconceituoso do termo "turco" não foi uma questão fácil para mim. Quando tive de analisar academicamente esse identificador, com minha modalidade norte-americana de entender a política de identidade, de início imaginei se não seria uma forma de ridicularizar a arabicidade, como se faz nos EUA pronunciando "arab" como "eiy-rab". Devido à história norte-americana de racismo e preconceito, meu principal ponto de referência eram as várias formas verbais de ridicularizar a arabicidade. De fato, quase todos os estudos dos árabe americanos mencionam essa forma de discriminação nos EUA[37]. Mas, mesmo com plena consciência de minha americanidade, eu não estava disposto a descartar a autopercepção árabe brasileira como uma "falsa consciência". Seria o equivalente ao que Pierre Bourdieu[38] chamou de "dominação simbólica". As maneiras árabe brasileiras de expressar a etnicidade devem ser entendidas em seus próprios termos.

Mas, tornando a questão mais complexa, alguns colegas explicaram que "turco" é similar a outros rótulos de diferença étnica e racial. Sarkis comentou: "O brasileiro chama o descendente japonês de 'japonesinho', certo? Ele diz 'moreno', 'preto', 'negão'."* Beto, o presidente da associação 25 de Março, explicou que "turco" é "um termo

---

* Esse médico também contou a experiência da esposa durante uma rápida visita a Goiás. Depois de pegar um táxi no aeroporto, a esposa do médico viu várias placas de rua com nomes libaneses. Ela perguntou ao motorista se havia libaneses por lá. Um pouco perplexo, o taxista respondeu que não havia "libaneses" na região. Perspicaz, a senhora então perguntou se havia turcos na cidade, e o motorista respondeu: "Ôpa! O que mais tem aqui é turco!".

que você dá para as pessoas que vieram do Oriente Médio. [...] É como você dizer 'amarelos' para os chineses, japoneses e coreanos. 'Turcos' [pausa] [...] se tornou um termo popular". Da mesma forma, Michel, um grande milionário, ressaltou que "turco não é ofensa. É a mesma coisa se alguém vem de outro estado e chamam de 'baiano'". Depois de observar que "não se trata de discriminação", dr. Arap disse que o termo "turco" é "um vestígio da época dos quatrocentões. Turquinho, japonês, carcamano. É para todas as raças". O termo "turco" serviu como mais um indicador alegadamente não discriminatório da diferença étnica ou racial, dentro daquela hierarquia desigual imposta pelos luso-brasileiros dominantes no passado, e que hoje foi remodelada pela representação do mercado onipresente.

Alguns colegas, porém, apontaram a importância do contexto para avaliar o significado do termo "turco". Veja-se, por exemplo, Fuad, um comerciante próspero com filhos profissionais liberais. Respondendo à minha pergunta sobre o significado de "turco", Fuad disse:

> Depende de como você usa. [...] Depende de como eu levo, de como eu falo com você. E você pode ser rico e não se incomodar. Certo? "Oi, turco. Tudo bom?". "Oi. Tudo, rapaz. Quanto tempo". Aí é um gesto carinhoso. Então "turco" tem dois sentidos – um que ofende e um que aproxima.

Assim, o rótulo de "turco" pode diminuir ou reforçar a pessoa assim chamada, dependendo do contexto e da relação entre os falantes.

Mas esse significado contextual foi minimizado com relação às profissões liberais. Quatro outros entrevistados fizeram uma conexão entre ter uma profissão "nobre" e o valor positivo de "turco" (como "gesto carinhoso"). Quando perguntei se o significado de "turco" era pejorativo, os entrevistados deram uma resposta que parecia se esquivar ao assunto. Depois de observar que o termo era "afetivo" ou "de brincadeira", eles mencionaram a ascensão dos árabes às profissões liberais. Em termos sucintos, o septuagenário Sami captou essa expressão de diferença étnica na linguagem da mobilidade de mercado na democracia racial:

> Agora você chama alguém de "turco", mas é um termo afetivo. Porque na colônia temos muitos profissionais liberais, tanto na política quanto na medicina [...] quanto na engenharia, todas essas coisas. Nossos filhos são brilhantes e são nosso orgulho. Então, agora você não fala dos "turcos" como fazia antigamente. Mesmo quando você diz "turco", "turquinho", é sinal de afeto.

Sami destacou que "turco" se tornou um termo afetivo com a ascensão dos árabes ao status de profissionais liberais, supostamente mais lucrativo. Se as imagens do mercado são muitas vezes usadas para contestar o chamado mito da democracia racial, elas também são utilizadas pelos "turcos" para privilegiar o lugar que hoje ocupam nessa hierarquia nacionalista remodelada.

É interessante que o etnônimo "turco" tenha sido adotado pelos próprios árabes. Vários colegas repetiram diversas vezes que se tratam entre si de "turcos", como algo "normal" ou de brincadeira. O comerciante Fathallah (cujos filhos são profissionais liberais bem estabelecidos) gracejou: "Quando vou almoçar com os amigos na 25 de Março, digo à minha mulher que estou indo para a Turquia." Abdo, libanês de segunda geração, também explicou: "Nós mesmos, filhos de libaneses, dizemos entre a gente: 'Ô turco! Ô turquinho! Ô turcão!'" Fernando, de terceira geração, comentou: "Aqui entre eles [os sírio-libaneses], eles se tratam de 'turcos'. Meu pai chama os amigos: 'Ô turcão! Vem cá!'" Por fim, Mário, um próspero advogado libanês de segunda geração cujo filho seguiu a mesma profissão, deu uma explicação detalhada dessa apropriação irônica:

> O único termo pejorativo que tinha a ver com a gente é "turco". Mas nós mesmos, descendentes de árabe, sírio e libanês, esculhambamos o termo. Então, quando a gente se refere a um patrício, nós mesmos usamos o termo. Então, com isso, banalizou o termo. [...] "O que que você é?" "Sou turco." Não tem... a reação, a gente banalizou, né?, levou pra gozação o termo. "Ô turco! Como vai, tudo bem, turquinho?" Eu chamo meus amigos assim: "Ô turquinho! Tudo bem, querido?" Entendeu? Então é assim. Não existe mais aquele sentido pejorativo. [...] Isso é do espírito do brasileiro. Ele... banaliza. Ele transforma um rancor em brincadeira. E destrói qualquer rancor. Destrói qualquer animosidade.

Ao usarem a categoria "turco", os árabes transformaram um termo outrora marginalizador numa auto-identificação explícita da diferença étnica. Desse ponto de vista, a linguagem "esculhambada" sugere o que significa ser brasileiro: a transformação do rancor étnico por meio da duradoura ideologia nacionalista da "democracia racial".

A essa luz, se os profissionais liberais árabe brasileiros entendem o termo "turco" como uma palavra isenta de discriminação, isso não se deve a uma falsa consciência, nem a uma realidade objetiva em si. Como mostramos nos dois primeiros capítulos, alguns comerciantes e políticos médio-orientais sofreram discriminação. Usada por camelôs no centro da cidade ou por jornalistas cobrindo um caso de corrupção, a categoria "turco" pode ter um sentido positivo ou negativo, dependendo do contexto em que é usada. Para mim, "turco" continua a ser um rótulo ambivalente que pode depreciar ou confirmar a identidade dos indivíduos, conforme o contexto. De modo geral, porém, os profissionais liberais que tentaram legitimar o etnônimo em seus próprios termos discordam que o sentido varia conforme o contexto. A experiência fraturada das camadas instruídas no mercado atual condicionou os árabes profissionais liberais a negar o sentido pejorativo de "turco". Num "modelo que reflete e possiblita" a ascensão social na nação[39], o "turco" se transformou de "rancor em brincadeira". Quando a ideologia nacionalista da democracia racial deixou de persuadir uma parcela cada vez maior da esfera pública, os profissionais liberais étnicos usaram seu poder simbólico para alegar uma experiência de aceitação e não-discriminação. Nesse sentido, a afirmação positiva de um rótulo outrora negativo não só reflete a importância dos que subiram acima das origens simples, sujeitas ao preconceito, mas também contribui para que os demais não revivam o passado.

Concebido como um projeto étnico, o reconhecimento da ascensão árabe por meio das profissões liberais se desenvolveu no cruzamento entre a raça e a nação no Brasil. "Subindo acima" das origens mascates dos antepassados imigrantes, os profissionais liberais se colocaram em posições mais privilegiadas do que as condições marginais anteriores. Nesse meio, os próprios étnicos apontam o rótulo de "turco" e sua idéia de uma astúcia comercial inata, seja na sala de aula das universidades ou no consultório dos médicos. O gracejo sobre o talento comercial inato dos árabes já não é apenas um indicador de um lugar marginal na nação, por imposição externa. Em vez de carregar um "preconceito", como ocorria nos meados do século XX, a categoria "turco" foi adotada pelos profissionais liberais e outros médio-orientais como uma referência "afetiva" e "carinhosa", por intermédio do modelo de mercado da democracia racial no Brasil.

Capítulo 4
MISTURANDO CRISTÃOS, CLONANDO MUÇULMANOS

A diferença religiosa faz parte do reconhecimento étnico, sobretudo numa nação historicamente católica como o Brasil. Correspondendo pelo menos a 80% dos imigrantes médio-orientais no começo do século XX, segundo as estimativas, os sírio-libaneses cristãos eram avaliados pelos funcionários da política imigratória em termos de sua tendência endogâmica e do baixo índice de "miscigenação"*. Ser brasileiro, nessa linha de pensamento nacionalista, era ser "misturado". Mas, no final do século XX, essa idéia de mistura deixou de fazer parte da política imigratória oficial e, ao mesmo tempo, foi adotada pelos sírio-libaneses cristãos, que agora criticam os colegas muçulmanos "que não se misturam", em termos similares aos da antiga marginalização que haviam sofrido.

Muitas vezes expressa em práticas matrimoniais, essa diferenciação religiosa na etnicidade sírio-libanesa adquiriu forma, historicamente, através de dois paradigmas nacionais da política imigratória no Brasil: a miscigenação até o final dos anos 1970 e a produtividade econômica a partir dos anos 1980. No primeiro modelo, os sírio-libaneses cristãos geralmente eram depreciados devido à aparente endogamia da comunidade. Em contraste, a política atual geralmente reconhece e apóia os libaneses muçulmanos que adotam as mesmas práticas matrimoniais. Este capítulo examina como os árabes muçulmanos aparecem "casando entre eles mesmos"

---

* Cf. Lesser (1994, 1999); Jorge Safady (1972b); Wadih Safady (1966). Os árabes cristãos pertencem aos ritos orientais da Igreja Católica – a saber, o ramo maronita e o ramo melquita – e à Igreja Ortodoxa síria do Patriarcado de Antioquia. Os árabes muçulmanos pertencem aos ramos sunita, xiita, alawi e druso do islã.

aos olhos dos árabes cristãos e na novela *O clone*, e sugere que eles têm posto limites à arabicidade muçulmana, dificultando seu maior reconhecimento no Brasil contemporâneo.

Meu objetivo mais abrangente é situar essa diferença religiosa na etnicidade diante da política nacional de imigração. Até os anos 1970, a "mistura de raças" era o principal elemento da política oficial brasileira. Os ideólogos esperavam que os imigrantes não europeus, entre eles os médio-orientais, se "misturassem" com os nacionais e evitassem a formação de "quistos"[1]. Em 1980-81, porém, a política de imigração foi esvaziada das referências à miscigenação e recebeu a tarefa primária de regular o fluxo de gente segundo a "produtividade econômica"[2]*. Como nota Benedict Anderson[3], hoje a regulamentação da imigração se preocupa menos com a pertença nacional e mais com a inserção no mercado de trabalho. A transformação política neoliberal também acarretou uma redefinição da endogamia dos imigrantes, que antes preocupava as autoridades. Ao caracterizar o casamento entre um cidadão nascido no Brasil e um estrangeiro como uma "reunião familiar", a política atual permite que os libaneses predominantemente muçulmanos se casem no Líbano e voltem com as esposas imigrantes para morar no Brasil. Embora sofrendo críticas dos árabes cristãos na terminologia nacionalista da miscigenação, o Estado brasileiro neoliberal aprovou tacitamente os árabes muçulmanos que, nas palavras de um funcionário, "preferem se casar entre eles".

O enfoque deste capítulo, concentrado na política matrimonial, visa contribuir aos estudos sobre a imigração sírio-libanesa e a política imigratória brasileira. Os historiadores concordam que as famílias de imigrantes sírio-libaneses no começo do século XX cos-

---

* Sales e Salles (2002, p. 11) mencionam brevemente o estatuto dos estrangeiros como parte das preocupações da ditadura militar com a "segurança nacional" durante a abertura democrática. Sugiro que fez parte também do momento neoliberal que se esboçava.

tumavam evitar a "miscigenação", enquanto as gerações posteriores passaram cada vez mais a se casar fora da comunidade[4]. Essa proposição unidimensional não traz nenhuma referência à preocupação nacionalista brasileira com a "mistura racial". Outras análises mais abrangentes da política imigratória brasileira no começo do século xx mostraram claramente que a miscigenação não era um fenômeno "natural", e sim uma política de Estado baseada nas noções nacionalistas de "brasilidade" e raça[5]. Seja o casamento "puro" ou "misto", a política e as práticas matrimoniais devem ser estudadas nos termos da transformação não só da hierarquia familiar, mas também da ideologia e da política oficial nacionalista.

Minha percepção é de que a principal mudança ocorrida nas gerações sírio-libanesas ao longo do século xx não consiste necessariamente num aumento visível da exogamia, e sim no contexto nacional do surgimento, questionamento e legitimação das pretensões étnicas matrimoniais. Os árabes cristãos e muçulmanos continuam a praticar a endogamia, mas as maneiras contrárias pelas quais suas práticas matrimoniais se engajam com o nacionalismo indicam a intensificação do projeto étnico árabe no Brasil.

Os circuitos matrimoniais da diáspora entre o levante e o Brasil

Desde o começo do século xx, os sírios-libaneses no Brasil iam procurar esposas adequadas no *bilad* (país [natal], em árabe). O casamento não era um assunto a ser tratado com leviandade, como mostra uma anedota sobre meu bisavô Abidão (Abdo) Bichara, que naquela época morava na Grande Amazônia. No leito de morte, após uma operação da vesícula em Belém do Pará, Abidão deu três conselhos aos filhos nascidos no Brasil, para a firma comercial da família: "Nunca discutam com um padre nem com um taxista", "Nunca comprem imóveis no meio do quarteirão, e sim na esquina, que vale mais" e "Nunca casem com brasileiras. Sempre voltem ao *bilad* para arrumar noivas".

Os três filhos de Abidão Bichara foram ao Líbano "arrumar noivas" e voltaram a Porto Velho, Rondônia. Não foram os únicos. Como antropólogo no Líbano nos anos 1940, John Gulick notou que "alguns [emigrantes] voltavam temporariamente para o antigo povoado, para noivar"[6]. A antropóloga Judith Williams também viu migrantes do Brasil procurando esposas em suas aldeias nas montanhas do Líbano[7]. A historiadora Mintaha Alcuri Campos discerniu um padrão semelhante em seu estudo sobre idosos sírio-libaneses no Espírito Santo. Descobriu que, dos 94 imigrantes libaneses, 57 tinham voltado à terra natal para se casar ou conseguir noivas libanesas que se mudassem para o Brasil em caráter permanente[8]. Os homens médio-orientais, na primeira metade do século XX, iam arranjar noivas no *bilad*.

Os intelectuais da comunidade árabe tinham pleno conhecimento dessa migração matrimonial[9]. Mas observaram que, nos meados dos anos 1940, os imigrantes começaram a procurar esposas não na Síria ou no Líbano, e sim dentro da colônia no Brasil. Jamil Safady[10] ponderou que o "costume do rapaz ir à terra natal para desposar parentes ou vizinhas está diminuindo", mas "as famílias árabe brasileiras [...] continuam a querer que os filhos se casem com descendentes de árabes". Wadih Safady[11] também comentou que o fluxo de árabes à procura de noivas na terra natal se reverteu nos anos 1960. "Muitos rapazes libaneses", observa ele, "agora tentam achar casamento no seio da família árabe brasileira". Esses comentários foram corroborados por Campos. Ela observou que 27,7% dos casais estudados (26 num total de 94) eram constituídos por um imigrante árabe e uma árabe de segunda geração (nascida no Brasil)[12]. Essa endogamia diaspórica, especificamente entre os homens imigrantes e as mulheres de segunda geração, iria predominar em todo o período do pós-guerra no Brasil.

Esses casamentos não se restringiam a reflexões intelectuais. "Todas nós naquela época", lembra uma senhora de segunda geração, "casamos com rapazes que vieram do Líbano"[13]. Da mesma forma, em minha pesquisa, muitas senhoras de segunda geração explicaram que, no tempo delas, os namorados se dividiam entre "nacionais" (nascidos no Brasil) e "importados" (nascidos no Oriente Médio). Esse tom de gracejo, porém, dissimula a falta de liberdade das mulheres árabes na hora de escolher o marido. Pesquisando a comunidade sírio-libanesa em São José do Rio Preto, a demógrafa Marileila Varella-Garcia notou que "os casamentos mistos com mulheres não árabes são quase quatro vezes mais freqüentes do que os casamentos com homens não árabes (228 para 55)". Era muito mais fácil um homem árabe desposar uma não árabe do que uma mulher árabe desposar um não árabe[14]. Levando em conta as diferenças geracionais entre as esposas médio-orientais, o estudo de Varella-Garcia confirma uma desigualdade marcante nos padrões conjugais em função do gênero.

Esses arranjos matrimoniais diaspóricos refletiam as ideologias de gênero dos regimes familiares, em que as filhas eram persuadidas ou obrigadas a se casar com homens da mesma etnia, do contrário poderiam ser marginalizadas pelos padrões patriarcais. Como disse claramente um imigrante libanês em Goiás: "O receio não era em relação ao casamento do homem de descendência árabe com a mulher brasileira, mas o receio do casamento da mulher de descendência árabe com brasileiros"[15]. Heloísa, libanesa de segunda geração, divorciada, na casa dos cinqüenta anos, relatou as dificuldades que enfrentou quando quis se casar com o namorado de origem italiana. O pai libanês não aprovou, e a mãe libanesa tentou adiar indefinidamente a festa de noivado. Da mesma forma, Raul, libanês de segunda geração, contou que a mãe aconselhava as filhas a "ter cuidado" com os brasileiros, que se aproveitariam delas. Encarnando a "tradição cultural", eram as mulheres, e não os homens, que foram pressionadas para se casar dentro da colônia*.

Os homens de origens médio-orientais explicavam a preferência conjugal por mulheres imigrantes ou de segunda geração alegando a preservação cultural**. Meu tio-avô, por exemplo, expôs a meu primo e a mim suas razões para se casar com uma árabe. Quando meu primo perguntou se a escolha era por alguma aversão contra "misturar as raças", meu tio-avô respondeu: "Não, não... Era para manter os hábitos e costumes". Antoine, imigrante sírio de meia-idade, também comentou o papel central das mulheres para manter os hábitos, costumes e tradições das famílias sírio-libanesas no Brasil. Jorge, outro imigrante sírio, comentou que muitos patrícios acabaram desposando mulheres árabes nascidas no Brasil, porque a viagem à terra natal era muito cara e tomava muito tempo. Essas esposas, acrescentou ele, unem a família e incutem nos filhos os costumes tradicionais "da terra natal". Desse ponto de vista, os homens falavam da endogamia diaspórica em termos de uma preservação cultural, e não de uma dominação masculina.

A religião era, implicitamente, uma dessas "tradições culturais" a ser preservadas. Wlademir, libanês de segunda geração, explicou que ele e outros raramente faziam distinções entre as sírias

---

* Este ponto se baseia, em seus elementos históricos, na pesquisa de Louise Cainkar (1994) sobre a comunidade árabe palestina contemporânea em Chicago. Ela mostrou que os homens escolhiam facilmente companheiras árabes e não árabes, ao passo que raramente se concedia essa liberdade de escolha às mulheres palestinas. Ou se casavam com palestinos ou ficavam solteiras.

** As mulheres de segunda geração também tinham opiniões variáveis sobre os imigrantes, que não eram necessariamente "bons partidos". Lena, com cinqüenta e poucos anos, explicou que seus pais queriam que ela se casasse com um imigrante mais velho. Ele era trabalhador, mas não tinha "refinamento", disse Lena. Não ia ao cinema, e só ficava trabalhando em sua loja de confecções na 25 de Março. Com medo de que ele quisesse que a esposa só ficasse em casa, Lena acabou se casando com um libanês de segunda geração no Brasil.

e as libanesas, devido à mesma base religiosa. Observou que muitas famílias da Síria e do Líbano eram cristãs ortodoxas, freqüentando os mesmos círculos sociais e namorando entre si. Com a mesma formação religiosa, Assad, sírio de segunda geração, também comentou que "é difícil encontrar uma família de sírios [...] que não tenha uma filha casada com um libanês, e vice-versa". Edgar, também sírio de segunda geração, acrescentou: "Há muitos sírios casados com libanesas, e muitos libaneses casados com sírias." Os casamentos entre sírios e libaneses cristãos ortodoxos reforçaram o rótulo corrente de "sírio-libanês". A designação não se resumia a um identificador mais ou menos criativo, como notou Jeffrey Lesser[16], mas também trazia um valor religioso implícito, consumado no casamento.

No entanto, essa preservação médio-oriental da religiosidade cristã ortodoxa abarcava e quase anulava a diferença religiosa muçulmana. Os imigrantes muçulmanos, que, segundo as estimativas, compunham uma minoria significativa, representavam cerca de 15% a 20% dos médio-orientais no Brasil até os anos 1960[17]. Mas alguns autores pertencentes à colônia de predomínio cristão apontaram o processo da chamada assimilação desses imigrantes muçulmanos no começo e na metade do século XX. Nos anos 1960, Wadih Safady, cristão ortodoxo, comentou que "os árabes muçulmanos no Brasil são uma minoria... Na sua maioria foram assimilados e vivem agora como cristãos, e casados com cristãos"[18]*. Da mesma forma, Nagib Assrauy, que na época era o único intelectual libanês druso no Brasil, comentou com visível pesar que seus colegas drusos estavam se casando com "mulheres de outro credo religioso". Em 1967, escreveu ele:

---

* Wadih Safady não disse especificamente que os árabes muçulmanos se casavam com árabes ou brasileiras cristãs, mas depois acrescentou que havia "vários casos" de "miscigenação" entre árabes muçulmanos e não árabes cristãs (Safady, 1966, p. 225). Isso sugere que a afirmação inicial significava implicitamente o casamento inter-religioso entre árabes.

> A emigração [...] trouxe ao druso um sério problema [...] levando-o a contrair núpcias com mulher de outro credo religioso com a qual constituiu família, teve filhos, e, sem o querer, sem o desejar, tornou-se num agente alterador da pureza de sua raça, e, assim extinguindo o legado que recebeu de seus pais e avós[19].

Assrauy observou com tristeza que os imigrantes drusos estavam desposando mulheres não drusas. Mas não menciona se eram médio-orientais ou brasileiras nativas. Talvez essa distinção não lhe importasse muito, porque na prática gerava o mesmo resultado: a "alteração" da "raça drusa".

A tendência dos filhos de famílias inter-religiosas de negar o lado muçulmano ou não cristão apagou ainda mais a diferença muçulmana numa comunidade predominantemente cristã. Uma libanesa de meia-idade, por exemplo, comentou que, embora a mãe fosse uma libanesa cristã nascida no Brasil e o pai um imigrante libanês muçulmano, ela foi criada como cristã e "não podia nem falar" em suas raízes muçulmanas. Da mesma forma, Valéria, senhora cristã de segunda geração, contou que um conhecido libanês muçulmano tinha se casado com uma libanesa cristã de segunda geração. Os três filhos se casaram com libaneses cristãos, e não muçulmanos, e freqüentavam a igreja, e não a mesquita. Na época, disse Valéria, os filhos não podiam comentar suas raízes muçulmanas entre os colegas cristãos, que então cochichariam "ele [o pai] é muçulmano!". Essas ilustrações sugerem que a diferença muçulmana acabava se reduzindo com os filhos de famílias inter-religiosas na colônia dominada pelos cristãos.

Isso injuria mas não surpreende, em vista das imagens elitistas brasileiras dos muçulmanos e médio-orientais que predominavam na primeira metade do século xx. Apesar da xenofobia da política imigratória da era Vargas, as elites brasileiras faziam referências positivas à diferença cristã dos imigrantes médio-orientais[20]. Manuel Diegues[21] afirmou que, "entre nós, os sírios e os libaneses agrupam-se, principalmente, na igreja católica melquita e na igreja maronita"*. Duas décadas antes, Alfredo Ellis[22], além de comentar que a corrente imigratória de "turcos" a São Paulo era na maioria composta por cristãos, acrescentou que "as crueldades praticadas contra as populações cristãs [no Oriente Médio] faziam com que estas buscassem na emigração uma salvação". Da mesma forma, o jornalista João do Rio[23] notou que as perseguições "ferozes" dos alegados "maometanos" e "drusos" levaram ao "lento êxodo" dos cristãos maronitas. Cientes da diferença cristã dos imigrantes médio-orientais, os observadores brasileiros da primeira metade do século XX formaram uma imagem tipicamente orientalista, apresentando-os como refugiados de um mundo árabe muçulmano supostamente dominado pelo fanatismo.

Lesser mostrou como essa aversão brasileira à diferença muçulmana se evidenciou quando os assírios, um grupo cristão do Iraque, tentaram migrar no começo da década de 1930[24]. Um defensor brasileiro do assentamento de colônias assírias argumentou que essa "população cristã" era perseguida por "um muçulmano fanático"[25]. Um político brasileiro que se opunha ao projeto identificou os "assírios" com os muçulmanos. Lesser afirma que o político "se esforçou em vincular o grupo aos muçulmanos iraquianos, referindo-se a eles como 'os assírios do Iraque' e aos muçulmanos como seus 'irmãos'"[26]. Embora o projeto de assentamento assírio não tenha se concretizado, esse debate sugere que os árabes cristãos até podiam encontrar uma boa acolhida, mas os árabes vistos como muçulmanos não tinham lugar nenhum na nação brasileira do começo do século passado.

---

* Chamados de "ritos orientais", os ramos maronita e melquita pertencem à Igreja Católica Apostólica Romana. Diegues não especifica, mas havia também muitos ortodoxos cristãos nas primeiras levas de imigrantes do Oriente Médio, no começo do século XX.

"Quistos" árabes na política de imigração e na mistura de raças

As medidas de política imigratória no Brasil, no começo do século XX, estavam relacionadas com a economia, mas se preocupavam explicitamente com a composição racial do país. Na esperança de melhorar e "embranquecer" a nação segundo linhas eugenistas, o Estado e as elites intelectuais brasileiras eram claros no desejo de receber imigrantes europeus*. Com efeito, um artigo da Constituição de 1890, promulgada pelo governo da República, proibia a entrada de imigrantes da Ásia e da África[27]. Em 1907, um novo decreto alterou a política racista, estabelecendo critérios sem nenhuma referência direta ao "continente de origem" dos imigrantes[28]. Mas, com a subida de Getúlio Vargas ao poder, nos anos 1930, foi instituído um sistema de cotas, reduzindo drasticamente o número de imigrantes não europeus[29].

A preferência por imigrantes brancos foi reiterada numa publicação do Conselho de Imigração e Colonização, órgão oficial da imigração no Brasil, do começo dos anos 1940[30]. Um dos conselheiros, Artur Neiva, escreveu: "Julgo que todos nós desejamos ser um país de civilização branca [...] Neste caso, é indispensável restringir, ou de preferência excluir a imigração negra ou amarela no Brasil, favorecendo por todos os meios a corrente imigratória branca[31]. Da mesma forma, as revisões da lei dos estrangeiros em 1945 pediam "a preservação e o desenvolvimento da descendência européia na composição étnica da população."[32] Pelo menos três outros dispositivos foram aprovados nos cinqüenta anos seguintes, mas o sistema de cotas com bases raciais, favorecendo a imigração européia, se manteve intacto[33]. Ainda em 1976, um jurista escreveu que a "política imigra-

---

* Supunha-se que os trabalhadores brancos eram economicamente mais produtivos do que a variedade nacional (Andrews, 1991; Skidmore, 1974).

tória deve ser implementada para preservar a descendência européia da população brasileira"[34]. Um funcionário federal encarregado dos registros de imigração em São Paulo ainda hoje admite que o sistema de cotas foi "maior para os europeus, principalmente portugueses e espanhóis" durante os anos 1970. Na maior parte do século XX, a política imigratória serviu para "embranquecer" a nação brasileira.

Enquanto a política imigratória oficial tentava reduzir e homogeneizar a diferença racial, a produção cultural contemporânea organizava e restringia a composição racial heterogênea do país. Lançada com a publicação do livro *Casa grande e senzala*, de Gilberto Freyre, em 1933, a idéia de miscigenação entre o índio, o africano e o português tornou-se um bastião da ideologia nacionalista brasileira. Construindo um passado mítico partilhado pelos senhores brancos e pelas escravas negras nas fazendas coloniais, Freyre alegava que as relações sexuais inter-raciais haviam criado uma raça brasileira única, que era "mestiça" e quase isenta de divisões raciais rígidas*. Encenado no engenho patriarcal, esse mito nacionalista da mestiçagem foi concebido numa época em que a indústria e o comércio ganhavam força na nação brasileira.

A idéia da mistura racial e a política imigratória racista influenciaram as elites brasileiras na forma de comentar e examinar os "elementos estrangeiros". Medidos pelos padrões matrimoniais, os índices de miscigenação informavam o tipo de avaliação, questionamento ou legitimação dos imigrantes dentro da nação. Na primeira metade do século, houve inúmeros estudos oficiais sobre as práticas matrimoniais nos grupos imigrantes[35]. Todos os pesquisadores, sem exceção, concluíram que os imigrantes portugueses, italianos e espanhóis se misturavam bem com a população "nativa". Assim se confirmava o lu-

---

* *Casa grande e senzala*, de Freyre, apontava não só a mistura racial, mas também as relações sexuais entre brancos privilegiados e mulheres negras (Needell, 1995, p. 69). Com o selo da aprovação nacionalista, o exercício da virilidade masculina e do desempenho sexual era visto como instrumento central na formação do povo brasileiro.

gar dos imigrantes de origem européia no campo de trabalho e no leito conjugal, trabalhando e branqueando a nação brasileira.

No entanto, os outros vistos como não brancos – japoneses, judeus, "turcos" – continuavam a ser uma preocupação constante para os intelectuais e burocratas do Estado. Considerava-se que esses grupos imigrantes tinham traços "indesejáveis" para o Brasil[36]. Os índices exogâmicos visivelmente baixos contribuíam para o temor de que se formassem quistos étnicos no corpo da nação e se interrompesse o processo de branqueamento[37]. A expectativa otimista era de que esses "elementos estrangeiros" adotassem a miscigenação, casando-se com os nativos e assim reduzindo os possíveis efeitos negativos. A ideologia nacionalista da mistura racial, a esta luz, serviu como porta de entrada para os imigrantes, tanto europeus quanto não europeus. Mas o lugar desses "indesejáveis" foi questionado, e não confirmado, na miscigenação brasileira.

Recebendo diversas designações, os médio-orientais formavam o quinto maior grupo imigrante no Brasil até os anos 1940, chamando a atenção de comentaristas da primeira metade do século[38]. Para eles, a imigração médio-oriental tinha como padrão o rapaz solteiro, o que foi confirmado décadas depois pelo sociólogo Clark Knowlton. Knowlton[39] descobriu que a proporção era de 214,2 homens árabes para cem mulheres árabes*. Esse predomínio masculino entre os médio-orientais não devia parecer muito estranho às elites brasileiras, sobretudo em vista dos imigrantes portugueses, que apresentavam o percentual mais elevado de homens solteiros. Os intelectuais e autoridades oficiais, porém, temiam que os homens médio-orientais se casassem em seus países de origem ou com mulheres árabes nascidas no Brasil.

---

* Em contraste, o historiador Akram Khater (2001) notou que as ondas emigratórias do monte Líbano eram, em sua grande maioria, compostas de homens jovens, mas que muitas vezes se casavam antes de migrar.

Nas primeiras obras publicadas sobre o assunto, as estatísticas sobre a endogamia médio-oriental giravam em torno de 50%[40]. Esses "dados" levaram a intensos debates, discutindo se os "índices de fusibilidade" dos médio-orientais com os brasileiros eram "razoáveis" ou "baixos"[41]. Lesser[42] observou que as mesmas estatísticas serviam para justificar os dois lados da polêmica. O que estava em discussão, porém, não eram as estatísticas em si, mas as categorias por detrás delas. Cientes de que não existiam dados geracionais, os estudiosos declaravam que era impossível saber se os imigrantes médio-orientais estavam desposando "brasileiras" ou médio-orientais nascidas no Brasil, classificadas como brasileiras. Em meio a tais representações estatísticas inadequadas, as elites nacionais brasileiras temiam que se formasse um quisto no corpo nacional[43].

Essas imagens quantitativas contribuíram para o debate sobre a miscigenação médio-oriental. Se algumas das primeiras obras consideravam "razoáveis" os índices intermatrimoniais[44], publicações posteriores levantaram objeções metodológicas a essas taxas "otimistas". Num debate acalorado, um observador não árabe afirmou que os índices intermatrimoniais "razoáveis" representavam apenas um "efeito de estatística", porque os "imigrantes sírios" estavam se casando com "as filhas brasileiras de sírios", assim sendo erroneamente classificados como casamentos "mistos"[45]. "Embora em vida social íntima com o restante da população," ressalvou um outro etnólogo, "seus enlaces [conjugais] se processam quasi sempre entre sua própria colônia". E acrescentou que os "Syrios" preferem "as paulistas ou paulistanizadas com ancestrais de sua propria origem"[46]. Citando e resumindo os dois lados da discussão, um sociólogo concluiu que apenas estudos futuros poderiam determinar se os "sírios" tendiam para a endogamia, "com possíveis conseqüências, favoráveis ou não, para o País"[47]. As práticas matrimoniais árabes constituíam um tema de preocupação nacionalista.

As suspeitas das elites dos meados do século foram confirmadas por Knowlton. Ele escreveu que "muitos dêles desposam mulheres de origem síria ou libanêsa que figuram nas estatísticas oficiais como brasileiras, pois são nativas do Brasil"[48]. Ele acrescentou que alguns sírio-libaneses procuravam esposas e amantes "fora da colônia". Mas é duvidoso se os pretendentes árabes tinham grande chance de sucesso no Brasil, após a Segunda Guerra Mundial. Como mascates e lojistas, não eram necessariamente vistos como "bons partidos" pela elite brasileira tradicional, apesar da relativa liberdade em comparação às mulheres dos regimes familiares médio-orientais. Em *Brasil: Terra de contrastes* (1964), Roger Bastide comentou de passagem o desdém das famílias brasileiras tradicionais em relação aos sírio-libaneses de origem humilde:

> ... a família brasileira tradicional encara mesmo com certo desprezo os "turcos", como são chamados ainda hoje esse imigrantes (porque no início do êxodo entravam com passaporte turco, seus países estando submetidos à Sublime Porta). Enriqueceram, é certo; os brasileiros, no entanto, enxergam-nos quase sempre como eram ao chegar, de saco às costas, vendendo mercadorias baratas de fazenda em fazenda[49].

Exercendo profissões mercantis, os homens árabes podiam acumular bens materiais, mas suas "origens" (vinculando classe e etnicidade) reduziam as possibilidades de acumular capital simbólico ou "distinção", indispensável para qualquer intenção matrimonial entre as elites brasileiras[50].

Em entrevistas e conversas informais, os árabes cristãos comentaram várias vezes esse "preconceito" e até "discriminação" sofrida pelos antepassados. Depois de explicar a antiga preferência pela endogamia para preservar os "costumes" e "tradições" familiares, Wlademir, engenheiro libanês cristão de segunda geração, comentou que a geração de seu pai não tinha outra escolha a não ser procurar esposas entre a colônia. "Antigamente", disse ele, "a elite brasileira não queria casar, nem o árabe queria, mas a elite brasileira também não queria casar com árabes". Usando uma linguagem semelhante, Abdo explicou que os "quatrocentões" "nunca se misturavam com os daqui. [...] Assim essa dificuldade fez com que os casamentos fossem realmente dentro da [nossa própria] raça". Um outro médio-oriental de segunda geração refletiu que, no passado, "realmente havia preconceito" por parte dos *brasilii* (brasileiros, em árabe coloquial) devido às "origens humildes" das famílias de imigrantes árabes[51]. Explicou que os brasileiros não queriam "se misturar" com os "turcos", que eram vistos como "inferiores". Assim, os médio-orientais de mais idade lembraram o passado, quando sofriam o desprezo dos brasileiros ricos (não árabes).

A masculinidade étnica, a ideologia nacionalista e a política imigratória

Nos meados do século passado, as imagens sobre os homens médio-orientais variavam muito na esfera oficial e nos meios de comunicação. Em 1952, Caio de Freitas Guimarães, pesquisando no Departamento de Estatística do Estado de São Paulo, registrou que os "homens sírios" mostravam uma "tendência elevada" de se casar com mulheres brasileiras (65,03%) e, assim, indicavam "miscigenação"[52]*. Curiosamente, ele não demonstra nenhuma ponta do ceticismo anterior, que levantava dúvidas sobre o alto índice

---

* Por outro lado, essa descoberta não se limita a indicar que os homens imigrantes tinham maior liberdade do que as mulheres para escolher o cônjuge. Ela também sugere que os imigrantes do sexo masculino atingiam um grau alegadamente mais alto de exogamia porque desposavam filhas nascidas no Brasil de imigrantes árabes (classificadas como "brasileiras"). Na verdade, as mulheres árabes mostravam um maior grau de endogamia (63,05%). Cabe ressaltar, porém, que o artigo de Guimarães mostra que as mulheres de todos os grupos imigrantes mostravam níveis surpreendentemente altos de endogamia.

de exogamia dos homens médio-orientais e a ascendência não documentada das esposas supostamente brasileiras.

Na mesma década, *Gabriela, cravo e canela*[53], de Jorge Amado, mostrava os médio-orientais "misturando-se". No romance, um dos personagens, seu Nacib, apaixona-se pela protagonista Gabriela, metáfora da ideologia nacionalista brasileira da mestiçagem. Dono de um boteco, Nacib toma Gabriela como cozinheira e depois como amante. Ele fica tão apaixonado pela mulher com a pele cor-de-canela que a pede em casamento. O casal se une numa cerimônia civil. "Só então", escreve Amado, "soube-se que Nacib era maometano". Embora a igreja não pudesse sancionar o casamento, Nacib e o padre local concordam que batizariam os filhos[54]. Isso reflete o apagamento da diferença religiosa dos muçulmanos através da cristianização dos filhos, que se deu nos meados do século xx. Ao namorar e desposar a "mulata" Gabriela, Nacib simboliza o ingresso dos médio-orientais na nação brasileira.

Gabriela, cravo e canela passa-se num povoado do interior da Bahia, que crescia com a monocultura do cacau nos anos 1920. Os moradores saúdam o "progresso" da cidadezinha, mas deploram as mudanças nas relações entre os homens e as mulheres, sobretudo no sexo e no casamento. Vinda de uma família de "mulatos" pobres, Gabriela não seria uma esposa adequada para Nacib, em ascensão. As elites a desprezam, e até os amigos de Nacib o aconselham a manter Gabriela como amante e desposar outra mulher dos círculos mais altos da cidade. No final do livro, Nacib e Gabriela anulam o casamento e mantêm o romance, não como marido e mulher, mas como proprietário e cozinheira/amante. Assim Nacib confirma o lugar dos homens árabes na narrativa nacional brasileira da mestiçagem, mas só através da reprodução das hierarquias de raça, gênero e classe que oprimem as mulheres negras pobres.

Essa domesticação brasileira da masculinidade árabe contrasta com a representação norte-americana do homem médio-oriental em

Oklahoma! (1955), o filme musical de Rodger e Hammerstein. Como mencionei na introdução, um dos personagens é o mascate "persa" Ali Hakem. Ele aparece como figura cômica e libidinosa. Sempre evitando se casar com alguma norte-americana, Hakem tenta seduzi-las sem cessar e os moradores o evitam por causa disso. No final do filme, Ali Hakem é obrigado a se casar com uma jovem norte-americana, sob a mira da espingarda do pai da moça. Enquanto Nacib aparece como um "homem civilizado" que tem uma amante mulata e "se mistura" sexualmente no texto brasileiro, Hakem aparece como um mascate sujo que precisa ser forçado a se casar com uma branca e assim ser assimilado à narrativa norte-americana. Desse ponto de vista, Nacib é sexualizado numa posição etnicamente dominante e Hakem numa posição etnicamente subordinada dentro da nação.

No Brasil, o romance *Gabriela, cravo e canela* foi adaptado em 1975 como telenovela para a Rede Globo, que durou um ano, e em 1983 foi adaptado para o cinema, num filme de Bruno Barreto aclamado pela crítica*. O tema do homem árabe e da sexualidade inter-racial foi retomado por Jorge Amado em *Tocaia grande* (1981). O romance enfoca um mascate árabe cristão maronita, Fadul Abdalla, conhecido como seu Fadu ou Turco Fadu. Além das aptidões comerciais, ele tem uma grande virilidade sexual e é chamado de Grão Turco nos bordéis do interior. "Entre as mulheres da vida," escreve Amado, Fadu "gozava de popularidade." Diziam "ter predileção por moças de farta carnação, de peitaria saliente: seios volumosos, bons para apertar com a mão enorme"[55]. Em recompensa pelos favores prestados, as brasileiras dos cabarés ganham caixas de pó-de-arroz,

---

* Vale mencionar que o personagem de seu Nacib foi modificado no filme de Barreto. Nacib, desempenhado por Marcello Mastroianni, aparece como uma mistura. Numa cena, ele diz a um freguês, que o chamou de turco, que era de pai sírio e mãe "napolitana". Apesar dessa herança mista, Nacib aparece com um sotaque "árabe" carregado e conta vários casos da "Síria". Essa versão cinematográfica sugere que, no começo dos anos 1980, havia duas imagens concorrentes dos homens árabes. De um lado, eram misturados, mas de outro ainda podiam ser reconhecidos como étnicos.

vidros de perfume, empréstimos a juros baixos e, em alguns raros casos, anéis com pedras de vidro e outras bijuterias. Nas últimas décadas do século, esse personagem macho celebra a essência comercial médio-oriental.

As proezas comerciais e façanhas sexuais de Fadul foram narradas numa novela na Rede Manchete de televisão em 1995-96. O tema da virilidade árabe não era estranho aos médio-orientais cristãos. Salim, libanês de meia-idade que chegou ao Brasil nos anos 1960, comentou comigo que "as brasileiras gostam dos árabes. Não há uma [brasileira] que não tenha experimentado um árabe. Nossa raça é quente, e as brasileiras gostam disso"*. Bassam também comentou que os árabes são desejados pelas brasileiras e pelos pais delas. Os pais, em especial, querem que as filhas "casem com homens libaneses", explicou Zena, uma libanesa de segunda geração, por causa da "fama" de serem "bons maridos, bons pais, com mão [...] aberta. Aquela coisa da nossa raça". O marido Raul concordou orgulhosamente que os brasileiros "querem que a gente case com as filhas porque somos bons maridos [e] bons pais". Assim se inseria a masculinidade árabe na narrativa brasileira da mestiçagem**.

---

* Curiosamente, um japonês brasileiro comentou que seu avô costumava brincar: "O árabe tem armamento grande" e "O árabe tem pistola grande". Ele explicou que o avô estava acostumado a ver árabes grandes e peludos carregando malas grandes e comendo alimentos pesados, como pistache, pasta de gergelim e carne crua. Assim, o avô imaginava os árabes tal como eram representados cinematograficamente.

** Com menor liberdade para escolher o cônjuge (principalmente em comparação aos homens), as mulheres árabes tiveram um destino diferente. Na ideologia nacionalista brasileira da mistura, a sexualidade masculina era fundamental para o povo brasileiro "racialmente misturado", mas a sexualidade das mulheres (branqueadas) era sinônimo de honra e moral, protegidas pelos homens da família e pelo próprio Estado brasileiro (Caufield, 2000). Assim, as mulheres árabes ficaram de fora da celebrada mistura dos "árabes" no nacionalismo brasileiro. Sob este aspecto, comentou Lena, uma libanesa de segunda geração: "Os homens árabes ficaram conhecidos como bons pais e muito atenciosos com as esposas." Quando eu perguntei: "E as mulheres árabes?", ela respondeu: "O prestígio era do homem árabe. Da mulher não se falava."

Ironicamente, na mesma época em que os árabes apareciam na esfera pública se misturando sexualmente, a ideologia nacionalista da mestiçagem e outras referências às origens raciais de potenciais imigrantes eram eliminadas da política oficial de imigração. Instituído em 1980, o Estatuto do Estrangeiro especificava que o objetivo da imigração temporária ou permanente não era proteger a "composição étnica" da nação (como anteriormente), e sim fomentar o crescimento econômico do país. Transformado em lei em 1980-81, o Estatuto do Estrangeiro afirmava:

> A imigração objetivará, primordialmente, propiciar mão-de-obra especializada aos vários setores da economia nacional, visando à Política Nacional de Desenvolvimento em todos os seus aspectos e, em especial, ao aumento da produtividade, à assimilação de tecnologia e à captação de recursos para setores específicos[56].

Agora, as correntes imigratórias eram justificadas e administradas em função de seu potencial para um maior "desenvolvimento". Ainda que os dispositivos legais anteriores ressaltassem a necessidade de contribuir para a economia nacional, ela só se tornou a razão fundamental explícita em 1981, acarretando a exclusão formal dos critérios raciais.

Através desse estatuto, a elisão formal (porém não substantiva) da ideologia nacionalista da política imigratória oficial fazia parte de uma mudança mais abrangente. Felipe, que havia chefiado o Departamento do Registro Nacional de Estrangeiros (Derene) da Polícia Federal em São Paulo nos últimos quinze anos, explicou esta e outras leis no contexto da abertura econômica do país em 1991. Foram formuladas novas políticas para regular o maior volume de entrada de "executivos altamente qualificados" de empresas multinacionais da Europa e dos EUA e proteger os direitos humanos de imigrantes não documentados que sofrem como mão-de-obra pobre e informal*. Quanto a este último aspecto, foi aprovada uma nova resolução para auxiliar as famílias dos imigrantes. Foi, especificamente, a normativa aprovada em 1999, prevendo "a concessão de visto temporário ou permanente para permitir a reunião familiar"[57]. Foi a legalização de uma prática que se tornara comum nos anos 1980 e 1990. Utilizada para conseguir o visto de permanência e direitos de cidadania para os parentes e cônjuges dos imigrantes, a cláusula da "reunião familiar" representa a face humanitária de um Estado neoliberal brasileiro que procura legitimar o ingresso de mão-de-obra barata.

A "reunião familiar", prosseguiu Felipe, é o mecanismo legal para que os migrantes consigam residência e cidadania. Apontando o pedido de um visto de residência de um imigrante libanês cuja pasta estava em cima de sua mesa, Felipe explicou que hoje em dia os imigrantes médio-orientais provêm, na maioria, do sul do Líbano. Uma outra grande mudança, disse ele, é a religião: antigamente a maioria dos libaneses era cristã, e hoje a grande maioria é muçulmana. Trabalhando em negócios familiares, disse ele, os libaneses eram pessoas honestas fugindo do conflito e querendo viver em paz. Com a resolução da "reunião familiar" na política imigratória, explicou Felipe, os imigrantes libaneses puderam obter residência ou cidadania casando-se com libanesas nascidas no Brasil.

Abordando a lógica cultural desse arranjo matrimonial, o funcionário discorreu sobre a idéia do casamento "de promessa" ou combinado entre pessoas do "Oriente". Num tom antropológico, ele afirmou que os "casamentos de promessa" predominam entre os orientais – não só entre os árabes, mas também entre os coreanos e chineses. "Os orientais", disse ele de modo muito direto, "não gos-

---

* Também entram executivos da Argentina e do México, o que admira menos. Mas geralmente trabalham para empresas multinacionais com sede nos EUA ou na Europa.

tam de se misturar com os brasileiros, e preferem se casar dentro da própria raça." Desse ponto de vista, a política imigratória recente defende tacitamente o casamento diaspórico médio-oriental, e além disso os próprios funcionários tratam do assunto com um discurso humanitário. Desalojada das estruturas estatais, a ideologia nacionalista da mestiçagem foi substituída por uma linguagem capaz de legitimar o influxo de mão-de-obra na economia aberta.

A exemplo da ideologia nacionalista da mestiçagem, a política imigratória oficial privilegia o gênero masculino. Em sua maioria, as "reuniões familiares" dos libaneses muçulmanos, explicou Felipe, referem-se a casamentos entre libaneses imigrantes e libanesas nascidas no Brasil. Mas ele ressalvou que nunca falou com uma libanesa muçulmana. Embora os homens consigam visto temporário de residência casando-se com libanesas de segunda geração, normalmente são os pais ou irmãos das noivas que vão conversar com ele sobre os detalhes do formulário a ser preenchido. Isso indica que o Estado lida diretamente com esse cerceamento imposto pelo regime familiar às mulheres médio-orientais, e que a masculinidade continua a ser a base dominante para as formações da etnicidade árabe, seja em termos de mestiçagem ou de diáspora. Sustentado pela ideologia nacionalista e pela política do Estado, o projeto étnico para a reprodução da família médio-oriental tem como base o predomínio masculino. Seja num ideal familiar de mistura ou de diáspora, os homens têm dominado os contornos da etnicidade árabe no Brasil contemporâneo.

As ideologias matrimoniais cristãs e muçulmanas na esfera privada

Baseando-me nas histórias conjugais de 44 homens sírio-libaneses em associações religiosas e entidades sociais em São Paulo, percebi uma diferença sutil entre cristãos e muçulmanos em suas práticas matrimoniais. Em termos de endogamia, descobri que, proporcionalmente, os cristãos imigrantes se casam mais com cristãs de segunda geração, ao passo que os imigrantes muçulmanos tendem a se casar mais com muçulmanas imigrantes. De doze imigrantes cristãos, sete se casaram com mulheres de segunda geração, e, de sete imigrantes muçulmanos, quatro se casaram com muçulmanas imigrantes. Analogamente, os cristãos de segunda geração tendem a se casar mais com cristãs de segunda geração, ao passo que os muçulmanos de segunda geração tendem a se casar com muçulmanas imigrantes. De dezesseis cristãos de segunda geração, dez se casaram com cristãs de segunda geração, ao passo que, de nove muçulmanos de segunda geração, cinco se casaram com muçulmanas imigrantes. Em termos de exogamia, descobri que os cristãos imigrantes e de segunda geração se casam mais com mulheres não árabes (de origem européia) do que os muçulmanos*. De 28 cristãos, nove se casaram com mulheres não árabes, ao passo que, de dezesseis muçulmanos, três desposaram não árabes. Essas minhas descobertas limitadas sugerem que os médio-orientais cristãos casam mais com mulheres de segunda geração e brasileiras não árabes, enquanto os médio-orientais muçulmanos tendem a se casar com mulheres imigrantes.

Embora os árabes cristãos tenham se casado com mulheres de segunda geração, eles explicaram essa endogamia em termos de "convivência". "Ainda tem muito casamento dentro da colônia", explicou dr. Charbel, "só porque eles [os árabes] freqüentam os mesmos clubes, se vêem muito, e acabam indo às mesmas festas e acabam se conhecendo e se gostando e se casando." Da mesma forma, Ricardo, médio-oriental de segunda geração que se casou com uma síria de segunda geração, comentou que, "se você conhece socialmente dez

---

* O que talvez explique o índice bastante reduzido de casamentos mistos, em comparação aos endogâmicos, é o fato de que a grande maioria dos entrevistados freqüentava clubes e associações religiosas da colônia.

pessoas, e dessas dez oito são da sua colônia, é maior a chance de que sua filha ou filho namore alguém da colônia". Dr. Arap, médico sírio de segunda geração, também explicou que ele e suas duas filhas se casaram com outros descendentes sírio-libaneses porque tinham uma convivência nos clubes da colônia, onde conheceram os cônjuges. Na mesma linha, Fernando, jovem de terceira geração, comentou:

> ...acho que ainda vai encontrar bastante casamento dentro da colônia... Mas acho que é mais por motivo de convivência, por estar indo ao mesmo clube...O nível social da colônia é bem alinhado. Não é por isolamento cultural, por isolamento de raiz. Como o convívio desde pequeno é junto. Freqüenta o mesmo clube, a mesma boate, no final, 'cê acaba tendo um relacionamento diferente que vai acabar em casamento.

Fernando, como muitos colegas cristãos, frisou que os casamentos entre descendentes sírios e libaneses resultam do convívio nos mesmos espaços sociais. Embora os antepassados imigrantes legitimassem a endogamia diaspórica em termos de uma preservação cultural, hoje seus descendentes a expressam numa linguagem da "convivência".

Apesar da endogamia, esses cristãos afirmaram que "o árabe se integra" e "a colônia está aberta". Antes de comentar seu casamento com uma "filha de libaneses", Wadih, imigrante libanês, afirmou que "aqui [no Brasil], não existem colônias fechadas. Há uma interligação entre elas". Da mesma forma, Rafael, libanês de segunda geração que não mencionou seu casamento com uma libanesa de segunda geração, explicou: "Você vê que não existe um filho de libaneses ou sírios que não tenha casado com a filha de um italiano, a filha de um português. [...] A integração é total." Na mesma linha, Lena, mulher de segunda geração que se casou com um libanês de segunda geração, disse que "casamentos mistos são uma coisa boa" porque "não devemos ficar fechados. Acho que é uma boa coisa se juntarem um com o outro". Mesmo Mário, um libanês de segunda geração cuja filha desposou um libanês de segunda geração, observou que "o árabe foi o [imigrante] que mais se integrou, casando em outras colônias". Essas contradições entre o discurso e a prática sugerem que os médio-orientais cristãos mantêm os padrões matrimoniais de seus antepassados. Mas, em vez de falar da etnicidade árabe em termos de "preservação cultural", agora os descendentes a enquadram no idioma da integração e da abertura.

Como sinônimo de mestiçagem, essa linguagem da integração se baseia na realidade. Como dissemos antes, há uma quantidade significativa de médio-orientais cristãos casados com brasileiras não árabes*. Nos nove casamentos interétnicos tabulados, os homens médio-orientais identificaram as esposas como "descendentes" européias de segunda ou terceira geração, e muitos (cinco em nove) mencionaram esposas "de origem italiana"**. Embora eles falassem das esposas não árabes nessa linguagem "étnica" das origens e descendências, a preferência conjugal em termos de raça estava implícita: eles desposaram mulheres brancas, não negras nem asiáticas***.

---

* Um entrevistado casado com uma italiana de segunda geração chegou a frisar que o mais importante não é a origem étnica da esposa, e sim se ela vem de uma boa família. "Hoje em dia", disse ele, "a origem da esposa não importa tanto. Na minha opinião, importa muito mais se a família é boa, quem são eles. Não importa se são alemães, espanhóis ou sírio-libaneses." Mesmo que alguns digam que não olham para a cor, os padrões matrimoniais árabe brasileiros mostram uma tendência racial bastante forte.

** Ao serem questionados sobre a tendência de não esposar brasileiros de origem africana ou asiática, os entrevistados responderam que a família ou os amigos não se casam com "negros" nem com "japoneses". Isso sugere que a arabicidade cristã está se branqueando, mas os árabes com casamentos mistos não usavam esses termos para se referir à sua etnicidade. Esse processo "não dito" de racialização é uma marca clássica da brancura.

*** De fato, era raro ver casais inter-raciais nos círculos sociais sírio-libaneses. Uma das poucas histórias que eu soube foi o caso de uma libanesa de segunda geração que namorava escondido um negro, e acabou casando-se com ele. O pai dela se recusou a comparecer ao casamento, e a mulher sofreu um certo ostracismo dentro da família. Mas, depois que o pai adoeceu, quem cuidou dele foi a filha e o genro.

É mistura, mas uma mistura que evidencia a hierarquia racial ainda predominante, e profundamente desigual, no Brasil.

Ignorando a questão da raça, vários entrevistados cristãos, ao falar do casamento entre árabes e italianos no Brasil, expressaram uma identificação culturalista. Wlademir, por exemplo, comentou que "os árabes, [...] na amizade e no casamento, se dão melhor com a colônia italiana, que é parecida. Eles gostam de música e de dançar". Sandra, italiana de terceira geração que se casou (e recentemente se divorciou) com um libanês de segunda geração, explicou que os árabes têm "o mesmo jeito, o mesmo senso de família, aquela mania de todo mundo comer junto. [...] São duas raças que combinam". Mesmo Márcia, libanesa de segunda geração casada com um libanês também de segunda geração, refletiu: "Vejo mais casamentos com italianos. Acho que é porque eles têm muita coisa em comum com os árabes. São falantes. Os árabes também são falantes. Então acho que é um povo mais fácil de se integrar." Com esse discurso da integração culturalista, os árabes cristãos se somaram à narrativa nacional da mestiçagem (branqueadora).

Parece estar se desenvolvendo uma etnicidade mista nesses casamentos entre homens médio-orientais cristãos e mulheres de origens européias. Ocorreu um exemplo na inauguração de um parque que recebeu o nome de Marjeyoun, cidade de onde vieram muitos libaneses para São Paulo. Estavam presentes diversas famílias mistas e diaspóricas. Uma menina, que estava com o pai e o avô, parecia um pouco confusa ao ouvir árabe, e perguntou se havia "brasileiros". "Tem, sim", respondeu o pai. "Brasileiros descendentes de árabes." E explicou à filha: "Seu avô é descendente de libanês. Você também é uma descendente de libanês." Então a menina perguntou se os outros avós também eram libaneses. O pai explicou que a família da mãe era italiana, não libanesa. A menina pareceu ficar ainda mais curiosa, e perguntou de novo: "E eu?" O pai concluiu: "Você é italiana e libanesa. Você é uma mistura." Assim, a inauguração do parque Marjeyoun oferece uma mostra de uma etnicidade mista que vem surgindo no Brasil. Criando um projeto familiar nos moldes da miscigenação, os árabes cristãos tentam se manter no topo de uma hierarquia étnica variável na nação*.

Em contraste, os muçulmanos mostraram uma maior tendência de praticar a endogamia diaspórica (nove em dezesseis). Os entrevistados não adotavam a linguagem da mestiçagem, mas enfatizavam seus motivos não discriminatórios. "Os muçulmanos se casam na colônia", disse Abdel, libanês sunita de segunda geração, "mas não por causa de preconceito ou discriminação. Não é uma questão de achar que os brasileiros são inferiores. É só uma diferenciação". Os muçulmanos não discriminam, acrescentou ele, porque o islã recebe bem todas as raças. Adnan, libanês druso de segunda geração, também explicou que os drusos são obrigados a se casar entre si, mas não são racistas porque não fazem proselitismo nem convertem as pessoas de fora. Fuad, libanês xiita, comentou que, embora ele e seus colegas tenham se casado com mulheres da mesma religião, "temos todas as raças na mesquita". Se seus equivalentes cristãos tendiam a legitimar a endogamia usando a linguagem da convivência, os árabes muçulmanos a legitimavam em termos de igualdade racial, associando os ideais islâmicos à ideologia nacionalista brasileira da democracia racial.

---

* Evidentemente, esse modelo de etnicidade mista na esfera privada também está relacionado com imagens públicas. Veja-se, por exemplo, o casamento entre a filha de imigrantes libaneses de classe média e um homem de "origem portuguesa". Nada assinalou a etnicidade na cerimônia e na recepção de casamento. Mas o cartão de agradecimentos, enviado mais tarde aos convidados, trazia uma foto da noiva libanesa vestida como dançarina do ventre e o noivo como "português típico" (com um chapéu de copa baixa e roupa de duas cores). Como explicou o irmão da noiva, o casal quis "fazer alguma coisa diferente" com a foto do casamento e optou pela paródia étnica. Como veremos adiante, a novela *O clone*, mostrando a dança do ventre, tinha começado poucos meses antes. Nessa imagem que circulou entre os recém-casados e os convidados, a etnicidade árabe criada num casamento misto adotou sua representação na esfera pública brasileira.

O mais importante é que árabes muçulmanos, como Hassan, falaram de sua endogamia em termos de preservação cultural. Hassan, sunita de segunda geração, conheceu a esposa durante as férias no Líbano, no começo dos anos 1980. Selando a união alguns anos mais tarde, Hassan comentou que os amigos não árabes às vezes pilheriavam que ele era "contra os brasileiros". Respondendo a essa crítica, Hassan frisou que "não se trata de ser contra [os brasileiros] [...] mas de criar nossas famílias". As *brasilii*, continuou ele, não conseguiriam manter o estilo de vida de sua família, principalmente em relação às crianças. E afirmou com certa franqueza: "O que tentamos passar para os filhos é o conhecimento dessa cultura [árabe], porque essa pessoa amanhã vai ter duas culturas [árabe e brasileira]; vai ter o conhecimento de duas culturas. É errado? Não, é importante." Enquanto os médio-orientais cristãos atuais falavam em integração, os médio-orientais muçulmanos adotaram o discurso da preservação cultural, adotado pelos médio-orientais cristãos do começo do século XX. Moldando uma etnicidade por intermédio do ideal de unidade familiar diaspórica, os muçulmanos reiteraram a política imigratória da reunião familiar no Brasil contemporâneo.

Os médio-orientais drusos também formaram uma etnicidade árabe não cristã no Brasil. A história conjugal de Adnan, libanês druso de segunda geração na casa dos trinta anos, é ilustrativa. Ele se casou com uma brasileira descendente de italianos, mas o casamento terminou muitos anos atrás. Ao visitar o Líbano na década de 1990, Adnan desposou uma drusa. "Todos os caras que eu conheço", disse ele, "foram se casar lá [no Líbano]". Refletindo sobre esse tipo de união conjugal, Adnan comentou que as mulheres "influem muito nesse negócio da família", querendo dizer que a esposa tem influência ao incutir valores culturais e religiosos drusos libaneses nos filhos nascidos no Brasil. Se o intelectual druso Nagib Assrauy (1967) mostrou sua preocupação quanto aos casamentos mistos dos correligionários nos meados do século XX, Adnan e outros criaram uma etnicidade drusa árabe nos moldes da reunião familiar mantidos pelo Estado brasileiro neoliberal*.

Hassan e Adnan ilustram como a diferença muçulmana na hierarquia étnica árabe foi reforçada pela separação entre a ideologia nacionalista e a política imigratória oficial. Mas, como disse antes, uma pequena porcentagem de muçulmanos desposou mulheres não árabes (três em dezesseis). À diferença de seus irmãos cristãos com casamentos mistos, os médio-orientais muçulmanos ressaltaram que suas esposas não árabes (de origem européia) aprenderam a língua e a cultura árabe. Por exemplo, Mohammed, imigrante libanês sunita, é casado com Fabiana, uma "brasileira descendente de italianos e portugueses". Na época de nossa conversa, Fabiana tinha viajado com o filho para visitar os parentes do marido no Líbano. "Ela está tão contente lá", comentou Mohammed, "que ligou na semana passada para dizer que vai ficar mais dez dias". Depois de mencionar a viagem da esposa ao Líbano, Mohammed insistiu na fluência de Fabiana no árabe. Um colega, que estava conversando conosco naquele momento, falou da satisfação dele e de outros com essa brasileira que fala árabe. "Dá gosto de ver!", exclamaram. Os coetâneos de Mohammed na mesquita sunita mais antiga de São Paulo também destacaram que muitas esposas não árabes freqüentam os ofícios religiosos. Abdel, o libanês de segunda geração citado acima, ponderou que as "brasileiras que se casaram com árabes se integraram bem". Mesmo no casamento misto, os homens muçulmanos afirmam a arabicidade por meio do ideal da família diaspórica.

Naturalmente o mundo das mulheres não árabes que se casam com médio-orientais muçulmanos é mais complicado do que sugerem essas afirmações gerais. Fabiana, por exemplo, aprendeu a

---

* Vale dizer que as duas esposas tiveram autorização de imigrar para o Brasil no começo dos anos 1980 e no começo dos anos 1990, respectivamente. Ao mesmo tempo, a cláusula da "reunião familiar" não existia *de jure*, mas, como observou um funcionário da imigração, a justificativa foi que ela já estava sendo usada *de facto*.

falar árabe devido a seu interesse pessoal pela arabicidade, e é admirada como um modelo pelos líderes masculinos da comunidade. Mas mulheres não árabes como Fabiana sentiram mais dificuldade em relação às mulheres árabes. Nayla, uma mulher de "origem libanesa" de segunda geração (que não fala bem o árabe), uma vez perguntou como essa "forasteira" falava a língua se não era libanesa. Fabiana respondeu: "É, sou brasileira, mas falo árabe. E você, que é libanesa, por que não fala?". Mesmo que os homens árabes digam que as mulheres brasileiras se integram bem, há tensões entre as mulheres árabes e não árabes. Mas o que está no centro desse atrito é a política da preservação cultural, a cargo do gênero feminino. Consta que muitas mulheres não árabes com maridos médio-orientais, e que se converteram ao islã, foram atraídas para esse estilo de vida devido às suas afinidades com a língua e a dança árabe. Respeitadas como as novas guardiãs da cultura árabe, as não árabes podem assumir um papel antes relegado e desempenhado por mulheres médio-orientais. Nessa prática exogâmica, a etnicidade árabe ganhou maior ênfase segundo linhas que, potencialmente, nem dependem das próprias mulheres árabes.

As imagens intensificadas da arabicidade muçulmana na esfera pública

Em 2001-02, o estilo de vida conjugal árabe muçulmano foi apresentado numa novela brasileira de grande sucesso, *O clone*, na Rede Globo de televisão. Afastando-se dos enfoques anteriores sobre os assuntos comerciais e sexuais dos sírio-libaneses no Brasil, *O clone* tratava de uma família árabe muçulmana que vivia entre o Marrocos e o Brasil. A novela contava a história romântica entre um rapaz brasileiro, Lucas (Murilo Benício), e uma jovem nascida no Brasil e criada no Marrocos, Jade (Giovanna Antonelli). Nos primeiros capítulos, Diogo, irmão gêmeo de Lucas, é assassinado no Rio de Janeiro depois de interromper uma excursão da família ao Marrocos. Tendo dormido em Fez com uma mulher, sem saber que era a nova namorada brasileira de seu pai, Diogo morre antes de se reconciliar com o pai. Este fica desolado e se sente responsável pelo destino infeliz do filho. Mas quem fica mais abalado é Albieri (Juca de Oliveira), um geneticista que é o padrinho dos gêmeos. Num esforço derradeiro de recuperar o afilhado preferido, Albieri consegue clonar milagrosamente o tecido celular de Lucas e implanta o embrião numa mulher ignorante do que se passa, a qual dá à luz um menino idêntico a Diogo. Como diz o título da novela, o "clone" é ele. Mas não é o único.

O tema principal da novela tem um outro elemento central, que é a firme decisão de Jade de ficar com seu verdadeiro amor, o cristão Lucas. Após perder a mãe no Rio de Janeiro, Jade faz as malas e vai para Fez morar com um tio materno, 'Ali (Stênio Garcia). Num encontro por acaso, ela se apaixona por Lucas à primeira vista, e os dois passam a manter relações sexuais em vários encontros em Fez. Mas Jade tinha sido "prometida" em casamento para um jovem marroquino, Said (Dalton Vigh). Jurando que só se casará por amor, Jade não consegue convencer o tio 'Ali a aprovar o casamento com Lucas e é obrigada a se casar com Said. Nos anos seguintes, Jade tenta várias vezes fugir do marido no Marrocos. Mas é só no último capítulo que Jade se junta a Lucas no Brasil, quase vinte anos depois do primeiro encontro. Colocando uma ênfase especial na luta de uma mulher árabe muçulmana contra a dominação masculina e as regras supostamente islâmicas do casamento e da sexualidade, a roteirista Glória Perez tentou mostrar que "as muçulmanas também amam. Os muçulmanos não têm nada contra a sexualidade [...] se você pegar as mulheres do islã, elas transgridem regras o tempo inteiro"*. Mas o subtexto de O clone enfatizava a suposta adesão das

---

* Glória Perez, cf. cit. in Cristian Klein, "Islamismo chega ao horário nobre", *Folha de S.Paulo*, 1º jul. 2001.

famílias muçulmanas às regras patriarcais do casamento e da sexualidade. Justificando seu controle sobre a escolha matrimonial das mulheres em termos dos princípios pretensamente corânicos, o tio 'Ali arranja o casamento da filha Latiffa e da sobrinha Jade com dois irmãos marroquinos, Mohammad e Said. Emigrando com Latiffa para o Rio de Janeiro, Mohammad também tenta programar, quase vinte anos depois, os noivados endogâmicos de seus dois filhos*. Também invocando o islã para impedir que as mulheres muçulmanas desposem homens não muçulmanos, o tio 'Ali procurou arranjar o casamento de Jade com Said para impedi-la definitivamente de se casar com o cristão Lucas no Brasil. Mas, reagindo à recusa inflexível de Jade de se submeter à autoridade masculina no Marrocos, Said inicialmente aprovou o açoitamento público de Jade, no penúltimo capítulo, o que acabou não se efetivando. Enfocando as transgressões de *uma* mulher árabe muçulmana, *O clone*, em seu subtexto, apresentou os regimes familiares árabes muçulmanos (comandados pelos homens) que defendem as regras pretensamente islâmicas do casamento e da sexualidade. Embora dando mais visibilidade ao islã numa comunidade de predomínio cristão, a novela apresentou os muçulmanos como clones da imaginação orientalista, criticada por Edward Said (1978).

Reproduzindo essas imagens dominantes, os médio-orientais cristãos falavam dos colegas muçulmanos invocando sua aversão pretensamente religiosa à miscigenação, apesar do pouco contato direto com os não cristãos. Salim, imigrante libanês cristão, comentou: "É mais difícil os muçulmanos se misturarem com os brasileiros porque eles são cristãos." Principalmente na criação dos filhos, disse Salim, "os brasileiros são muito abertos e os muçulmanos são

---

* Contrariando a vontade dos pais, Samira, a filha de Mohammed e Latiffa, começou a namorar um rapaz brasileiro, Zé Roberto. Este, para poder se casar com a namorada muçulmana, acabou se convertendo ao islã.

muito fechados" – a tal ponto que as crianças muçulmanas "vivem num regime militar. Não podem nem sair com crianças brasileiras". Valéria, libanesa cristã de segunda geração, também comentou que os muçulmanos não "se integram" não só porque o cristianismo é a principal religião no Brasil, mas também porque os pais não deixam os filhos terem contato social com não-muçulmanos. Outro libanês cristão declarou: "Aqui, há divisões na imigração – eu acho que por parte dos muçulmanos, como eles são conservadores, eles preferem ficar longe da gente, sempre ficam assim de lado..."[58] Um jovem libanês cristão de segunda geração ponderou:

> Os muçulmanos daqui são mais fechados em sua comunidade, só convivem entre si e evitam o contato com a sociedade brasileira... Os pais muçulmanos que eu conheço quase não incentivam seus filhos a estudar, sejam homens ou mulheres... Os homens porque têm os negócios da família para continuar tocando e as meninas porque só são preparadas para o casamento dentro da comunidade também[59].

Os árabes cristãos falaram de seus colegas muçulmanos como pessoas avessas à mistura conjugal e familiar. Influenciando e influenciados pelas representações de 'Ali, Said, Mohammed, Latiffa e outros em O *clone*, os árabes cristãos reproduziram as imagens estereotipadas dos muçulmanos como zelotes religiosos. Assim, a maior visibilidade étnico-religiosa não significa necessariamente a diminuição do preconceito ou da discriminação.

Essas idéias sobre o pretenso isolacionismo muçulmano afloraram durante uma reunião familiar na casa de Bassam, um cristão ortodoxo que saiu do Líbano na década de 1960. Morando agora na elegante cobertura de um prédio nos Jardins, na área nobre de São Paulo, Bassam casou-se com a filha de imigrantes libaneses no Brasil. Divorciaram-se no começo dos anos 1980, e ele é feliz em seu segundo casamento com uma italiana de terceira geração, cujos numerosos parentes estavam na reunião. Beliscando um churrasco e bebericando um uísque com gelo, fui apresentado a Marcos, cunhado italiano de terceira geração de Bassam, e a Samir, sobrinho libanês de segunda geração. Quando mencionei meus interesses de pesquisa, a conversa passou para a história dos libaneses e italianos no Brasil. Depois de mais alguns pedaços de churrasco e alguns goles de uísque, Marcos e Samir começaram a falar sobre a composição religiosa da comunidade libanesa, que vinha se alterando. Marcos comentou que os novos vizinhos no prédio do cunhado eram libaneses muçulmanos, e acrescentou: "O muçulmano não se mistura". Samir concordou com a cabeça e repetiu: "É, o muçulmano não se mistura." Os dois parentes por afinidade, ambos com formação cristã, observaram que os novos vizinhos muçulmanos comiam e bebiam com eles, mas nunca convidavam os cristãos para suas festas no mesmo condomínio.

Ao mencionar a suposta aversão dos vizinhos muçulmanos a se misturar, Marcos referia-se não só ao aparente isolamento social deles, mas também a seus costumes matrimoniais. Ele e Samir fizeram algumas fofocas sobre o irmão do vizinho muçulmano, que foi enviado ao Líbano para desposar uma mulher "prometida" a ele. O noivado arranjado, porém, terminou de modo trágico, com a morte do rapaz num acidente de carro no Líbano. O pior era que o irmão havia sido encontrado bêbado com duas garotas no automóvel. "Que vergonha!", troçaram os dois. Mesmo implícita, a moral da história parecia ser de que os muçulmanos que não se misturam no Brasil levam uma vida que termina em tragédia. Concluindo, Marcos declarou que "o libanês [cristão] é melhor aceito [no Brasil] porque se integra". Ao lado do italiano de terceira geração, seu parente por afinidade, Samir concordou e repetiu: "O libanês é melhor aceito porque se integra." Ao marginalizar seus colegas muçulmanos, os médio-orientais cristãos situaram sua diferença étnica e religiosa dentro da ideologia nacionalista brasileira da miscigenação.

Essa imagem intensificada da arabicidade muçulmana se desenvolveu junto com a transformação da diferença religiosa dos próprios árabes cristãos. Suas raízes religiosas se encontram na Igreja Ortodoxa (do Patriarcado da Antióquia) ou nos ritos orientais da Igreja Católica (os maronitas e melquitas). Mas muitos disseram que seus parentes e familiares mais próximos agora são batizados ou freqüentam esporadicamente igrejas católicas apostólicas romanas. Curiosamente, enquanto esses árabes cristãos foram "latinizados" – para utilizar os termos de um padre maronita –, os católicos apostólicos começaram a freqüentar igrejas orientais ou ortodoxas. Afirmando que São Paulo abriga a maior basílica cristã ortodoxa, afora Santa Sofia em Istambul, Valéria, de segunda geração, ressalvou que "pouquíssimos patrícios vão. São mais os brasileiros [não árabes] que agora vão à missa". Numa linha parecida, Ricardo, sírio de segunda geração e cristão ortodoxo praticante, notou que muitos "brasileiros da Igreja Católica" estão se casando na Igreja Ortodoxa, e, além do mais, ingressando formalmente na paróquia. "Eles acham nossa missa bonita", disse Ricardo – "mais bonita do que a da Igreja Católica". Esse tráfego de paroquianos entre o catolicismo e os cristianismos orientais sugere que a diferença religiosa dos árabes cristãos se tornou inócua no Brasil.

Os médio-orientais muçulmanos, por sua vez, concordam que seus colegas cristãos "se integram" mais na sociedade brasileira. Abdel, Adnan e Hassan supõem que os médio-orientais cristãos se integraram com os brasileiros em termos sociais e conjugais devido à mesma base religiosa. Mas ponderaram também que essa mistura dilui a arabicidade. "Os cristãos se integram mais", observou Abdel, "e por isso perdem seus laços com o mundo árabe". Da mesma forma, Adnan comentou que "os cristãos se casam mais com brasileiros e perdem muitos dos laços de ser árabes". Ressalvando que a arabicidade dos cristãos se torna mais "emocional", Adnan pilheriou que os cristãos são "árabes de carteirinha". Freqüentando associações étnicas, os cristãos de origens sírio-libanesas usariam a identidade árabe como uma carteirinha, mostrando-a ou escondendo-a de acordo com as circunstâncias. Para os muçulmanos, a "mistura" dos árabes cristãos acarretou uma inautenticidade ou perda cultural.

Na mesma linha, Nadia, libanesa muçulmana de segunda geração, acusou os colegas cristãos de serem os "brasileiros que mais discriminam". Ela comentou que eles provavelmente ouviram as histórias dos pais ou avós imigrantes sobre a pretensa perseguição dos muçulmanos contra os cristãos no Monte Líbano e na Síria (supostamente causando a emigração deles). Como os descendentes tomam conhecimento do mundo árabe somente pelas lentes sectárias dos antepassados cristãos, concluiu Nadia, eles acabam sendo os que mais discriminam os muçulmanos. Talvez por causa disso, notou Abdel, raramente os cristãos freqüentam as reuniões organizadas pelas associações dirigidas por árabes muçulmanos: "A gente vai mais aos eventos deles do que eles vêm aos nossos."* Esses pontos de vista, porém, ficam toldados pela representação pública dos muçulmanos como supostos isolacionistas. Ainda que tenham conquistado maior visibilidade, os árabes muçulmanos continuam subordinados diante dos árabes cristãos historicamente dominantes. Mas essa hierarquia sofreu mudanças significativas desde o apagamento da diferença muçulmana no Brasil, no começo do século XX. A atual intensificação da muçulmanidade parece continuar na

---

* Segundo André Gattaz (2001, pp. 207-9), as relações mais polarizadas se davam entre os muçulmanos xiitas e os cristãos maronitas, ao passo que os muçulmanos sunitas, os cristãos ortodoxos e os melquitas ocupavam o meio-termo do espectro. No entanto, a maioria dos entrevistados disse não ter "preconceito" em relação aos demais grupos religiosos. Um maronita declarou que os cristãos e os muçulmanos se dão bem no Brasil. "Você tem que aprender a levar", disse Jean, "porque, se você me convida e eu não apareço, amanhã eu te convido e você não vai aparecer. Vai dizer: 'Fez pouco-caso de mim, então vou fazer pouco-caso dele.'" Quando as tensões político-religiosas se encontram com as rivalidades sociais, cristãos e muçulmanos no Brasil dizem se dar bem entre si.

política imigratória neoliberal e na ideologia nacionalista da mistura, ainda presente na esfera pública brasileira.

Nas ideologias matrimoniais, o projeto étnico árabe refletiu a separação neoliberal entre o preceito nacionalista da mistura e a política oficial de imigração. Antigamente, a etnicidade árabe era homogeneizada e questionada na construção da nação brasileira. No final do século XX, porém, os árabes cristãos se situaram dentro da ideologia da mistura e expressaram sua endogamia na linguagem nacionalista da integração. Ao mesmo tempo, os muçulmanos moldaram sua identidade étnica própria segundo o ideal das "reuniões de família" na diáspora. Hoje apoiados pela política imigratória brasileira, os regimes familiais árabes muçulmanos foram clonados por uma novela, em sua pretensa adesão islâmica a regras patriarcais sobre o casamento, supostamente proibindo a mistura. Enquanto os árabes cristãos ressaltavam sua mistura social, religiosa e conjugal, a etnicidade árabe muçulmana – e seu isolacionismo fabricado – intensificou-se na esfera pública do Brasil contemporâneo.

O exame dos matizes raciais e religioso-políticos que constituem os regimes matrimoniais médio-orientais, a que aqui procedemos, leva-nos a reavaliar a relação entre a suposta "integração nacional" e a aparente "preservação étnica", indo além de uma alternativa excludente entre ambas. Como assinalou Jeffrey Lesser, a ideologia da mestiçagem supõe não só "o surgimento de uma nova 'raça' uniforme brasileira a partir da mistura dos povos", mas também o "acréscimo (mais do que a mistura) de diferentes identidades, como a criação de uma multiplicidade de brasileiros hifenados, e não tanto um brasileiro único e uniforme"[60]. Meu exame da dimensão religiosa dessa multiplicidade revelou que a diferença étnica muçulmana – outrora "assimilada" dentro de uma comunidade de predomínio cristão – agora tem sido reconhecida pelo Estado brasileiro e ironicamente limitada pela maior visibilidade midiática.

TERCEIRA PARTE
FAZENDO O MARKETING DA CULTURA ÉTNICA

Capítulo 5
REAPROPRIAÇÃO ÉTNICA
NO CIRCUITO DOS CLUBES SOCIAIS

Os nacionalismos sírio, libanês ou árabe – além das tradições cristãs orientais e islâmicas – inspiraram dezenas de associações religiosas, beneficentes e sociais em São Paulo, no começo do século XX. Hoje renomadas na colônia e na esfera pública, essas instituições se tornaram espaços luxuosos para o consumo de *hummus* e caviar, danças do ventre e danças de salão, além de apresentações de *oud* (alaúde) e caraoquê. Nesses círculos de lazer híbridos, porém, as pessoas da alta sociedade de origem sírio-libanesa dão ênfase aos estilos culturalistas de culinária, dança e música que foram popularizados no mercado brasileiro, cada vez mais diversificado.

Este capítulo rastreia a formação e transformação da etnicidade sírio-libanesa no Brasil, em termos de consumo, por meio do paradigma assimilacionista que se prolongou após a Segunda Guerra e do modelo de um setor de serviços diversificado no final do século XX. As formas culturais médio-orientais foram marginalizadas no primeiro paradigma, mas têm ganho mais popularidade no presente. Antes tidas como insossas, roucas ou exóticas, a comida, a música e a dança com apelo árabe agora são objetos de marketing entre os gostos mais cultivados e os mais populares. Meu ponto é que os diretores e sócios dos clubes médio-orientais ganharam um poder simbólico nesse contexto e o converteram em capital social entre as elites brasileiras (não árabes)*.

---

* Minha atenção a esse mercado dos arabismos se contrapõe a um recente prognóstico feito pelo historiador André Gattaz, o qual avaliou que a "tendência" atual das entidades médio-orientais criadas nos anos 1920 e 1930 "é desaparecer diante do descaso total dos descendentes, totalmente integrados à vida brasileira e não in-

Situando esse desenvolvimento dentro de um conjunto de estudos sobre a política da culinária, música e dança no Brasil, meu objetivo é questionar o modo convencional de pensar a apropriação cultural. Quer tratassem de feijoada, escolas de samba ou candomblé, os trabalhos anteriores ressaltavam que eram elementos usurpados pelas elites nacionais e pelas forças do mercado[1]. Estudos posteriores sobre os mesmos itens culturais deram ênfase aos autores nominais, sobretudo à sua resistência ou contestação do significado das formas culturais apropriadas[2]. Meu argumento é de que essas abordagens empregam uma dicotomia semelhante entre "apropriador" e "apropriado" nas relações de poder. Mesmo destacando a forma de agir dos apropriados, estudiosos mais recentes apresentam os apropriadores como donos primários do poder. Mas e se os apropriados gozam de um poder social significativo? Este capítulo mostra que, quando um grupo dotado desse poder tem sua cultura apropriada, ele pode retomar essa apropriação cultural de uma maneira que o beneficia ainda mais.

No final do século XX, as formas de culinária, música e dança do Oriente Médio foram apropriadas pelo mercado nacional brasileiro. Desde a rede Habib's, de preço popular, com mais de 150 franquias no país, até a dança do ventre em escolas de dança e uma novela em horário nobre, a "cultura médio-oriental" é produzida através de circuitos nacionais[3]. Os étnicos viram essa popularização de "coisas do árabe" não como uma degradação ou um obstáculo, e

---

teressados em manter uma identidade étnica estrangeira" (Gattaz, 2001, p. 240). Contrapondo-se a essa observação, meu trabalho entende as associações étnicas como espaços híbridos de lazer para os árabe brasileiros, em sua grande maioria de segunda e terceira geração. Na miscelânea de danças do ventre e danças de salão, de noites culturais "italianas" e "árabes", de músicas de Frank Sinatra e Fairuz, porém, havia uma seleção conscienciosa de formas culturais tidas como capazes de vincular as pessoas da sociedade com a autenticidade árabe. Longe de desaparecer, a etnicidade tem sido deliberadamente reconhecida nos clubes da colônia.

sim como uma integração criativa dos sírios e libaneses no Brasil. Nesse clima, os brasileiros de origens médio-orientais afirmaram possuir formas mais autênticas de culinária e dança nos clubes da colônia, embora contratem no mercado corrente as bailarinas profissionais e as equipes de cozinha. Convidando brasileiros árabes e não árabes para eventos gastronômicos, comemorações e outros, as pessoas da alta sociedade converteram o novo poder simbólico dos bens étnicos em capital social[4]. Ao retomar a apropriação da cultura árabe, os descendentes sírio-libaneses procuraram e obtiveram maior reconhecimento num mercado de consumo diversificado.

Os círculos diaspóricos de lazer "pouco apetitosos" no começo do século XX

Embarcando no Mediterrâneo rumo aos portos brasileiros no final do século XIX e começo do século XX, os imigrantes traziam consigo as recentes idéias nacionalistas libanesa, síria e árabe. Esses fluxos migratórios resultaram na criação de mais de cem associações médio-orientais no Brasil, na primeira metade do século. Uma das primeiras entidades em São Paulo foi o Esporte Clube Sírio (ECS), fundado em 1917 por um grupo de "moços sírios" esportistas. Com os fundos arrecadados nos anos seguintes, o clube pôde comprar uma grande área no bairro agora "nobre" de Moema. Essas atividades de lazer foram romantizadas por um intelectual árabe brasileiro, definindo-as como uma "revolução espiritual do imigrante e [...] um símbolo da idéia de luta cívica"[5].

Mas essa revolução "espiritual" gerou uma outra rebelião. Na mesma época em que se enaltecia o clube sírio, alguns libaneses "saíram" para fundar o Clube Atlético Monte Líbano (CAML). A saída "libanesa", que um ex-presidente sírio do clube chamou de "secessão", havia resultado de uma briga de família envolvendo a poderosa família Jafet, que doou um terreno considerável para o clube libanês no mesmo bairro. Dr. Samoel, médico sírio de segunda geração, comentou que muitos membros da família Jafet eram simpáticos ao nacionalismo árabe, mas um irmão mais velho, Basílio, e sua esposa Adma eram "nacionalistas libaneses" ardorosos, até fanáticos*. O casal somou forças com outros nacionalistas libaneses em São Paulo, entre eles o jornalista Chukri al-Khuri, reivindicando a diferenciação libanesa na colônia outrora "síria"**. Lembrando que o Líbano de fato fazia parte da nação síria maior, dr. Samoel explicou que a divisão entre os dois clubes, o sírio e o libanês, derivava do colonialismo francês, que havia separado o "Líbano" da "Síria" nos anos 1920.

Além do ECS e do CAML, havia pelo menos uma dúzia de outros clubes menores fundados por conterrâneos da mesma cidade ou da mesma região. As famílias imigrantes da cidade de Homs (no oeste da Síria), por exemplo, criaram o Club Homs em 1924. No começo do século XX, famílias de outras áreas na Síria ou no Líbano também criaram em São Paulo o Clube Aleppo, a Sociedade Antioquina, o Clube Hasbaya, o Clube Marjeyoun, o Club Rachaia e o Zahlé Club. Um *socialite* explicou que o Esporte Clube Sírio serviu como "matriz" de clubes menores, com o nome de cidades da Síria (como Aleppo e Homs), e o Monte Líbano foi a "matriz" das entidades com o nome de cidades do Líbano (como Marjeyoun e Zahlé). Embora as famílias freqüentassem eventos em diversas associações, em sua maioria elas eram sócias de um clube menor,

---

* Sempre lutando para conseguir uma maior visibilidade "libanesa" na colônia então dita síria (às vezes "syria"), Basílio Jafet também esteve por trás da mudança do nome do Hospital Sírio, que passou a se chamar Hospital Sírio-Libanês.

** Chukri al-Khuri tornou-se infame como nacionalista libanês em diversos jornais médio-orientais (em árabe) no começo do século XX, em São Paulo. Quando o "Líbano" se tornou uma entidade geopolítica em si, sob o colonialismo francês no final dos anos 1920, al-Khuri se tornou o representante diplomático do Líbano no Brasil.

correspondente à cidade, e do respectivo clube "nacional", o ECS ou o CAML. No começo do século XX, as ideologias nacionalistas do Oriente Médio moldaram as fronteiras dos espaços médio-orientais de lazer no Brasil*.

As rivalidades nacionalistas e regionais do Oriente Médio também foram transpostas para a colônia, muitas vezes expressas na linguagem da competição esportiva entre os clubes sociais. Sami, membro da Sociedade Antioquina, conta um caso sobre um torneio de *taulé* (gamão) promovido pelo Club Homs, em São Paulo, em meados do século passado**. Como os sócios do Homs correspondiam a quase metade dos participantes do torneio, a diretoria do clube mandou fazer uma taça de bronze de um metro de altura para o campeão, achando que o vencedor seria um dos sócios. Mas quem ganhou o torneio foi um membro da vizinha Sociedade Antioquina, e os sócios do clube vencedor programaram um desfile de comemoração. Conta Sami:

> Como a taça estava [no Club Homs] na avenida Paulista [...] e nosso clube ficava na rua Cubatão [...] a distância era de uns 2 quilômetros e pouco, sugeri levar, num domingo à tarde, músicos da própria raça, para tocar violino, violão e *derbaké* [tambor árabe], e fomos lá e nos revezamos para carregar a taça; viemos a pé, tocando [música] e gritando: "Viva o campeão! Viva o campeão!".

---

* Esses clubes sociais e esportivos eram freqüentados pelas famílias inteiras, mas ainda hoje são dirigidos exclusivamente por homens. Num certo contraponto, as mulheres médio-orientais criaram e dirigiam associações de caridade, como a Liga das Damas Sírias em 1912 e o Cedro do Líbano em 1947. Mesmo nessas entidades filantrópicas, porém, as finanças e o patrimônio geralmente ficavam a cargo dos homens. Ambas ainda são dirigidas por mulheres sírias e libanesas.

** *Taulé* (ou gamão, em português) significa "tabuleiro" em árabe.

Assim o clube com o nome da antiga cidade síria da Antióquia se esbaldou com a vitória sobre os homsienses*.

Mas esses espaços não se enquadravam no regime ditatorial de Getúlio Vargas e no Estado brasileiro xenofóbico da época da guerra. Como mostramos no Capítulo 4, o governo decretou leis para estancar a entrada de imigrantes não europeus indesejáveis, enquanto um outro conjunto de leis garantia a assimilação e a mistura das colônias existentes. A "diferença lingüística" recebeu especial atenção das elites políticas. Durante o Estado Novo, o Decreto de Exigência Patronímica "nacionalizou" os nomes "estrangeiros" das associações dos imigrantes**. Dezenas de entidades dirigidas por imigrantes, e que tinham "nomes estrangeiros", foram obrigadas a adotar designações tidas como brasileiras***. O Esporte Clube Sírio, por exemplo, mudou temporariamente seu nome para Club das Bandeiras. A Liga das Damas Ortodoxas adotou em caráter permanente o nome de Sociedade Mão Branca. Por imposição do regime Vargas na época da Segunda Guerra, "dar nomes" era uma atividade intrinsecamente nacionalista****.

---

* Ainda hoje, partidas de futebol entre o Esporte Clube Sírio e o Monte Líbano continuam a ser "lutas homéricas", como disse uma das mães.

** Havia precedentes. Truzzi citou um projeto de lei na Câmara de Vereadores de São José do Rio Preto, em 1906, propondo que "todos os turcos" flagrados falando "a língua turca perto de um brasileiro" teriam de pagar uma multa considerável (Truzzi, 1997, p. 75). Lesser (1999, p. 52) explicou que o projeto foi considerado "'tão violento e absurdo' que nunca entrou em discussão".

*** Em decorrência disso, o Club Germânico mudou o nome para Clube Pinheiros. O Palestra Itália passou a se chamar Clube Palmeiras. Hoje o Palmeiras tem um time de futebol profissional, mas o clube ainda é considerado um pouco elitista, principalmente em comparação com o Corinthians, time do "povão".

**** A diferença lingüística dos árabes também era motivo de troça entre as elites nacionais. Wadih Safady comentou que o sotaque árabe carregado era "ridicularizado" e foi "tema de uma peça de teatro em São Paulo nos últimos trinta anos" (Safady, 1966, pp. 200-1; cf. também Truzzi, 1997, p. 75). Chamada *Arabatache* (que significa "catorze" em árabe), a peça zombava da dificuldade dos árabes em pronunciar o

As elites luso-brasileiras, os chamados "quatrocentões", também nutriam desdém pelos imigrantes médio-orientais. Como examinamos nos Capítulos 1 e 3, nos anos 1920 os sírio-libaneses tinham consolidado sua escalada, passando de mascates a lojistas e industriais. Dispunham de um volume sempre crescente de bens e capitais, mas continuavam a ser depreciados pelos quatrocentões. Esses aristocratas decadentes ainda mantinham as rédeas do poder nos clubes de elite, como o Clube Paulistano, o Jockey Club de São Paulo e o Iate Clube de Guarujá. Os médio-orientais tinham reunido capital material suficiente para comprar títulos de sócios nos clubes, mas não possuíam o capital cultural ainda monopolizado por essas elites de berço. Como explicou Assad: "Lembro que até o começo de 1930, 1940, os sírios e libaneses eram vistos até com um certo desdém pelos chamados quatrocentões brasileiros." Devido a esse desdém, relembra Sami, é que "existiam tantos clubes árabes" no período anterior à guerra – "porque os árabes eram malvistos no Brasil". Nas palavras de Sandra, uma italiana de segunda geração que se casou com um libanês e freqüentava o Monte Líbano, "havia muito atrito entre o Paulistano e o Monte Líbano, muito atrito". Isso porque, segundo ela, os quatrocentões eram "realmente fechados e muito esnobes" e mantinham os novos-ricos árabes e italianos afastados de seus círculos sociais. O que fomentava esse ressentimento era o maior poder aquisitivo das famílias imigrantes, que podiam comprar carros, imóveis e, acima de tudo, espaços de lazer que rivalizavam com os clubes da aristocracia tradicional.

"p", o "v" e o "g" em português. Ela se baseava num conto de Cornélio Pires, escritor paulista (2002 [1923]). Abdo, libanês de segunda geração, também comentou que os não-árabes escarneciam dos mascates médio-orientais quando diziam os números em árabe, como *arabatache*. "*Arabatache* soava como 'rouba o tacho' aos ouvidos brasileiros", conta Abdo, de modo que, quando um mascate dizia "catorze", os brasileiros achavam que ele estava pensando em roubar um tacho. Assim a língua marcou a posição marginal dos árabes no Brasil, na primeira metade do século xx.

Nesse contexto, as elites brasileiras utilizavam os alimentos para marcar a diferença pouco apetitosa dos médio-orientais. Assim, alguns jornalistas que fizeram reportagens sobre a rua 25 de Março nos anos 1950 e 1960 insistiam na "estranheza" dos cheiros e visões nos restaurantes de "comidas orientais". No artigo "A velha rua do quibe cru", em *O Estado de S. Paulo*, o repórter Gabriel Marques ficou bem impressionado com a "pujança comercial" da 25 de Março, mas não digeriu seus elementos culinários*. Entrando num barzinho, contou ele, um sírio lhe perguntou: "Agora, o que você prefere? *Hummus b'tahine* ou simplesmente *kafta*?" Perplexo com esses nomes estranhos dos pratos, Marques perguntou: "O quê?" Seu amigo sírio Salim traduziu: "Você quer pasta de grão-de-bico ou um bolinho de carne moída?" Como todos os "árabes hospitaleiros", segundo Marques, Salim continuou a oferecer outros pratos: "Você não prefere uma esfiha? Ou prefere quibe? Ou quer um pouco de quibe cru? Ou quibe com *labne*? Os charutinhos são excelentes! Escolha, homem! Escolha!" "Francamente", concluiu Marques, "nada daquilo parecia apetitoso". A comida marcava a posição externa ou periférica dos árabes na nação.

O saber popular também oferece um prato cheio sobre a culinária aparentemente estranha dos "turcos". Muitos profissionais liberais de mais idade contam que os fazendeiros e camponeses achavam que os "turcos" que mascateavam no interior eram canibais, cujo prato favorito eram as criancinhas. Dizem que esse boato pouco lisonjeiro começou quando viram um patrício comendo uma iguaria chamada *kibe nyi* (carne de cordeiro moída crua misturada com trigo, servida com azeite e cebola crua). Como quase ninguém no país conhecia pratos feitos com carne crua naquela época (hoje é um pouco diferente), os brasileiros acharam erroneamente que era carne humana, e não de cordeiro (ou de vaca). Essa suspeita de canibalismo paira freqüentemente sobre figuras que "enriquecem depressa"[6].

---

* Gabriel Marques, "A velha rua do quibe cru I", *O Estado de S. Paulo*, 12 jun. 1960.

Da mesma forma, o caráter exótico da música e das danças médio-orientais também atraía a atenção dos jornalistas. No começo dos anos 1930, Guilherme de Almeida escreveu: "Vou descendo sob os gritos de um grammophone totalmente desesperado. É uma musica bamba, muito gemida, com um barulho de agua sacudida dentro de latas. Vejo um ventre e um umbigo dansando nessa musica." Tendo se arriscado num bar com essa "música ondulante", mais uma vez Almeida expressa sua imaginação orientalista: "No balcão, o eterno grammophone geme, mollengo, uma dansa do ventre. Da melodia monotona pula, às vezes, como de um mergulho, o uivo de uma mulher."* À semelhança dos indicadores culinários, as formas médio-orientais de música e dança reforçavam a estranheza da diferença médio-oriental na nação. Mas, como veremos adiante, essas expressões culturais antes estranhas se transformaram em artigos culturais correntes no Brasil contemporâneo.

Popularizando a cultura árabe no mercado nacional

Ligados aos nacionalismos médio-orientais nos meados do século XX, quase cinqüenta anos depois os clubes sírio-libaneses no Brasil ficaram famosos como espaços luxuosamente extravagantes, com quadras de tênis e squash abertas e fechadas, piscinas olímpicas, equipamentos modernos de ginástica e salões de festas para 2 mil pessoas. Na avenida Paulista, o Club Homs, nas palavras de um dos diretores, "vale seu peso em ouro". Um título de sócio custa 10 mil reais, além da mensalidade de cem reais. No bairro nobre de Moema, o Esporte Clube Sírio ocupa uma área de 55 mil metros quadrados. Um título de sócio custa cerca de 12 mil reais, mais a mensalidade na faixa de duzentos reais. A cinco minutos de carro

---

* Guilherme de Almeida, "Cosmópolis: O oriente mais próximo", *O Estado de S. Paulo*, 19 mai. 1929. Cf. Lesser (1999).

fica o Clube Atlético Monte Líbano, que ocupa uma área de 45 mil metros quadrados. O título de sócio custa 60 mil reais, mais quatrocentos reais de mensalidade. Como esses clubes atendem a famílias de classe média-alta, o interessado em adquirir o título de sócio precisa apresentar pelo menos duas cartas de referência de dois sócios. Os clubes médio-orientais, nesses termos sociais e monetários, agora se tornaram tão exclusivos quanto os clubes das elites luso-brasileiras tradicionais.

Reconhecidos também pelas autoridades públicas, o Clube Monte Líbano e o Esporte Clube Sírio recentemente aderiram à Associação de Clubes Esportivos e Socioculturais de São Paulo (Acesc). A associação foi fundada em 1995 por cerca de doze clubes de elite e pelo governo do estado. A entidade não se restringe às elites tradicionais; entre os selecionados incluem-se os chamados "clubes das colônias", como a judaica e a árabe. Além de oferecer uma rede social maior para todos os membros, a Acesc reúne os clubes de elite em "maratonas culturais", nas quais funcionários do Ministério da Cultura avaliam as produções artísticas, musicais e teatrais de sócios de várias entidades da alta sociedade*. Enquanto o Estado brasileiro procurava apagar a diferença étnica das "associações cívicas" médio-orientais durante a era Vargas, agora ele contribui para a base institucional e sócio-simbólica dessas entidades.

Tais alianças sociais e governamentais vieram acompanhadas por um caráter mais exclusivo dos clubes médio-orientais, em

---

* As "maratonas culturais" anuais incluem concursos de artes plásticas, dança, coral, teatro e música. O Monte Líbano passou a fazer parte da associação dez anos atrás, e desde então, os diretores notaram com prazer que houve um aumento na produção cultural de seus associados. Nos concursos da Acesc, suas apresentações refletem não só estilos brasileiros – MPB, por exemplo – mas também gostos norte-americanos ou europeus: Frank Sinatra, Andrea Bocelli ou Tony Bennett. Esse "ambiente culturalmente criativo" – nas palavras de um funcionário da Acesc – é um espaço onde as elites brasileiras consomem gêneros musicais, teatrais e artísticos nacionais e internacionais.

termos raciais. Esses espaços raramente são freqüentados por não-brancos. Nas poucas ocasiões em que vi negros ou asiáticos nos três maiores clubes da colônia, a presença deles despertou observações racistas ou maliciosas. Uma vez, quando dois negros bem-vestidos compareceram a uma festa de gala árabe, um diretor do clube comentou: "Provavelmente são guarda-costas." Quando perguntei como ele podia saber, ele respondeu: "Parecem." Mesmo os asiáticos causavam surpresa. Quando alguns japoneses passaram pela entrada principal de um outro clube, uma senhora na casa dos quarenta anos pilheriou: "Estão no clube errado! Este é um clube árabe!" Embora exclusivistas em relação a negros e asiáticos, os clubes árabes aceitavam judeus. Sobretudo nas competições promovidas pela Acesc, acima mencionadas, a burguesia árabe e a judaica só trocavam gentilezas. Mesmo que, de vez em quando, aflorassem algumas tensões sutis, árabes e judeus diziam "se dar bem", refletindo a própria ideologia nacionalista brasileira (a ser examinada no próximo capítulo)*.

Além dos três maiores clubes esportivos e sociais da colônia, há vários outros com um menor número de sócios e áreas menores, como o Aleppo, a Antioquina, Hasbaya, Marjeyoun, Rachaya e Zahlé. À diferença do ECS e do CAML, as associações com nomes de cidades costumavam se dedicar apenas a atividades "sociais" ou "culturais" – a saber, devido à falta de estrutura desportiva. Significativamente, esses clubes eram freqüentados, de modo geral, por famílias de classe média mais modesta. Mas, como hoje diminuiu

---

* Esse tipo de tensão ocorreu durante um concurso musical entre sócios da Acesc no Clube Hebraica. Conforme me contaram depois, vários libaneses da sociedade foram ao elegante clube judaico para torcer pelos colegas que estavam participando. Uma libanesa chegou cedo e se sentou ao lado de um grupo de judeus brasileiros. Quando chegaram seus amigos árabes, procurando onde sentar, um dos judeus ofereceu um lugar e murmurou para a libanesa: "Não custa nada agradar, né?". Ela não exprimiu abertamente sua indignação, mas me disse: "Que esnobe!".

a quantidade de descendentes que freqüentam esses clubes, os diretores executivos de vários deles resolveram criar um calendário social direcionado para as gerações mais jovens e um público maior. Numa dessas programações, os diretores criaram "jantares árabes" semanais ou mensais, com pratos e entretenimentos médio-orientais. Essa iniciativa dos clubes de classe média, que detalharemos adiante, segue os programas de lazer de outros clubes mais elitistas e abastados, como o Esporte Clube Sírio e o Monte Líbano.

Junto com essas transformações, a "comida árabe" se popularizou no Brasil no final do século xx. Já nos anos 1970, o antropólogo Arturo Ramos era citado por Diegues, tendo dito que "os pratos e hábitos alimentares" dos sírio-libaneses "influenciam as grandes cidades: espetinhos de carne (*láhme mixue*), *quibe*, o prato principal; *minjádra*, o prato popular de lentilhas; *fatuxi*, *tabúl-i*" e outros doces[7]. Como assinalaram alguns colegas, hoje em dia qualquer bar ou restaurante vende quibe ou esfiha. Sandra, a descendente de italianos que se casou com um libanês de segunda geração, comentou que "a comida árabe" só se popularizou nos últimos dez anos. "Antigamente", lembrou ela, "não era assim. Você tinha de ir na 25 de Março ou ser convidado para jantar na casa de uma família árabe". Mas agora "esfiha é como pão de queijo", "todo mundo come". Da mesma forma, uma libanesa observou que "os brasileiros comem esfiha como arroz e feijão". A esfiha, como dissemos no Capítulo 2, chegou a entrar no léxico político. Durante os inquéritos oficiais sobre os acordos políticos "irregulares" em São Paulo, a opinião pública e a mídia substituíram a expressão popular "vai acabar em pizza" por "vai acabar em esfiha".

As esfihas ganharam destaque graças ao "Habib's, a cadeia de fast-food árabe". Desde sua criação em 1988, o marketing arabista do Habib's foi imitado por meia dúzia de cadeias menores e por centenas de esfiharias independentes. A marca registrada da rede é um gênio chamado Habib, com fez, bigodões e túnica sem mangas*. Ficando atrás apenas do McDonald's, em termos de lucros, o Habib's serve esfihas, tabule, *baklava* e outras comidas rápidas em quase 150 estabelecimentos da rede, concentrados no Rio de Janeiro e em São Paulo[8]. Para Rení, diretora de relações públicas, o Habib's é "uma cadeia que popularizou a comida árabe porque hoje, de norte a sul do país, todos conhecem alguma coisa da culinária árabe. Eles sabem que a esfiha é árabe, e comem, e apreciam, e gostam". Como dissemos no começo do livro, os jornalistas calculam que, "só na capital, são servidas diariamente 1,2 milhão de esfirras; 55% vêm das grandes cadeias Esfiha Chic e Habib's"**. As formas culinárias médio-orientais tornaram-se visivelmente objetos de consumo corrente no mercado brasileiro atual.

Mas esse arabesco se estende além do Brasil. Com efeito, a cadeia Habib's se expandiu recentemente para toda a América Latina. Desde 2000, a empresa abriu dezenas de restaurantes na Cidade do México e tem em vista o mercado norte-americano. Usando a mesma estratégia de marketing "árabe" no hemisfério norte, o fundador e presidente do Habib's, dr. Alberto Saraiva, pretendia abrir em 2001 restaurantes na Flórida e na Califórnia. Mas, depois do 11 de setembro, os planos da empresa foram arquivados por tempo indeterminado, em vista da violência antiárabe nos EUA. A propaganda explicitamente árabe que o Habib's usava no Brasil e no México seria rechaçada pelo público norte-americano. Talvez seja por isso que restaurantes de cozinha árabe ou libanesa nos Estados Unidos pas-

---

* Esse esquema de marketing começou quando o fundador e diretor-presidente, dr. Alberto Saraiva (imigrante português), se reuniu com um publicitário, que propôs o modelo do Habib's e mais outros três. Saraiva, que aprendeu a arte da culinária árabe com o falecido chefe de cozinha Paulo Aboud, escolheu o tema Habib's, que lhe pareceu com maior apelo.

** Roberto de Oliveira, Mariliz Pereira Jorge e Paulo Sampaio, "O nosso lado árabe", *Revista da Folha*, in *Folha de S.Paulo*, 23 set. 2001, 8.

saram a adotar rótulos como "médio-orientais" ou "mediterrâneos"*. Enquanto os estabelecimentos alimentares explicitamente identificados como "árabes" são lucrativos na América Latina, geralmente eles se dizem "mediterrâneos" ou "médio-orientais" para atrair a clientela nos EUA.

O mercado brasileiro contemporâneo oferece, além das redes de fast-food árabes, vários restaurantes de classe média e alta. Na verdade são tão conhecidos que os personagens moderninhos se referem aos "restaurantes árabes" nos seriados de televisão**. Durante minha pesquisa, localizei 61 desses estabelecimentos apenas na região da Grande São Paulo. Concentrados em "bairros nobres", como Jardins, Itaim-Bibi e Moema, quase metade desses restaurantes inaugurou na década de 1990, enquanto a outra metade abriu nos anos 1980. Somente três ou quatro funcionavam por mais de vinte anos. Samir, que dirige o elegante restaurante Folha de Uva, perto da avenida Paulista, tinha consciência dessa concentração cada vez maior***. Ele contou:

---

*   No documentário *Tales from Arab Detroit*, o proprietário libanês de um restaurante "mediterrâneo" em Detroit, Michigan, faz a mesma observação. Não creio que seria um exagero dizer que grande parte do público norte-americano hoje evitaria um "restaurante árabe".

** No seriado *Os normais*, transmitido pela rede Globo, houve uma cena em que um personagem chamado Rui chega à casa da namorada Vani. Quando ela abre a porta, só com a roupa de baixo, Rui reage surpreendido: "Ué! Você não está pronta? Eu disse para você se preparar para sairmos hoje à noite." Vani se defende dizendo que eles não tinham combinado aonde iriam. Rui então pergunta: "Não estamos indo a um restaurante árabe?" Vani repete: "Restaurante árabe?", concorda e pede que Rui espere enquanto ela se prepara para ir ao "restaurante árabe". Embora não cheguem a ir ao "restaurante árabe", esse pequeno diálogo entre dois *yuppies* brasileiros num seriado famoso indica como o chamado restaurante árabe se tornou comum no Brasil de hoje.

*** Samir utiliza o termo "sírio-libanesa" para a cozinha de seu restaurante. Num de nossos encontros, ele comentou que "árabe" é genérico demais, principalmente por causa da quantidade de cadeias de "fast-food árabe" hoje em dia. Além disso, e mais importante, Samir disse que as receitas de seu restaurante vieram de seu avô libanês, que tinha um pequeno restaurante no Rio de Janeiro, na virada do século XX. A terminologia étnica reflete as pretensões de autenticidade cultural.

> Abrimos o restaurante em 89 [...] De lá para cá mudou muito, porque a economia do país mudou muito. [...] Muitas firmas tiveram de dispensar os empregados, e o mercado de trabalho se retraiu. [...] Muitas firmas grandes no Brasil começaram a dar incentivos aos funcionários de alto escalão pra se desligarem da firma e diminuir assim o quadro de pessoal. [...] Então você trabalhava dez [...] anos numa firma, daí eles te ofereciam tudo que você tinha direito e mais um salário por ano que você tivesse trabalhado, entendeu?, e mais uma indenização por conta deles pra você [...] Então você saía com um bom dinheiro. A maioria dos que saíram com esse capital, a primeira coisa que acharam que deviam fazer na vida era montar um restaurante. Então por isso, de lá pra cá, houve um crescimento muito grande do número de restaurantes abertos no Brasil.

Como veterano com mais de dez anos na praça, Samir explicou o recente aumento no número de restaurantes pelo declínio geral da indústria brasileira nos anos 1990.

Essas reflexões repercutem as análises quantitativas da distribuição setorial da mão-de-obra assalariada na economia brasileira[9]. Em 1950, 62% da mão-de-obra do país se concentrava na agricultura, 13% na indústria e 25% no setor terciário. Quarenta anos depois, a mão-de-obra na agricultura despencou para 23%, a indústria subiu para 23% e o setor de serviços superou a soma dos dois outros setores juntos, com 54%. Igualmente expressiva é a distribuição do PIB por setores. Entre 1980 e 1990, a agricultura caiu de 11% para 9% do PIB; a indústria também baixou de 41% para 34%. Mas o setor terciário subiu de 49% para 57%. Nesse modelo de desenvolvimento pós-industrial[10], a diversificação do ramo da alimentação faz parte do crescimento do setor terciário brasileiro no final do século xx*.

As representações culturais favoráveis reforçaram essas tendências estruturais. Um grande amigo (não árabe) comentou certa vez que alguns restaurantes árabes podem ser muito úteis quando a pessoa quer "dar uma boa impressão para um cliente" e "fechar um negócio". O próprio Samir comentou que a maioria de sua clientela, nos dias úteis, é composta por executivos e profissionais liberais. Essa moda da cozinha árabe fica especialmente evidente nas colunas de gastronomia dos principais jornais da grande imprensa. O famoso crítico de gastronomia Josimar Melo comentou vários restaurantes árabes de nível médio e alto – Baalbeck, Halim's, Miski, Arábia, Khayyam e Folha de Uva – em sua coluna semanal na *Folha de S.Paulo***. Suas avaliações, porém, contrastam com as opiniões "pouco apetitosas" de Gabriel Marques e outros, nos anos 1960. Tome-se, por exemplo, a avaliação de Josimar sobre o restaurante Arguile, inaugurado recentemente pelo filho do conhecido dono do Jacob, um dos primeiros restaurantes médio-orientais, dos anos 1970. Depois de citar essa genealogia, Josimar discorreu sobre o ambiente "elegante" do restaurante, com tapeçarias, narguilés e antigüidades importadas do Líbano:

---

* Dito isso, os locais de comida árabe representam apenas uma das variedades étnicas que abriram as portas a partir dos anos 1990. Durante minha pesquisa em 2000-01, por exemplo, a cidade de São Paulo teve uma explosão de sushi bars, comida pronta para viagem e restaurantes japoneses. Essa enorme visibilidade de pratos árabes e asiáticos não passou despercebida aos outros donos de restaurantes. Uma vez, passando no restaurante italiano de um amigo, que não estava indo muito bem, ele reclamou: "Passou o tempo do restaurante italiano. Agora é a hora do japonês e do árabe." Tal como a "comida árabe", a cozinha japonesa se converteu em objeto de consumo corrente e desejável no mercado brasileiro.

** Outros exemplos das resenhas de Josimar incluem: "Novo árabe reúne elegância e boa comida", *Folha de S.Paulo*, 15 set. 2000; "Árabes são como jóias brutas do oriente", *Folha de S.Paulo*, 25 jun. 2000; "Árabes podem ser refinados no Líbano e também em São Paulo", *Folha de S.Paulo*, 26 nov. 2000; "Esqueça o medo e vá comer no árabe", *Folha de S.Paulo*, 23 set. 2001.

O toque aprimorado [...] da família está no cardápio. Os patês são bem temperados (de grão-de-bico, de berinjela, de coalhada seca); a carne do kibe cru é consistente; a esfiha é delicada...; são pratos que criam uma boa impressão. Os charutinhos de repolho têm um recheio bom, apesar que as capas ficaram flácidas, quase desfazendo (muito melhor é a berinjela recheada, firme e saborosa). Tudo isso faz parte de um rodízio louvável com preço fixo, com pratos trazidos às mesas pelos garçons. Kibe com laban, tripa de carneiro recheada, *michui* de picanha argentina são outras especialidades que podem ser saboreadas antes de dar uns tragos nos tabacos aromáticos dos *narguiles*.

A cozinha árabe, outrora apresentada como exótica e "pouco apetitosa", agora ocupa as colunas de crítica gastronômica, com elogios ao ambiente e aos sabores.

As formas médio-orientais de música e dança também ganharam muita popularidade no Brasil, sobretudo a partir da telenovela *O clone*, que foi ao ar em 2001-02. Suas imagens televisivas de homens e mulheres árabes ajudaram a desencadear uma febre de consumo, incluindo aulas de dança do ventre, artigos variados e músicas. Algumas semanas depois da estréia de *O clone* na Rede Globo, uma matéria no jornal informou que as matrículas nas academias de dança do ventre em São Paulo tinham aumentado 80%*. Entre as 35 escolas de dança que contatei não aleatoriamente, dezesseis ofereciam aulas de dança do ventre. Apresentada como benéfica e estimulante da sexualidade feminina, ela deixou de ser ridiculari-

---

* Paloma Cotes, "Novela aumenta procura por cursos de dança do ventre", *Folha de S.Paulo*, 28 out. 2001, C8.

zada como costume estrangeiro e passou a ser representada como exercício feminino fisiologicamente positivo*.

Capitalizando em cima dessa mudança, os figurões da Globo prepararam várias linhas de produtos a ser lançados algumas semanas após a estréia da novela. Entre eles havia anéis e pulseiras, sandálias de couro "marroquinas" e cds de música médio-oriental**. Simultaneamente, um brasileiro sírio de terceira geração montou uma franquia nacional nos moldes de sua Casa de Chá Egípcia, Khan el Khalili, há vinte anos na praça, especializada em artigos "orientais" e acessórios para a dança do ventre***. Uma empresária no mesmo nicho de mercado captou a lógica desse súbito aumento da popularidade das formas de dança árabe no Brasil: "O que está na novela das oito vira moda." Antes vista como um exotismo restrito ao bairro comercial árabe no centro de São Paulo, a dança de ventre hoje se tornou um fenômeno nos meios de comunicação e no mercado dos bens de consumo de massa.

Houve também uma onda recente de festas árabes. Num nicho, algumas pessoas financiam informalmente eventos bimestrais

---

* Uma professora não árabe, Priscilla, explicou que a dança do ventre "é um exercício adequado para o corpo da mulher porque os benefícios [...] muito além de qualquer contexto cultural [...] são fisiológicos". Um homem não árabe que vende acessórios para a dança do ventre em sua lojinha comentou que a dança atrai as estudantes por causa de sua "relação íntima com o corpo feminino". O samba, o merengue e a lambada podem vir e ir como modas passageiras, refletiu ele, mas a dança do ventre vai continuar a ganhar popularidade devido à sua relação íntima com o corpo da mulher. A dança do ventre agora faz parte de um gênero mercantilizado de dança no Brasil.

** "Notícias", *Diário Popular*, 8 set. 2001. Não está claro se foi a própria Globo que lançou a venda das sandálias e pulseiras (o cd saiu com o selo da Globo). Mas uma coisa é muito clara: meninas e mulheres passaram a usar as pulseiras com correntinha até o dedo depois que começou a novela.

*** Logo depois que o entrevistei, o orgulhoso proprietário da cadeia foi notícia na *Gazeta Mercantil*. Cf. "Khan el Khalili: Casa de chá abre franquia de bazar egípcio", *Gazeta Mercantil*, 22 ago. 2001; "Bazar egípcio da Vila Mariana abre primeira franquia", *Gazeta Mercantil*, 2 set. 2001; "Khan el Khalili abre loja em Itu", *Gazeta Mercantil*, 3 set. 2001.

em bares da cidade com conjuntos musicais árabes e bailarinas de dança do ventre. Nesses eventos, os participantes – homens árabes, algumas mulheres árabes e muitas mulheres não árabes – dançam o *dabke* (uma dança folclórica síria, libanesa e palestina). Nos intervalos, tocam música pop oriental e tecno europeu. Num outro nicho desse setor, as empresas que organizam "festas temáticas" oferecem uma lista de sugestões para os clientes, incluindo temas românticos como "amor" e temas étnicos, como "italiano" ou "árabe". Os principais elementos culturalistas de uma festa árabe consistem em servir quibes, esfihas, tabule e outros "pratos árabes", tocar música árabe ao vivo ou em gravação e dança do ventre. Uma empresária desse nicho de mercado explicou que o interesse na festa temática árabe tinha "influência da mídia [...] que desperta a curiosidade sobre o 'mistério oriental'". Ela concluía que "o mundo está mais globalizado, e temos mais acesso a todas as culturas de modo geral. Por causa disso, os brasileiros estão respeitando mais essas culturas que são tão diferentes, como a dos árabes". Hoje, os culturalismos médio-orientais se tornaram mercadorias populares na esfera pública brasileira.

Comentários e conexões sociais por meio da cultura árabe

Atualmente, cerca de oitenta entidades médio-orientais fazem parte de um circuito social exclusivo, do "quem é quem", na cidade de São Paulo. Os eventos incluem jantares temáticos árabes, comemorações dos dias da independência (do Líbano, da Síria e do Brasil), festas de aniversários do clube, concertos artísticos e reuniões mais simples. Essas ocasiões quase sempre contam com a apresentação formal dos nomes e títulos de personalidades de clubes, entidades filantrópicas ou círculos políticos que compareçam, mandam congratulações pelo correio ou recebem uma homenagem. Esse protocolo, que dura de cinco a vinte minutos, garante relações amistosas entre os pares e satisfaz os que "querem aparecer". Essa rivalidade parece ser uma dimensão tácita dos eventos na colônia. Entre as dezenas de executivos, políticos, médicos e advogados nesses encontros, conheci profissionais liberais em ascensão dispostos a fazer as apresentações e, talvez, trocar cartões de negócios.

Esse ambiente burguês levava muitos médio-orientais – sobretudo imigrantes – a criticar as associações culturais da colônia em termos de desigualdade de classe. "Não gosto dos clubes", declarou Salim, imigrante sírio naturalizado brasileiro, "por causa daqueles ricaços que freqüentam". Oferecendo um provérbio particular, acrescentou: "Aves da mesma pena voam juntas." Como Salim não se considera um "daqueles ricaços", achava desgastante freqüentar os clubes da colônia. Sarkis, médico imigrante, também comentou que os "pioneiros que fundaram os clubes [...] tinham a idéia de manter os clubes abertos, mas infelizmente a segunda, a terceira geração não sabe como fazer isso". Antigamente, ser sócio não dependia da "condição de pagar uma fortuna", e sim da capacidade de "colaborar com o trabalho, não com o dinheiro". Hoje, concluiu Sarkis, os clubes "mudaram, e são realmente fechados". Somente os descendentes bem de vida e seus convidados parecem ser bem-vindos em várias associações da colônia.

Outros médio-orientais manifestaram desagrado com a rivalidade no circuito dos clubes. "Esses clubes são todos papo-furado", disse Iskander, imigrante libanês naturalizado brasileiro que administra uma agência de viagens. "Eles não ajudam os árabes. [...] Eles [os sócios] só gostam de ouvir anunciarem seus nomes nos eventos." Nesses encontros, Iskander se inscreve de propósito usando o nome de uma organização não árabe, só para irritar os representantes de outras entidades árabes. Uma artista que é uma sócia entusiástica comentou que gasta mais tempo na ginástica do que nas atividades sociais ou culturais, porque "o povo vai realmente chique, quero dizer, realmente alinhado. Mas acho que no Brasil é assim, mas o árabe também é assim com a roupa. Os árabes, parece que gostam de se mostrar, então andam realmente alinhados". Samir, o médico sírio, comentou no mesmo espírito:

> Não sou um freqüentador assíduo, e não sou... como se diz? [...] um rato de clube que passa o tempo todo dentro do clube: "Minha vida é o clube. Janto no clube. Almoço no clube". Pelo contrário, acho muitos clubes uma chatice! Mesmo assim o clube a que eu vou é da colônia árabe. Se eu pudesse vender todos os meus títulos de sócio dos clubes da colônia, eu compraria um título de um clube neutro que não fosse de nenhuma colônia, só para me sentir à vontade e praticar esportes com tranqüilidade, porque nos clubes da colônia todo mundo sabe da vida de todo mundo.

Apesar da "autenticidade" ou do "refinamento" étnico pretendidos pelas direções dos clubes, vários árabes se disseram frustrados e até irritados com as pretensões de elegância e a curiosidade indiscreta das *socialites* nos diversos clubes da colônia.

Os étnicos não são os únicos a discernir e discutir o exclusivismo atribuído às entidades de sua colônia. Rení, a executiva (não árabe) da cadeia Habib's, mencionada acima, ponderou: "Eu sei que nas colônias árabes [...] o Sírio, Monte Líbano, todos aqueles clubes [...] são clubes elitizados. Não são clubes populares, normais. São clubes elitizados [...] redutos de ricos." Sem especificar se freqüentava tais espaços, Rení frisou que o estacionamento do ECS vive cheio de Mercedes-Benz e outros carros "caros" e "importados". Uma brasileira não árabe que dirige uma das empresas de festas temáticas acima citadas também declarou:

> Embora a colônia árabe seja considerada rica, ela também é cafona. As mulheres usam jóias demais, e o público em geral não é bem recebido pelos árabes, que, de certa maneira, discri-

minam os brasileiros. A primeira pergunta que um árabe lhe faz sempre é: "Qual é o seu sobrenome? De que família você vem?" Eles querem saber sua linhagem para saber o poder aquisitivo que você tem.

Embora essa empresária organizasse festas temáticas "árabes" para os clientes, ela rejeitava as *socialites* que eram a personificação autoral dessa cultura árabe. Contradizendo as pretensões de autenticidade dos próprios étnicos, essas críticas aos círculos de lazer médio-orientais seguem os moldes dos indicadores de consumo de classe.

Descobri, por ironia, que aqueles étnicos (e, desconfio, os nacionais também) que criticavam a colônia costumavam freqüentar os eventos. Iskander, Sarkis, Samir e outros, que se diziam desiludidos com as altas pretensões da comunidade, faziam questão de não perder os eventos étnicos que atraíam personalidades famosas da colônia árabe e da alta sociedade brasileira. Seus motivos talvez se evidenciem num episódio que ocorreu na elegante reinauguração da Câmara de Comércio Líbano-Brasileira no Monte Líbano. Enquanto eu dividia quibes, bolinhas de queijo, vinho e gracejos com um grupinho de árabes e brasileiros, um senhor de meia-idade se desculpou, observando: "Vamos catar algumas flores". Esse comentário foi logo depois que um rapaz se aproximou de nós, apertou a mão de todos, distribuiu o cartão de visitas de um deputado estadual de origem sírio-libanesa e desapareceu na multidão. Outras trocas de "flores" ocorreram nos mais variados eventos. Apesar das críticas constantes, as atividades de lazer da colônia também oferecem aos executivos e profissionais liberais a oportunidade de estabelecer contato com as elites étnicas e nacionais.

Assegurava-se com mais facilidade o capital social potencialmente gerado nessas trocas de cartões de visita durante os jantares, sobretudo da culinária médio-oriental. Convidado para o jantar árabe semanal no Monte Líbano, numa noite bastante fresca, entrei num dos salões destinados a uma exposição de arte, com quadros e esculturas dos sócios. Algumas obras seriam selecionadas para participar de um concurso entre os clubes pertencentes à Acesc. O garçom me providenciou imediatamente uma taça de vinho branco, e fiquei conversando com Alberto, um dos diretores do clube, e com Daniela e Sérgio, um casal não árabe que também havia sido convidado para a ocasião*. Depois de meia hora, o salão se encheu de homens e mulheres elegantes, que alternavam as conversas com breves olhares às obras de arte expostas sob uma bela iluminação. Como ali estava ficando lotado, Alberto sugeriu que subíssemos ao terceiro andar, para o jantar árabe semanal (que, na verdade, era aberto aos sócios de todos os clubes pertencentes à Acesc). Entrando no amplo salão, ocupamos nossos lugares a uma mesa arrumada com elegância, junto com João e Estella, outro diretor do clube e sua esposa. Alberto explicou que o jantar étnico era servido no bufê, e que podíamos começar à hora que quiséssemos.

Mas antes vieram as apresentações. Daniela comentou que tinha uma empresa de agroindústria numa cidade perto da capital, acrescentando que sua firma é que havia fornecido as alcachofras do jantar. Depois que o marido alertou que devíamos elogiar as alcachofras, Daniela disse que ela e João, o diretor do clube, tinham uma parceria para desenvolver um "farmer's market" (dito em inglês) que ajudaria os pequenos agricultores a escoar seus produtos. Fornecendo detalhes sobre a área adquirida e as licenças de construção que já tinham obtido, a convidada e o diretor do clube se mostraram muito

---

* Quando eu estava falando com Sérgio sobre minha pesquisa na colônia árabe, ele manifestou grande interesse e começou a discutir *Tocaia grande*, de Jorge Amado. Comentando que os árabes tinham uma presença ubíqua na zona rural e urbana do Brasil, Sérgio também deu algumas informações sobre sua herança étnica européia: "Sou alemão pelo lado de pai", disse ele, "e português e italiano do lado de mãe". Expressando essa sua linhagem branca num idioma nacionalista, Sérgio gracejou: "É uma mistura!"

animados com as perspectivas de êxito do empreendimento. Alberto até interrompeu dizendo que teria interesse em investir na cooperativa, pois parecia "um bom negócio". Alberto também mencionou num tom casual que, embora nunca esperasse ou pedisse favores políticos, seu primo tinha acabado de se reeleger como prefeito da cidade onde seria o mercado dos produtores. Eu estava mais interessado nos pratos deliciosos que iríamos comer, e na hora entendi essa conversa como uma mera coincidência ou um simples bate-papo. Mas, olhando retrospectivamente, por trás dessa pequena reunião de gente fina jantando no Monte Líbano, com pratos caprichados da culinária médio-oriental, parece que havia alguns interesses numa aliança econômica e política.

No entanto, esses projetos materiais não foram o principal assunto de conversa naquela noite. Os convivas discorreram sobre experiências de consumo que iam desde viagens de férias ao Taiti e aos EUA até a "excelente qualidade" das "comidas étnicas", principalmente da cozinha médio-oriental. A comida árabe só ganhou elogios. Enquanto íamos para o bufê, um dos diretores do clube explicou que o prato especial da noite era *mukhiie* (um prato "originalmente egípcio" de arroz com verduras, pita e frango ou carneiro). Mas ele sugeriu que começássemos pelos *meza* (entradas, em árabe libanês) antes de passarmos para o prato principal. Percorrendo o bufê, todos nós enchemos os pratos com saladas e entradas, entre elas *hummus*, *baba ghanoush* e *kibe nyi*. Quando estávamos voltando para a mesa, Sérgio disse a todos que sua "comida predileta" era a "árabe". Alberto então gracejou que o Monte Líbano era conhecido por ter a melhor comida árabe de São Paulo, embora o chefe de cozinha do clube (com o apelido de Salim) na verdade fosse nordestino. Sorrindo, acrescentou que os corações de alcachofra da firma de Daniela eram os mais deliciosos que ele já tinha comido na vida. Enquanto se trocavam palavras amáveis e se consumiam pratos deliciosos, estabeleciam-se conexões sociais para futuros intercâmbios em potencial. Apregoando os mais autênticos arabismos num mercado nacional repleto deles, essas pessoas de padrão elevado convertiam o poder simbólico da cozinha étnica em capital social entre as fileiras da alta sociedade. Tais episódios invertem as hierarquias étnicas e nacionais anteriores e apontam para o projeto étnico da arabicidade num Brasil de consumo diversificado.

A transformação dos arabismos em mercadorias nos espaços étnicos de lazer

Historicamente, vários clubes da colônia sírio-libanesa conceberam e promoveram o consumo da culinária, música e dança do Oriente Médio. Os homens se reuniam, mascavam ruidosamente as comidas sírio-libanesas, tocavam um tambor folclórico chamado *derbake*, entoavam velhas cantigas e dançavam o *dabke*. Mas essas "reuniões" (*sahras*, em árabe coloquial) eram eventos informais e improvisados. Hoje, o consumo da cozinha médio-oriental tem um caráter mais institucional, a um certo preço (de 20 a 50 reais por pessoa), em datas certas (desde encontros semanais até reuniões bimestrais) e novas ligações materiais com os restaurantes sírio-libaneses de alto padrão no mercado nacional.

Restaurantes sofisticados como o Folha de Uva são contratados para atender a "jantares árabes" e eventos gerais em pequenos clubes e associações religiosas. Assim, por exemplo, após a condecoração religiosa de dois membros, a Catedral Ortodoxa síria promoveu uma recepção que ficou a cargo do Folha de Uva, e contou com a presença dos proprietários do restaurante (não por acaso cristãos ortodoxos). Na mesma linha, os diretores executivos do Clube Atlético Monte Líbano, entidade maior e mais rica, com um setor próprio de restaurante, colocaram como "diretor culinário" do clube o proprietário (libanês) de um dos restaurantes libaneses mais chiques de São Paulo, o Khayyam. Mas, ao mesmo tempo, o chefe de cozinha do clube – o "Salim" acima citado – é de Pernambuco. Como muitos outros nordestinos, Salim migrou para vir trabalhar em São Paulo. Pilheriando a respeito, um diretor cultural escreveu em *Shuf* *, a revista do clube:

> Quando levo algum convidado para jantar ou almoçar, após a lauta refeição vem sempre a pergunta costumeira:
> – Quem é o cozinheiro?
> Aí respondo com um ar sério e compenetrado:
> – É o Salim.
> – Ah, bom! Tinha que ser um da raça para elaborar essas delícias.
> Fico na minha até depois da sobremesa, quando os elogios aumentam, aí digo ao meu convidado:
> – O Salim é pernambucano, chamado Adelito Ferreira Cavalcanti... completou dezoito anos já trabalhando para o Monte Líbano. Ajudou na construção da nova sede e fez carreira na cozinha, onde hoje é chefe...

Como se evidencia nessa reflexão marota, os diretores culturais do Monte Líbano têm clara consciência dos vínculos entre o clube e o mercado mais abrangente. De fato, a cozinha do Monte Líbano ganhou status entre árabes e brasileiros como uma das culinárias médio-orientais mais autênticas, embora os pratos sejam supervisionados por um *restaurateur* erudito e preparados por um chefe de cozinha nordestino**.

---

* *Shuf* em árabe libanês significa, ao pé da letra, "veja". É um trocadilho com o nome da revista mais popular do Brasil, a *Veja*. Como dizem os sócios do Monte Líbano, brincando: "'A *Shuf* é a nossa *Veja*".

** A cozinha étnica preparada por nordestinos também se encontra nos restaurantes japoneses de São Paulo. De fato, muitos sushimen paulistanos hoje são migrantes cearenses (Jeffrey Lesser, comunicação pessoal).

FAZENDO O MARKETING DA CULTURA ÉTNICA

Da mesma forma, as dançarinas do ventre que esses clubes costumam contratar são mulheres não árabes no mercado de dança médio-oriental no Brasil. Geralmente há um acordo informal entre as dançarinas profissionais e os diretores dos clubes. Priscilla, uma dançarina do ventre não árabe, explicou que as moças são contratadas por um determinado clube para apresentar um certo número de shows ao longo de um período combinado. Em seu contrato informal com um pequeno clube libanês, por exemplo, Priscilla teria emprego garantido nos jantares árabes semanais e em qualquer outro evento com dança do ventre ao longo do ano fiscal de 2001. Uma outra dançarina não árabe, que se apresenta nos espetáculos como Fairuza, fechou um contrato com um outro clube libanês que promove festas árabes bimestrais e reuniões familiares mais esporádicas. Ambas, Priscilla e Fairuza, comentaram sobre essas diferentes "praias" em que concorrem as dançarinas profissionais, na disputa por contratos desejáveis nos dez ou doze clubes da colônia que apresentam a dança do ventre.

As inter-relações étnicas e nacionais também compõem outras atividades dos clubes. Por exemplo, o ECS, o Monte Líbano e o Homs, os três maiores clubes da colônia, instituíram aulas de árabe e de dança do ventre. Balançando as coxas ou emitindo sons guturais, esses professores também utilizam sua capacitação para ministrar cursos pagos no mercado fora dali. Gabriela, por exemplo, além de ensinar a dança do ventre no Club Homs, dava aulas em casa e na grande Academia de Danças Étnicas, que oferece cursos de danças ciganas, de flamenco e outras danças "étnicas". George, sírio naturalizado brasileiro, tinha uma experiência parecida como professor de árabe no Homs e no ECS*. Além de dar aulas três vezes

---

* A maioria de seus alunos de árabe no Club Homs, por exemplo, não eram descendentes médio-orientais e nem mesmo sócios do clube. Muitos eram universitários e jovens profissionais liberais procurando aprender outra língua, além do inglês e do espanhol. Rogério, um dos alunos, técnico de informática com vinte e tantos anos, comentou que já fala espanhol e italiano, e queria aprender mais uma língua. Segundo o professor, o interesse crescente pelo árabe se deve à "globalização".

por semana em dois clubes da colônia, ele trabalhava como tradutor juramentado para o sistema judicial do estado de São Paulo e dava aulas particulares para muitos alunos, a um preço mais alto. Essas mercadorias nos clubes médio-orientais estavam ligadas às "relações de produção" da arabicidade na economia brasileira como um todo.

Essas imbricações no mercado étnico e nacional ficam claras na seguinte descrição de uma festa árabe num dos clubes menores da colônia. Tendo sido convidado para o Clube Marjeyoun, nome de um pequeno povoado no sul do Líbano, vi-me envolvido num ambiente familiar e festivo. A idade dos convivas variava de vinte a setenta anos, a maioria na casa dos quarenta. Samer, um colega que era diretor cultural do clube, comentou depois que 90% dos presentes àquela festa árabe tinham alguma ligação com a cidadezinha de Marjeyoun, como imigrantes ou descendentes. O traje era esporte fino: os homens com paletó e calça esporte, belos relógios e sapatos engraxados, enquanto as mulheres usavam vestidos de tons escuros e também belas jóias. Um conviva mais entusiasmado, com trinta e poucos anos, estava até com um *kaffiyeh* (lenço de turbante, em árabe) e um cáftan mais adequado para um xeque em toda a sua grandiosidade orientalista. Quando todos se sentaram às mais de vinte mesas, decoradas com muita elegância, houve um momento solene de homenagem e entrega de uma placa comemorativa a um velho sócio do clube.

Aromas apetitosos logo envolveram os presentes, enquanto as garçonetes com blusas pretas e chapeuzinho com o nome "Jacob's" levavam os pratos até o bufê. O "jantar árabe", providenciado pelo restaurante Jacob's, consistia em pratos como abobrinhas recheadas, charutinhos de repolho e de folha de uva, quibe cru, *hummus*, *baba ghanoush*, tabule e *fatush*. As pessoas de cada mesa iam e se serviam num bufê e voltavam a seus lugares. A tia de Samer, sentada à nossa mesa, franziu as sobrancelhas quando lhe perguntaram como estava o charutinho de repolho, mas os outros pratos estavam gostosos. Depois foi a vez das sobremesas (também no bufê), com frutas e muitos doces árabes, como *baklava*, "ninhos" e *helis delous*. As comidas árabes nessa ocasião vinham de um restaurante "tradicional" e conhecido no mercado brasileiro.

Quando todos terminaram as sobremesas, a banda começou a tocar, e Sonia Athie, uma cantora imigrante famosa nos círculos de lazer árabes, entrou e passou a cantar em lamentos, acompanhando a melodia. Nos dez minutos seguintes, quatro dançarinas do ventre, não árabes, ficaram ondulando no salão. Mais tarde eu soube que uma delas, Fairuza, tinha um "contrato" para fazer essas apresentações no clube. Quando Athie anunciou a entrada das dançarinas, os amigos afastaram freneticamente os pratos para o lado da mesa, abrindo espaço para uma dançarina subir e se requebrar para o deleite geral. Várias outras mesas fizeram a mesma coisa, e convidaram as moças a dançar em cima delas, enquanto muitos homens colocavam notas de 5 e 10 reais nos cintos baixos das dançarinas. Eram mais os homens que pareciam gostar, mas algumas mulheres também estavam apreciando*. Foi uma clara demonstração do predomínio masculino nesses espaços de lazer. Quando manifestei minha surpresa, uma colega na mesa me tranqüilizou: "É coisa de árabe mesmo!" Essa dimensão machista da "cultura árabe" recebeu muitas críticas de algumas mulheres árabes.

Depois de uma sessão de *dabke*, uma dança de roda, apareceu um outro cantor conhecido, de mais idade, com um bigode extravagante, tipo otomano. Ele usava o estilo "tradicional" de improvisar a letra enquanto a banda continuava a tocar. Como muitos outros ouvintes de segunda e terceira geração, não entendi a letra toda, can-

---

* Os homens pareciam se divertir, e a maioria das mulheres ficava no lugar, batendo palmas e sorrindo. Era um espaço onde os homens podiam exercer a sexualidade, admirar o corpo das dançarinas e interagir com elas. As espectadoras, em contraste, batiam palmas e acompanhavam o ritmo da dança sentadas, mas a maioria se alternava entre inspecionar a estética do corpo das dançarinas e manter-se de olho nos maridos, filhos ou namorados.

tada num árabe formal (*fusHa*) e não coloquial (*amiyya*). O cantor tinha louvado a "libertação" do "sul do Líbano", com suas colinas ondulando aos ventos da "liberdade" (sobretudo depois da retirada das tropas israelenses em abril de 2000). A platéia aplaudiu e aclamou. Sentado a meu lado, o pai de meu amigo – um senhor imigrante de Marjeyoun – tentou enxugar as lágrimas com as mãos enrugadas antes que os outros notassem. Era saudade da terra natal, das montanhas e da liberdade recuperada. Mas era uma saudade expressa no contexto de uma arabicidade mercantilizada produzida no Brasil.

Distinguindo a identidade étnica na esfera pública e na esfera privada

Essas manifestações comerciais da "cultura árabe" refletem e modelam o senso de etnicidade na nação, específico dos descendentes. Sejam *restaurateurs* ou profissionais liberais, eles desprezavam as cadeias de fast-food como o Habib's e mesmo os restaurantes de nível médio. Samir, do Folha de Uva, por exemplo, comentou que as esfihas do Habib's eram feitas com ingredientes baratos, com outras receitas para se adequar ao "gosto brasileiro" e voltadas para as massas. Da mesma forma, Lillian, administradora na Secretaria da Cultura do governo do estado, comentou que, no dia em que nos encontramos para uma conversa informal, o cardápio na cafeteria era de comida árabe. "Hoje", explicou Lillian, "foi um almoço árabe com quibes, esfihas, aquele prato com arroz e lentilha [*mjudra*] [...] mas não era tão bom como o da minha tia Yvette". Entrando numa "rivalidade" de tipo étnico, os descendentes agora se orgulham de suas formas culinárias autênticas.

A transformação da arabicidade em mercadoria foi moldada principalmente pelo senso de distinção dos étnicos no circuito dos clubes. Tome-se o exemplo de Mário, o sócio do Monte Líbano que elogiou a comida árabe do clube no artigo em *Shuf*:

> A fama da nossa comida árabe já saiu dos limites do Clube e alcançou a cidade, os municípios vizinhos e até o interior do estado.
>
> Somos, sempre, assediados por amigos, principalmente os "Brasiliie", para que os convidemos para o jantar da quinta-feira ou para o almoço do domingo...

Depois de louvar a fama conquistada pela cozinha do Monte Líbano, Mário ressaltou que os pratos étnicos do clube tinham alcançado essa distinção por causa dos diretores que "revolucionaram a cozinha" e dos sócios que têm "paladares aguçados". Os sócios, prosseguiu ele, fizeram sugestões para melhorar os pratos, inclusive um abaixo-assinado com trezentas assinaturas "pedindo mais trigo no quibe". Invocando o novo status de elite da "comida árabe", Mário concluía que os diretores e sócios do clube "são responsáveis por essa comida deliciosa, saborosa, digna de presidentes, sheiks, reis e soberanos". Antes marginalizados no mercado nacional, os clubes sociais médio-orientais aqui foram enaltecidos como espaços da autêntica arabicidade no Brasil.

Com o proprietário do Khayyam, sofisticado restaurante libanês, à frente da culinária no Monte Líbano, os sócios invocam o zunzum na esfera pública como prova da autenticidade de sua cozinha. "A comida árabe do Monte Líbano é realmente famosa" em São Paulo e no Brasil todo, disse Sandra, que então contou um pequeno episódio com um vizinho seu, César Tralli, repórter famoso da Rede Globo:

> Eu disse a ele: "Ah, um dia vamos jantar no Monte Líbano numa quinta-feira. Tem um jantar árabe." [...] Convidei ele e a esposa, certo? E ele: "Me disseram que é a melhor comida árabe em São Paulo!" [...] Ela é realmente famosa, realmente gostosa, realmente caprichada.

A questão implícita no comentário de Sandra era de que até um repórter da Globo tinha ouvido falar da cozinha refinada do Monte Líbano. E ela acrescentou de passagem que Tralli ainda perguntou: "E quando é que você vai me levar para jantar no Monte Líbano?"

Os diretores e sócios de um outro clube, o Homs, também foram igualmente francos sobre sua autenticidade árabe na esfera pública brasileira. Nas palavras do diretor Ricardo, o Club Homs se vê como o "clube da colônia, da comunidade árabe", que "tem a obrigação de gerenciar e preservar seus valores culturais". Entre a programação variada de cursos e eventos, ultimamente a diretoria tem enfatizado as aulas e os espetáculos que contribuem para o "resgate cultural" do clube. "Os eventos visam trazer ao clube", dizia um artigo da revista do Club Homs, em 1998, "a sabedoria e a tradição da cultura árabe, através de apresentações das diversas manifestações artístico-culturais"*. Com as noites temáticas do "Kibe Arak", apresentações de danças do ventre e de *dabke*, recitais e poesias e *oud*, os administradores do Club Homs têm promovido esse projeto étnico da cultura árabe a partir de uma realidade mais híbrida.

Como parte desse projeto, o Club Homs, no final dos anos 1980, reformou um recanto do clube para servir de "sala árabe", com móveis de madrepérola, quadros orientalistas e belas peças de coleção do mundo árabe. Mas, em minhas visitas semanais, a sala estava sempre fechada e trancada. Um diretor comentou que ela era aberta "somente em ocasiões muito especiais, quando há autoridades e diplomatas, porque nem mesmo os sócios do clube sabem como cuidar dela. Não sabem apreciar o valor". Uma tarde, quando eu estava sentado diante das portas fechadas da sala, um grupo de adolescentes que costumava se encontrar para ir à academia, no andar de baixo, comentou o "salão árabe". Um deles falou que era sócio do clube

---

* Club Homs, "Resgate cultural", *Homs*, vol. 2, n. 6, dez. 1998, 18-20.

fazia três anos, e nunca tinha visto a sala árabe aberta e iluminada. A arabicidade, nesse caso, destina-se ao reconhecimento público e não necessariamente ao consumo privado.

No entanto, para atender melhor aos sócios, o Club Homs entrou num amplo "programa de revitalização", que incluía a ampliação dos cursos de árabe, a inauguração de aulas de dança do ventre e a programação de aulas de *oud* e xilogravura árabe tradicional para o futuro. Os cursos de árabe e de dança foram abertos ao público em geral, para atrair não sócios e não árabes que querem aprender a cultura árabe. Nas palavras do diretor Ricardo: "Queremos trazer as pessoas para conhecer a cultura árabe, para que realmente possam conhecê-la". Observei que várias academias e escolas em São Paulo ensinam danças e línguas do Oriente Médio, ao que Ricardo interrompeu dizendo: "Mas aprender a língua ou a dança árabe [...] não tem nada melhor do que aprender num clube, um clube árabe." Assim, hoje a pretensão de autenticidade árabe dos descendentes médio-orientais extrai sua força simbólica dessa comparação com as mercadorias culturais árabes ofertadas no mercado nacional.

Esse consumo das formas culinárias, musicais e de dança nos clubes médio-orientais intensificou uma hierarquia dos graus de autenticidade entre os próprios médio-orientais. Em termos objetivos, André Gattaz afirmou ser quase impossível distinguir a identidade "árabe" da "síria" e da "libanesa" no Brasil[11]. Mas em termos subjetivos, eu descobri que os médio-orientais e mesmo os brasileiros não árabes estabelecem distinções específicas entre essas categorias. Como afirmei no Capítulo 3, há uma anedota que diz que o turco é o mascate pobre, o sírio é o comerciante remediado e o libanês é o industrial rico ou o profissional liberal instruído, e essa piada é repetida por muitos brasileiros árabes e não árabes. Quando perguntei sobre o significado dessa anedota, Samir, o médico sírio de segunda geração, discorreu sobre o status elevado dos libaneses no Brasil e no mundo:

> O libanês [...] tinha uma influência européia muito grande. Era um país muito mais moderno em termos de belezas ocidentalizadas. [...] O sírio é mais conservador. O sírio mantém mais aquela postura fechada. Aqui dentro do Brasil, realmente existe essa diferenciação entre o sírio e o libanês.

Em vez de concluir que os libaneses são mais abastados do que os sírios no Brasil, Samir, entre outros árabe brasileiros, ressaltou que os libaneses são mais modernos e têm um maior grau de civilização ocidental do que os sírios, que são árabes mais "tradicionais".

Como Samir fez uma distinção entre sírios e libaneses em termos de consumo, perguntei se a distinção estava relacionada com o circuito dos clubes em São Paulo. Ele respondeu de pronto: "Sem dúvida. [...] O Monte Líbano é extremamente sofisticado [...], refinado e pretensioso, o Club Homs é extremamente conservador." Outros comentaram que o Club Homs tinha fama de ser a Casa do Árabe no Brasil, cujos sócios fazem "questão de tocar música árabe nas festas", e que ofereça cursos de danças e línguas médio-orientais. Sami, outro médico sírio de segunda geração, freqüenta o Monte Líbano e confirmou o alegado refinamento dos libaneses. "O Monte Líbano [...] é mais refinado", disse ele, e os libaneses são "mais ocidentalizados, mais aculturados do que os sírios". Da mesma forma, uma senhora italiana de segunda geração, viúva de um sírio de segunda geração, me perguntou (sou descendente de libaneses): "O libanês é realmente refinado, não é?" Já sensibilizado com a questão, respondi: "Os libaneses gostam de achar que são mais refinados." Sobretudo em função da popularidade do "jantar árabe" do Monte Líbano entre as elites paulistanas, essa hierarquia da médio-orientalidade revela os irônicos limites ao reconhecimento étnico: o status aparentemente mais elevado da identidade libanesa se deve, em parte, não à "tradição autêntica", e sim ao "refinamento ocidental".

Atualmente, é nesses termos que se expressa a distinção entre a identidade libanesa e a identidade síria nos clubes sociais. Quando contei a um amigo libanês de família naturalizado brasileiro que eu havia me matriculado num curso de árabe, ele respondeu que eu devia ter cuidado ao escolher o curso e o professor. E me disse para eu me matricular não num clube sírio, e sim no Monte Líbano ou em outro clube libanês, porque o árabe libanês é "mais bonito" do que o árabe sírio. Com efeito, tanto o Monte Líbano quanto o Club Homs hoje oferecem cursos de árabe. No entanto, as aulas do Monte Líbano têm poucos alunos, ao passo que os cursos do Homs se orgulham de ter várias dezenas. Quando eu lhe perguntei sobre essa falta de interesse pelos cursos de árabe no Monte Líbano, o diretor cultural do clube respondeu que os libaneses, de modo geral, são "ocidentalizados" e não "valorizam" as raízes árabes tanto quanto os sírios "mais tradicionais". Os diretores do Homs concordaram, repetindo várias vezes que os sírios têm mantido a "tradição árabe" com cursos abertos de árabe (e de outras formas culturais). Nos círculos sociais médio-orientais, o consumo ou falta de consumo dos cursos de línguas é um elemento que molda a "ocidentalização" ou o "refinamento" dos libaneses, bem como a "autenticidade" ou "tradição" dos sírios.

As aulas e apresentações de dança do ventre também refletem essa hierarquia da médio-orientalidade. Os espetáculos predominam nas festas ou nos jantares árabes de diversos clubes, mas o Monte Líbano evita a institucionalização efetiva dos cursos de dança do ventre, ao passo que o Esporte Clube Sírio e o Club Homs esposam abertamente a idéia. Priscilla, ex-professora não árabe de dança do ventre no Monte Líbano, explicou que os pais no clube libanês não deixavam que as filhas aprendessem a dança do ventre. Na verdade, algumas alunas só iam às aulas porque os pais achavam que elas estavam fazendo alguma outra atividade. Priscilla ressaltou que os homens no Monte Líbano "querem uma dançarina do ventre, mas a mãe, a tia, a irmã não podem dançar. Mas têm de ter uma dançarina". Por isso o clube contratou uma brasileira (não árabe) para os eventos. Os homens dessa alta sociedade nunca comentaram a questão comigo; no entanto, parece que o "refinamento étnico" do Monte Líbano admite a apresentação de dança do ventre, mas impede que as sócias do clube aprendam a dançá-la.

Por outro lado, as apresentações e os cursos de dança do ventre foram institucionalizados no Esporte Clube Sírio e no Club Homs. Mas a professora num desses clubes, que vou chamar de Gabriela, foi ambígua sobre o apoio do clube aos espetáculos e cursos de dança do ventre, sobretudo em vista da diretoria quase exclusivamente masculina. Numa conversa pessoal, ela elogiou a conexão essencial entre as mulheres árabes e a dança do ventre, e comentou que as alunas que eram "descendentes" aprendiam mais rápido do que as outras. No Show de Dança do Ventre de 2000, no clube, Gabriela agradeceu à administração por lhe permitir "resgatar a cultura [árabe], resgatar a dança do ventre". Ela dedicou a apresentação aos pais, agradecendo-lhes pelo "sangue árabe que eles me deram". No entanto, numa outra conversa pessoal, Gabriela comentou que as dançarinas contratadas para os eventos do clube eram, quase sem exceção, brasileiras não árabes e não sócias. Embora os diretores do clube nunca tenham comentado comigo essas disparidades de gênero, Gabriela assinalou que a "autenticidade árabe" do clube "sírio" admitia cursos de dança do ventre para as sócias, desde que não se apresentassem individualmente em eventos do clube. Etnicamente refinada ou tradicional, a hierarquia da médio-orientalidade é de tipo patriarcal.

Partindo da marginalização inicial e chegando à transformação mercadológica contemporânea das formas e dos espaços culturais médio-orientais, este capítulo enfocou o maior reconhecimento da arabicidade no mercado nacional diversificado. Outrora indicando o lugar periférico dos árabes na nação brasileira, a culinária e a dança do Oriente Médio conquistaram popularidade entre as elites e as massas. Todavia, essa apropriação nacional foi vista como um impacto positivo sobre a etnicidade árabe no Brasil. Atentos à crescente distinção dos arabismos na esfera pública, diretores e sócios de clubes sírio-libaneses dedicaram tempo, energia e recursos consideráveis para desenvolver jantares árabes e espetáculos de dança do ventre. Invocando uma cultura árabe autêntica no mercado nacional, as pessoas da alta sociedade converteram o poder simbólico das mercadorias étnicas em capital social nos escalões mais altos da nação brasileira. Em meio a pratos da culinária médio-oriental, *connoisseurs* étnicos e nacionais estabeleceram laços sociais potencialmente lucrativos. Esse novo resultado sugere que o grupo que teve sua cultura apropriada pode, quando desfruta de um poder social significativo, retomar essa apropriação de uma forma que lhe é ainda mais proveitosa.

Capítulo 6
TURBULÊNCIA AÉREA
NO TURISMO DIASPÓRICO

Saindo de férias à Disneylândia ou ao Taiti, os brasileiros de origem sírio-libanesa são consumidores vorazes de viagens internacionais*. O destino preferido, como o de muitos brasileiros das classes média e alta, são os Estados Unidos, mas o itinerário começou a se diversificar no final dos anos 1990, como sugerem os artigos e anúncios semanais nos cadernos de turismo da grande imprensa. De fato, os pacotes turísticos médio-orientais são presença constante nas colunas dos jornais brasileiros desde 1996**. Nesse contexto, os descendentes sírio-libaneses têm manifestado um interesse considerável e são clientes potenciais para os pacotes de turismo às terras de origem no Oriente Médio. Mas, durante essas excursões, eles visitam os locais das carnificinas perpetradas pelas tropas israelenses na Síria e no Líbano. Essa turbulência aérea modelou o significado de ser árabe no Brasil contemporâneo.

Os brasileiros de origens sírio-libanesas ganharam maior reconhecimento como nicho de mercado para o turismo à terra dos ancestrais, tornando-se alvo das agências de viagens e das empresas aéreas. Este capítulo trata dos passeios turísticos inesperados por locais anti-sionistas, rememorando os ataques israelenses à Síria e

---

* Entre os mais de oitenta entrevistados, apenas alguns nunca viajaram para o exterior.

** Em 2000 e começo de 2001, apareceram referências freqüentes a passagens aéreas e pacotes turísticos para o Oriente Médio nos cadernos semanais de turismo da *Folha de S.Paulo* e *O Estado de S. Paulo*. Houve artigos de quatro páginas sobre o Líbano na *Folha de S.Paulo* em 2 dez. 1996, 1º jan. 1999 e 14 fev. 2001. As matérias apresentavam as maravilhas arqueológicas e naturais. Também davam os preços das passagens aéreas, os nomes das agências de turismo e uma descrição dos pacotes completos.

ao Líbano, e demonstra que, embora alguns turistas reproduzam os pressupostos anti-sionistas das ideologias nacionalistas sírias e libanesas, outros criticam esses postulados por incentivar o "preconceito" entre os árabes que se dão bem com os judeus, num país "racialmente tolerante" como o Brasil*. Utilizando a linguagem da exclusão do nacionalismo brasileiro, alguns turistas subverteram a ideologia anti-sionista no turismo à terra dos ancestrais, mostrando que as idéias nacionalistas podem contrariar a própria lógica da exclusão, que delas deriva.

Atento aos novos desdobramentos no mercado do turismo diversificado, este capítulo examina o cruzamento entre os programas dos brasileiros descendentes de sírio-libaneses, as agências de viagens e os órgãos oficiais sírios e libaneses. Os árabe brasileiros de segunda e terceira geração participam do turismo à terra dos ancestrais devido a uma profunda ligação familiar e emocional com a Síria e o Líbano. Mas essas motivações pessoais não correspondem às técnicas de marketing das empresas aéreas, cada vez mais direcionadas para as comunidades étnicas, supostamente interessadas em visitar as diversas terras de origem. Assim, os órgãos oficiais árabes têm contado com as viagens dos descendentes de segunda e terceira geração para revigorar as indústrias turísticas nacionais. Embora reconhecendo a multiplicidade de posições nacionalistas desses emigrantes, os funcionários públicos sírios e libaneses tentaram lhes passar uma posição anti-sionista no turismo local.

Em meio a tais desejos e interesses, vou me concentrar numa forma de identificação progressista, ainda em formação. Os locais de violência israelense afetaram profundamente os descendentes sírio-libaneses, mas apenas alguns interiorizaram o anti-sionismo. Outros

---

* Não pretendo confundir o Estado sionista de Israel com o judaísmo. No entanto, os próprios árabe brasileiros usavam "Israel" e "judeus" como sinônimos. Aqui não trataremos dessa associação entre sionismo e judaísmo.

manifestaram ambivalência ou repulsa contra o que consideraram um "racismo" por parte do Estado sírio ou do Estado libanês. Essa tática de "lavagem cerebral", disseram os turistas árabe brasileiros, era inútil porque essas tensões não existiam num país alegadamente mestiço e racialmente democrático, como o Brasil. Usando a linguagem central da ideologia nacionalista brasileira, os turistas étnicos "demonstraram um cosmopolitismo inédito no espaço de um lugar institucional muito específico"[1]. Meu estudo defende a hipótese de que os preceitos nacionalistas podem servir como um primeiro passo para esse cosmopolitismo existente, mas ainda não reconhecido, entre o Brasil e o Oriente Médio.

Os contornos e características emocionais do turismo árabe brasileiro

Contando quais eram suas intenções ao participar de uma excursão à terra dos ancestrais, os sírio-libaneses de segunda e terceira geração disseram que queriam "conhecer a origem". Márcia, de segunda geração, foi ao Líbano com o tio, no final dos anos 1980. "O lado emocional fala muito, porque [...] lá [no Líbano] você vê de onde vem sua família, você fica conhecendo de onde realmente vem", explicou ela. "Adorei ir e ver onde meu pai nasce." Na mesma linha, um sírio-libanês de segunda geração expôs: "Fui para conhecer minha origem. Fui para conhecer de onde vieram meus pais. [...] Fui para conhecer a terra da mãe, a terra do pai. [Síria] e Homs, Líbano e Zahlé."

Assim, os árabe brasileiros especificavam a vontade de conhecer a cidade dos pais ou dos avós. Abdo, executivo da indústria do turismo, comentou: "Eu queria conhecer a terra dos meus pais, dos meus avós." Ressaltou que sua mãe havia "transmitido" a ele e aos irmãos "um amor pelo Líbano" e especialmente "um amor" por sua cidadezinha no sul do Líbano, chamada Mimes. Com a voz embargada, ele contou:

> Mimes povoava a nossa infância porque ela [a mãe] falava em Mimes, Mimes, a gente ficava imaginando como é que era Mimes, né? Ela falava que ficava no alto da montanha, muito bonita, e ela não errou, não. A primeira vez que eu fui lá, eu vi Mimes no alto da montanha, aquelas casas claras, cercado de oliveiras, assim, além de bonita, emocionante.

Com a infância "povoada" pela aldeia ancestral dos pais – os contornos montanhosos, as estradas sinuosas, as oliveiras –, Abdo se sentiu realmente retornando ao lar.

Mário, libanês de meia-idade de segunda geração, também comentou que as constantes referências do pai a Baieth, no norte do Líbano, lhe acenderam o desejo de conhecer a cidade. "Quando cheguei na terra do meu pai", relembrou ele, "fomos recebidos lá com um banquete que nunca vi igual na minha vida. Nunca vi igual na minha vida. E me senti realmente emocionado". Uma paixão parecida ressoa nas lembranças de Hassan, de segunda geração, contando quando pisou na terra do Líbano: "Era minha! [...] me pertencia." Ele foi até Akiara, "a cidade de meu pai, onde ele nasceu": "Senti ainda mais que era minha, que me pertencia. [...] Aquela aldeia me pertencia. [...] Senti ela dentro de mim, que todas aquelas pessoas que estavam lá [...] eram ligadas a mim." A viagem até um povoado ancestral no Líbano inspirava um sentimento único de pertença. Mesmo os filhos de Hassan, terceira geração da família, foram visitar a vila.

Esses motivos pessoais, porém, vinham acompanhados da vontade de conhecer um lugar "diferente" ou "alternativo". Ahmed, libanês de segunda geração, observou: "Primeiro a gente viaja para conhecer melhor os parentes [...] e conhecer várias cidades, históricas e novas." Ele gostou de lugares como Baalbeek, Beitedine e outros que "têm muita história". Said, médico nascido no Líbano, mas criado no Brasil, explicou: "Primeiro, eu gostei de rever os parentes [...] e também de conhecer o Líbano. Visitei mais lugares. [...] Gostei de

Baalbeek, gostei de Jouneih e gostei do sul do Líbano." Beto, cujo pai é imigrante libanês e a mãe é árabe nascida no Brasil, comentou que, durante uma viagem de uma semana ao Líbano, em 1999, ele visitou os parentes do lado paterno, além das ruínas em Baalbeek e a Gruta Jeita. Mesmo Márcia, a mulher de segunda geração citada mais acima, disse que, além de encontrar os parentes, era "legal" ver coisas novas, "não ocidentais". Assim, as experiências de conhecer os povoados ancestrais, os parentes distantes e os locais turísticos se sobrepõem no turismo da herança.

Esse duplo programa de conhecer as origens e ver novos lugares foi incluído nos pacotes turísticos às terras de origem. As autoridades oficiais libanesas e as agências de turismo oferecem excursões não só aos sítios arqueológicos, mas também aos povoados dos antepassados emigrantes. Durante o acampamento de jovens de 2001, promovido pelo Ministério dos Emigrantes libanês, por exemplo, dois participantes de terceira geração alteraram provisoriamente a programação no final de uma tarde visitando a cidade de Zahlé, famosa pelas sorveterias e lojas de souvenirs. Após comprar sorvetes e lembranças, os dois jovens seguiram para a aldeia próxima de seus avós, Marjeyoun. Carlos, um libanês brasileiro, foi até a casa do único irmão vivo de seu avô, acompanhado por um funcionário do ministério. Depois que o sobrinho-neto emigrante e o tio-avô paterno trocaram abraços, ficaram contando histórias dos dois lados da família que haviam perdido o contato por quase quarenta anos*. De volta ao Brasil, Carlos relembrava o encontro com muito carinho, como o ponto alto de todo o mês de sua viagem. Agendada entre visitas a museus e excursões arqueológicas, a "reunião familiar" tinha sido o ponto central da experiência turística.

---

* Discursando sobre a reunião familiar na cerimônia de encerramento do acampamento dos jovens emigrantes, Carlos contou que pôde reatar laços familiares que estavam quase perdidos. Ele foi notícia na rádio e na imprensa, e se tornou um garoto-propaganda do programa patrocinado pelo Estado para a esfera pública no Líbano.

Mas esse projeto de "conhecer" ou "ver" os parentes, lugares e povoados não incluía a idéia de vir a morar entre eles. Comentando como tinha sido tomado por um sentimento de pertença na aldeia de seu pai, Hassan acrescentou que tinha ido ao país "não pra viver, pra ver". Tendo participado de uma excursão à "terra natal" da Síria, o dentista João ponderou: "Um amigo meu perguntou se eu mudaria para lá [Síria ou Líbano]. Eu disse que não. Aqui no Brasil eu sou um rei. Posso comprar um carro e ir ao cinema." Said comentou que "as coisas lá [no Líbano] estão complicadas agora", e sua clínica em São Paulo, que vem crescendo, não lhe permitiria uma mudança permanente. Com os meios e modos de vida ligados ao mercado brasileiro, os brasileiros árabes optaram por viagens temporárias ao Oriente Médio.

A composição da família e classe, portanto, é um fator de peso. Os turistas provinham da classe média e da classe alta. Em alguns casos, as esposas e os filhos passam as férias de inverno (julho) no Líbano, enquanto os maridos continuam trabalhando no Brasil. Em outros casos, são universitários que viajam em excursão, sem os pais. Em raras ocasiões, a família inteira viaja junto. Mas, ao se descrever, os árabe brasileiros põem ênfase na diferença religiosa. Muçulmanos e cristãos concordam que são os muçulmanos que visitam mais regularmente a terra dos ancestrais. De fato, quatro agentes de turismo que vendem passagens para o Oriente Médio declararam que os clientes são, na maioria, muçulmanos. Alguns colegas explicaram que isso ocorre porque os muçulmanos mantêm uma ligação mais profunda com a arabicidade, enquanto outros vêem essa distinção religiosa em termos históricos. Como a maioria dos cristãos chegou ao Brasil no começo do século xx, ponderou Abdel, sunita libanês de segunda geração, eles não desenvolveram o "hábito" de visitar a terra dos ancestrais. Por outro lado, os muçulmanos que chegaram na segunda metade do século tinham mais facilidade em visitar o Líbano uma vez por ano ou a cada dois anos, devido aos meios de transporte mais rápidos e mais baratos.

A despeito dessas variações sociais, familiares e histórico-religiosas, vi uma especificação cada vez maior dos pacotes turísticos para os membros de um determinado clube ou associação religiosa, e para grupos de colegas ou amigos. Essas excursões são organizadas por idade, para casais de meia-idade, jovens (com um acompanhante adulto) ou grupos de amigos, e assim são montadas com atividades e eventos próprios para cada grupo. Esses pacotes específicos para o Oriente Médio são semelhantes a outras excursões organizadas por agentes de viagens para os Estados Unidos e a Europa. Essa precisão minuciosa, mas "modular", é um fenômeno comum nos tempos neoliberais.

Ao contar suas intenções prévias, porém, os turistas nunca mencionavam a vontade de visitar os locais dos ataques israelenses ou a área recém-libertada no sul do Líbano. De modo geral, eles faziam uma contraposição entre os conflitos árabe-israelenses no Oriente Médio e as relações de convivência entre árabes e judeus no Brasil. As respectivas colônias conhecem bem os laços comerciais históricos entre os árabes no setor atacadista têxtil na rua 25 de Março e os judeus no setor varejista de confecções na rua José Paulino. "Compramos nossa loja", relembrou um comerciante árabe, "de um cara de origem judeu-árabe". A filha de um comerciante judeu europeu contou que seu pai comprava a maioria dos artigos para a loja de varejo numa conhecida fábrica de tecidos chamada Paramount, de um árabe. E concluiu: "A relação entre árabes e judeus aqui [no Brasil] é realmente boa." Apesar dessa linguagem um tanto romantizada, os árabes e os judeus mantêm historicamente uma relação de mútua colaboração no atacado e no varejo do mercado têxtil, sobretudo no centro de São Paulo.

Essas relações socioeconômicas complementares entre árabes e judeus, que predominavam antes de 1948[2], se deviam em parte às origens médio-orientais em comum. A chamada convivência entre árabes e judeus também se devia parcialmente à maneira como a nação brasileira construiu a etnicidade de ambos os grupos. Jeffrey Lesser mostrou que o mercantilismo urbano "altamente visível" dos árabes e dos judeus levou as elites brasileiras a criar uma espécie de sobreposição entre ambos, vinculando-os e marginalizando-os, na primeira metade do século xx[3]. Submetidos à mesma experiência de marginalização, os árabes e os judeus desenvolveram relações mútuas no espaço limítrofe da economia brasileira do começo do século passado.

Mesmo hoje, os profissionais liberais árabe brasileiros reconhecem constantemente os laços de amizade com os colegas judeus. O engenheiro civil Wlademir conta: "Já tive clientes judeus, e se tornaram amigos meus." Cinco médicos também comentaram que tinham muitos colegas e clientes judeus. Mesmo o dentista João declarou: "Fui o padrinho num casamento judeu." E concluiu: "Somos o que eles [árabes e judeus na Síria] eram antes que os europeus chegassem". Essa convivência, porém, não passava necessariamente para a esfera privada. Como explicou o diretor de uma revista da comunidade: "Quem mora lá [no Oriente Médio] não acredita no que acontece aqui. Mas isso não quer dizer que o judeu que vai à loja do árabe convida o árabe para ir à sua casa. [...] Isso depende." Mas, quando as pessoas falavam da "convivência" entre árabes e judeus no Brasil, costumava-se deixar de lado essa ambivalência. Como disse Mário, de segunda geração, em termos um tanto idealistas: "Os árabes e os judeus se integraram muito aqui. [...] O Brasil consegue romper as estruturas de todos os sectarismos. [...] Os brasileiros e o Brasil conseguem transformar todos os rancores." Corroborada pelos círculos profissionais liberais, essa celebração do relacionamento entre árabes e judeus no Brasil reflete a ideologia da democracia racial. Foi essa idéia nacionalista que veio a contestar o anti-sionismo veiculado no turismo à terra dos ancestrais.

O marketing "público-alvo" na indústria turística neoliberal

As empresas aéreas, as operadoras de turismo e as pequenas agências de viagens particulares moldaram o consumo brasileiro das viagens internacionais. As grandes companhias aéreas tradicionalmente vendem suas passagens por intermédio de operadoras como Stella Barros, a antiga Soletur e Agaxtour. Estas, por sua vez, costumam montar pacotes com as passagens aéreas e a parte terrestre, com diárias de hotel e visitas durante o dia, que adquirem a preços reduzidos de outras companhias na cidade ou no país de destino. Fornecendo a parte aérea, as diárias no hotel e opções de turismo, esses "pacotes" ganharam uma grande penetração entre as classes ociosas no Brasil.

As companhias aéreas e as operadoras de turismo também cultivam laços personalistas com pequenas agências de viagem. Wilson, o gerente de relações comerciais da Alitalia em São Paulo, declarou que "existe um grande interesse [...] em ter um bom relacionamento com as agências". Quanto melhor o relacionamento, disse ele, mais passagens essas agências empurram para seus clientes. Da mesma forma, Oswaldo, funcionário da KLM holandesa, explicou que a empresa usa incentivos tendo como alvo os agentes de viagens que se especializam em diversas modalidades*. Mantendo à mão os cartões de agências de viagens de proprietários árabes, os gerentes das empresas aéreas me indicavam vários agentes especializados no Oriente Médio. Quando fui visitar um deles, Iskander, fiquei ali ao lado enquanto um representante da Soletur fazia suas propostas, apregoando os preços competitivos da operadora. "Além disso", acrescentou o representante, "podemos lhe oferecer viagens de graça para você e sua família". Meu colega declinou com grande cortesia e, depois que o vendedor saiu, comentou que os agentes de turismo e passagens aéreas freqüentemente recebem tais propostas.

---

* Quando eu estava com Oswaldo na sala de reuniões da filial da KLM em São Paulo, havia um quadro branco no canto da sala, onde estava escrito "Vendas e Marketing", com uma lista de diversos grupos-alvo e estratégias comerciais. Entre elas havia: "Real, Comercial, Incentivos, Alvos, Estudantes, Ethnic, Grupos". A palavra "*ethnic*" estava escrita em inglês, e não em português.

Esse tráfego de contatos profissionais não é casual. A agência de Iskander é uma das várias dezenas de agências de turismo cujo forte é o Oriente Médio. As empresas aéreas, explicou o gerente da Alitalia, procuram desenvolver relações com estes e outros tipos de agências. Ele disse que as companhias aéreas costumam distinguir entre agências "religiosas", "étnicas" e outras mais. Além de Wilson, outros gerentes de empresas aéreas explicaram que as agências de turismo especializadas no Oriente Médio são chamadas de "agências étnicas do Médio Oriente", assim como as especializadas na Itália são chamadas de "agências étnicas italianas". Quando perguntei se essas agências sabiam que eram chamadas dessa maneira, um deles respondeu que "todo mundo sabe. É o ganha-pão de cada uma delas". A etnicidade, a essa luz, foi embutida dentro das relações personalistas mais amplas entre os diversos segmentos da indústria do turismo em São Paulo e no Brasil.

Esses contatos pessoais começaram a mudar desde o começo dos anos 1990. Principalmente hoje em dia, os gerentes comerciais da Alitalia, Air France e KLM dispõem de acesso às bases de dados em suas matrizes européias. Nas filiais de São Paulo, fiquei impressionado com a facilidade com que os gerentes entravam na rede e acessavam as estatísticas sobre os vôos Brasil-Oriente Médio. Enquanto imprimia o total de passageiros nessa rota em diversas empresas aéreas*, um gerente frisou que a informação era de natureza confidencial. Em 1999, o relatório mostrou cerca de 19 mil passageiros saindo do Brasil para o Oriente Médio, mais da metade com destino a Beirute. Numa outra lista fornecida pelos funcionários da Alitalia, o valor total de todas as passagens aéreas do Brasil para o Oriente Médio subiu de 21 milhões de dólares em 1999 para 31 milhões de

---

* As quatro maiores companhias aéreas que faziam Brasil e Oriente Médio (exceto Israel) eram Varig, Air France, Alitalia e KLM (em 2001). Todas estavam plenamente a par do total de passageiros das concorrentes.

dólares em 2000. Ao mesmo tempo, o valor total de passagens aéreas vendidas no mundo inteiro foi de aproximadamente 1,35 bilhão de dólares. Assim, o segmento Brasil-Oriente Médio respondeu por 1,6% a 2% do valor total do mercado em 1999 e 2000. Diante dessa cifra irrisória, perguntei a um gerente por que as companhias aéreas tinham interesse num segmento com um percentual tão pequeno do mercado. "Interessa porque vende", foi a resposta franca e direta. Esse fluxo das estatísticas eletrônicas capta a sofisticação cada vez mais minuciosa da indústria de viagens no Brasil.

Sob esse aspecto, a Air France começou a usar recentemente "estratégias de marketing público-alvo (direto)". Em 2000, a matriz em Paris informou que a filial brasileira deveria destinar uma parte do orçamento à "propaganda étnica". Então os diretores da Air France no Rio de Janeiro "escolheram" três colônias como "alvo": árabes, alemães e judeus. Entraram em contato com uma afiliada do escritório internacional de comunicação que atende à empresa, Carrillo Pastore Euro RSCG. Com base em São Paulo, a Carrillo Pastore foi fundada em 1995 e, depois de dois anos, parcialmente adquirida pela Euro RSCG, no bojo da liberalização econômica. Ela lançou a campanha de publicidade étnica da Air France em São Paulo. Assim, os imperativos empresariais transnacionais, com suas estratégias traçadas em Paris, se ligaram à política étnica da indústria nacional de viagens no Brasil neoliberal.

Os publicitários da Carrillo Pastore contataram inicialmente a Associação de Mídias Étnicas (Amet), em São Paulo, criada pouco tempo antes. Formada por revistas e jornais árabes, alemães, judeus, coreanos e japoneses, a Amet foi fundada com o objetivo de "concorrer com veículos maiores" como a *Veja* e a *IstoÉ*. Segundo ela, o público leitor étnico somava "1 milhão de consumidores ativos e prontos para adquirir seus produtos"*. Todavia, a diversidade étnica da Amet

---

* A afirmativa está num anúncio da Amet em vários veículos de divulgação das empresas associadas.

era demais para a Air France. Então a Carrillo Pastore negociou individualmente com três revistas de cada colônia. A campanha publicitária dita "étnica" promoveu um "concurso" do melhor artigo sobre "A Viagem dos Seus Sonhos". Os inscritos concorriam a duas passagens aéreas, valendo até 3,5 mil reais, e as inscrições forneciam os dados para que a agência montasse uma base de dados dos perfis. A campanha foi veiculada de novembro de 2000 a março de 2001 em nove publicações das colônias de árabes, alemães e judeus.

A Carrillo Pastore criou um anúncio detalhado, de tipo modular, que se encaixava nas três publicações de cada etnia, apesar dos diversos destinos do público visado. A propaganda de página inteira mostrava um anúncio de estrada verde com bordas e letras brancas, tendo como fundo um céu azul e nuvens macias. No anúncio da estrada havia uma seta virada para baixo, apontando para "São Paulo" e "Rio de Janeiro", e uma seta virada para o céu, indicando as cidades no exterior que o leitor poderia visitar. Nas revistas da colônia árabe, entre as dez cidades em grandes letras brancas estavam Beirute, Amã, Cairo e Damasco*. Nas revistas alemãs, entre as doze cidades três eram Berlim, Frankfurt e Hamburgo. Nas revistas judaicas havia apenas Tel-Aviv e Paris**. Voando no céu azul, no alto do cartaz de estrada, aparecia um avião da Air France com os dizeres: "Air France: nunca os continentes estiveram tão próximos".

As regras do concurso apareciam na parte de baixo do anúncio. Pedia-se ao leitor que escrevesse um artigo de vinte linhas sobre "a viagem dos seus sonhos", dando nome e endereço, e marcasse um campo para receber informações sobre as promoções da Air France. Eduardo, um consultor da Carrillo Pastore, explicou que "a Air Fran-

---

* Na comunidade árabe brasileira, as três revistas escolhidas foram *Al-Urubat*, *Chams* e *Orient Express*.

** Conversando com o presidente da Amet, editor-chefe de uma conhecida revista da comunidade judaica, levantei a possibilidade de que muitos judeus brasileiros fossem oriundos de cidades e países árabes (sendo, implicitamente, judeus e árabes). Mas a editora da revista respondeu que os judeus brasileiros são judeus, não árabes, "e ponto final".

ce queria saber se funcionaria, se o leitor daria resposta estimulada". Para avaliar a penetração da campanha nas três colônias, o departamento de mídia da agência criou um procedimento para identificar as formas de inscrição, colocando discretamente uma bandeirinha e um número nelas. As revistas alemãs eram numeradas de 1 a 3, com uma bandeira alemã; as revistas árabes iam de 4 a 6, com uma bandeira da Arábia Saudita; as revistas judaicas iam de 7 a 9, com uma bandeira israelense. Dessa maneira, os publicitários mediam o índice de interesse dos leitores contando o número de inscrições feitas em cada revista e grupo étnico. "O retorno foi bom?", perguntei ao funcionário da Carrillo Pastore. "Foi, foi sim", disse ele. "Não tanto quanto a gente esperava, mas foi um bom retorno." Assim, o marketing direto reconheceu e reorganizou o lugar da etnicidade na nação brasileira*.

Essa campanha étnica gerou muita surpresa entre os representantes comerciais da Alitalia e da KLM. Wilson, o gerente da Alitalia, definiu a abordagem de marketing direto da Air France como uma "novidade". Ela decidiu "atacar agora", disse ele, porque tinha melhorado a tabela dos horários de conexão dos vôos na Europa (para os passageiros da América do Sul com destino ao Oriente Médio). Com uma certa ansiedade na voz, ele repetiu: "A Air France está atacando o mercado agora porque tem boas conexões." Em conclusão, ele disse que essa "abordagem direta" dos clientes difere da abordagem da Alitalia, que "tem feito marketing através das agências e [...] não está investindo em revistas e nunca usou publicidade direta"**. À diferença das estratégias comerciais "tradicionais", que

---

* De fato, a inscrição que ganhou a "Viagem dos seus sonhos" da Air France foi pela revista *Chams*.

** Depois de perguntar se podia ficar com a revista que trazia o anúncio da Air France, Wilson disse que a Alitalia costumava ser a "dona do pedaço" no segmento Brasil-Oriente Médio no setor aéreo. "Você pode ter certeza", concluiu Wilson, "de que alguém em Roma deu uma olhada nos números e decidiu que havia conexões mais lucrativas" do que os vôos entre a América do Sul e o Oriente Médio.

incluem as relações pessoais entre as empresas aéreas e as agências de turismo, esse "marketing étnico direto" sugere que a etnicidade obteve reconhecimento como segmento do mercado brasileiro para os interesses nacionais e transnacionais.

A campanha da Air France coincidiu com outras estratégias publicitárias de menor escala. As agências de viagens especializadas no Oriente Médio também começaram a anunciar em quatro principais revistas da comunidade árabe brasileira: *Chams*, *Orient Express*, *Carta do Líbano* e *al-Urubat*. Com maior modéstia estética, esses anúncios davam o nome e o endereço da agência, e ofereciam pacotes ou passagens a preços especiais (não só para o Oriente Médio, mas também para o Brasil e outros destinos no exterior). A agência Libantur, por exemplo, fez um anúncio de página inteira nos primeiros números de 2001 na revista *Chams*. Anunciando "pacotes imperdíveis" para o Líbano, a Síria ou a Jordânia, a propaganda dizia: "Libantur preparou pacotes de viagem ideais para você e sua família visitarem o melhor do Oriente Médio e aproveitar suas maravilhas." Comentando esse anúncio, o editor-chefe da *Chams* brincou: "Tenho certeza que dá um bom retorno para uma agência de viagens." Numa entrevista anterior, ele tinha notado que "as companhias aéreas estão satisfeitas" com a quantidade de sírio-libaneses que "enchem os vôos". Com a ajuda das revistas das colônias, as companhias aéreas e as agências de turismo fortaleceram a ligação emocional entre os árabe brasileiros e suas terras de origem no Oriente Médio.

O marketing direto e o desejo diaspórico dos poderes estatais e empresariais árabes

As companhias aéreas e as agências de viagens não são as únicas a ter como alvo os árabe brasileiros. Os estados da Síria e do Líbano e grupos financeiros desses países também empreenderam iniciativas semelhantes. O governo sírio copatrocinou sete excursões chamadas "Encontro com as Raízes", desde o começo da década de 1990. Reunindo 36 jovens ou adultos de origem médio-oriental, o programa turístico, embora intermitente, tornou-se uma oportunidade de lazer familiar para os brasileiros nas férias de julho. Os outros patrocinadores das excursões são duas associações sírio brasileiras, a Fearab e o Club Homs, e consta que os ministérios garantiram um bom preço nas diárias dos hotéis e nos pacotes turísticos na Síria*. "Em Damasco", informou um artigo em *Homs*, a revista do Club Homs, "os brasileiros foram recebidos pelo Ministro da Emigração, Abdallah al-Ahmar, num encontro especial e dois outros jantares em Damasco e Saidnaya"**. Esse foco nos turistas de origem síria fazia parte do interesse do Estado sírio em promover o "turismo cultural". O ministro do turismo manifestou explicitamente seu desejo de atrair visitantes "expatriados" dos Estados Unidos e do Brasil, "que se sentem à vontade viajando até a Síria"***.

O Estado libanês patrocinou excursões mais sistemáticas para jovens de segunda, terceira e quarta geração, os chamados "acampamentos dos jovens emigrantes". Lançado em 1996, o programa anual reúne jovens libaneses "emigrantes" da África, Ásia e Américas, inclusive "brasileiros" (a maior delegação em 2001). Durante três

---

* Fearab significa Federação de Entidades Árabes nas Américas. A organização foi criada na Argentina em 1973, basicamente por brasileiros e argentinos de origens árabes, mas ela mantém laços importantes com a República Árabe da Síria. Hoje, a federação possui entidades nacionais na América Latina e na América do Norte, além do Caribe. Segundo González (González, 1992), o contingente hondurenho foi qualificado de "fanático", injúria perpetrada por gente de fora, porém na colônia paulistana a Fearab é uma força bastante respeitada (cf. Hajjar, 1985).
** "Viagem ao passado: Jovens sócios do Club Homs conhecem a terra de seus ancestrais e convivem com uma cultura milenar", *Homs*, n. 3, 1997. Os excursionistas disseram que foram tratados como "diplomatas" pelos funcionários sírios. As excursões à Síria também significam dólares para a economia. O artigo da revista comentou que os passageiros embarcaram com 54 malas e voltaram com 147.
*** "Tourism: Wide ranging opportunities for investment", *World Links*, jul.-ago. 2002.

semanas no mês de julho, o departamento dos assuntos dos emigrados, do Ministério libanês de relações exteriores, acompanha os jovens a locais turísticos e encontros semi-oficiais com líderes políticos. Promovendo esses acampamentos, as autoridades do governo esperavam semear nos "jovens emigrantes" a vontade de repetir as férias no Líbano. Quando terminou o acampamento de 2001, por exemplo, um funcionário do ministério comentou: "Queremos que eles voltem ao Líbano", ressalvando que os participantes não voltariam para sempre, mas se sentiriam com vontade de fazer visitas periódicas. Reproduzindo o comentário de Hassan, mencionado acima, os líbano brasileiros iriam ao Líbano "não pra viver, pra ver".

Além disso, o governo libanês se empenhou em recrutar turistas emigrantes para melhorar a imagem do Líbano no mundo. Mostrando as antigas "maravilhas" e "belezas" naturais do Líbano aos jovens descendentes no exterior, os funcionários do governo contavam com a colaboração dos turistas para divulgar o "lado bom" do Líbano. Na cerimônia de abertura do acampamento de 2001, por exemplo, as autoridades oficiais acenaram suas intenções: "Confiamos em vocês e contamos com vocês para ser embaixadores do Líbano no país que os acolhe." Um guia turístico oficial nos explicou depois que "o governo libanês quer que vocês divulguem a cultura e o turismo libanês [...] em seus países de emigração". Os jovens turistas eram incentivados a fazer apresentações sobre o Líbano nas respectivas nações em que foram criados. Capitalizando o fluxo de turistas emigrantes, a propaganda foi útil para as empresas aéreas e também para os governos dos estados.

Esse acampamento anual de jovens emigrantes também atende aos objetivos declarados do departamento libanês dos assuntos de emigração*. Na opinião de Ahmed Assi, diretor de relações públicas

---

* O Ministério da Emigração do governo libanês foi criado pelo decreto n. 4859 em 1993. Em 2000, foi incorporado como departamento pelo Ministério das Relações Exteriores.

do departamento, essa iniciativa busca fortalecer os laços entre os emigrantes e a terra dos ancestrais, e as relações entre os emigrantes e os países de acolhida, promovendo "o melhor relacionamento entre os emigrantes no exterior e seus países de emigração". Ao patrocinar excursões turísticas, o Estado libanês procurou converter os participantes em "embaixadores" que se orgulham de ser libaneses "hifenados", identificando-se ao mesmo tempo com a "terra dos ancestrais" e o "país da emigração". A agenda oficial libanesa, sob esse aspecto internacional, não pede nem exige uma lealdade exclusiva dos emigrantes. Ela reforça a identificação dos emigrantes com suas origens libanesas, mas também fortalece sua identificação com os países onde foram criados. Como ponderou Akhil Gupta: "O nacionalismo pode precisar do transnacionalismo para se proteger."[4]

As empresas de turismo do Líbano também implementaram programas semelhantes. Jacques, funcionário de uma grande agência de viagens em Beirute, explicou que, se os descendentes de libaneses souberem o nome do povoado a que pertenciam seus pais, avós ou bisavós, a agência pode preparar uma excursão específica até o local. Os descendentes de libaneses "vêm visitar as aldeias de seus ancestrais e querem fazer árvores genealógicas", acrescentou Jacques. Um guia turístico poliglota também declarou que os "descendentes de libaneses" que o contratam geralmente pedem uma visita de um ou dois dias aos vilarejos de seus antepassados. Esclarecendo que a maioria dos turistas da América Latina são descendentes de libaneses, o guia concluiu que os "turistas de origem libanesa" é que lhe dão o sustento e a oportunidade única de mostrar a terra natal para os criados longe dali. Esse interesse do emigrante pela terra dos ancestrais não escapou a Boushra Haffar, diretora de relações públicas do Ministério do Turismo libanês:

> Penso que o Líbano deveria fazer um trabalho em cima dos descendentes. Existem grandes comunidades espalhadas

em todo o mundo. Elas sabem o que é o Líbano pelos avós, bisavós, que são do Líbano. Esses libaneses podem ser atraídos com muito mais facilidade porque já sabem alguma coisa sobre o Líbano.

Essa percepção da importância potencial dos descendentes de libaneses para a indústria turística diaspórica caminha ao lado do reconhecimento explícito dos descendentes de libaneses no Brasil (e na Argentina). Boushra prosseguiu:

> Eu disse ao Ministério que precisamos fazer uma campanha para os descendentes de libaneses no Brasil e na Argentina. O Brasil abriga a primeira maior comunidade libanesa, e a Argentina, a segunda. Tenho certeza que eles ficariam felizes de vir ao Líbano [...] porque ouviram os pais e avós falarem da terra de origem, eles que guardam imagens bonitas do Líbano, que sempre falam de suas vilas e do torrão natal. E assim os filhos e netos têm essas imagens bonitas, esse mito do Líbano na cabeça. E quando chegarem aqui, verão o Líbano de que sempre ouviram falar.

Os poderes públicos e empresariais se interessam em atender ao desejo do emigrante de conhecer o povoado de onde veio sua família. E têm razão. Como dissemos antes, os líbano brasileiros expressam sua motivação pessoal de uma maneira que confirma essas expectativas do turismo à terra dos ancestrais.

No final dos anos 1990, o governo libanês e alguns grupos empresariais se juntaram para transformar essa idéia em realidade. Um executivo, a quem chamarei de Amir, reuniu investidores interessados nos programas turísticos libaneses para emigrantes no escritório da Emigrado Co. "A idéia", começou ele, "é que existem libaneses de segunda e terceira geração em todo o mundo, cuja última ligação com o Líbano se dá através dos pais e avós". Os alvos seriam três "grupos" diferentes: "jovens", "jogadores" e "brasileiros de classe alta". Amir explicou que a idéia das "viagens jovens" surgiu a partir dos questionários preenchidos pelos participantes do "acampamento de jovens emigrantes", promovido pelo governo libanês. O projeto de Amir, com financiamento privado, consistia em colocar os jovens emigrantes em contato com universitários libaneses, para atividades turísticas e para conhecer a vida noturna da cidade. Relacionando-se com estudantes no Líbano, ponderou o executivo, os descendentes teriam mais vontade de voltar:

> A idéia era trazê-los para conhecer pessoas, não só para fazer turismo. Estávamos providenciando que eles [os jovens emigrantes] conhecessem trezentos universitários libaneses. É assim que as pessoas se ligam a um país: não a pedras e ruínas, mas a pessoas.

A idéia dessas "viagens jovens" era ligar os turistas adolescentes aos próprios moradores locais e, nesse meio-tempo, fortalecer o turismo no país.

O Brasil era um dos principais países em vista. O Brasil "tem a maior reserva de descendentes libaneses", explicou Amir. "Não há outro país no mundo que tenha tantos." Mas os libaneses do Brasil são "negligenciados", continuou ele, por causa da "língua diferente" e da "distância. [...] Então é um mercado virgem". Assim, sua empresa Emigrado Co. lançou uma campanha publicitária ambiciosa. Primeiro, imprimiu folhetos coloridos em português, com o selo oficial do Ministério do Turismo libanês. "Era para ganhar legitimidade", explicou Amir. Esses impressos, com vinte páginas, foram distribuídos entre associações libanesas e escritórios consulares no Brasil. Com o nome "Líbano 2000: Viagens Jovens", a publicação apresenta as maravilhas naturais e culturais do Líbano em palavras e imagens:

as ruínas majestosas de Baalbeck, a Gruta de Jeita esculpida pela água, os castelos dos cruzados em Sídon, Tiro e Biblos, além da vida noturna "agitada" em Beirute reconstruída. E conclui: "Cremos [...] que [...] esta visita ao Líbano será a base de um laço duradouro que irá florescer e transformar o país [...] de um sonho distante numa realidade plena de vida". Ao apresentar o turismo libanês, os poderes públicos e empresariais do Líbano fizeram o marketing da terra dos ancestrais para os brasileiros descendentes de libaneses.

Além disso, a Emigrado Co. contatou duas famosas colunistas líbano brasileiras, Vera Simão e Alice Carta, que aparentemente concordaram em publicar algumas colunas sobre a programação das "viagens jovens". Ela iria acompanhada de uma carta oficial do Ministério do Turismo libanês, que lhe daria "mais legitimidade". Enquanto isso, a Emigrado Co. contatou a operadora de turismo Agaxtour para colaborar no fornecimento das passagens aéreas. Segundo Amir, uma representante da Agaxtour foi convidada para uma viagem com todas as despesas pagas, para provar como seria o programa no Líbano. "A idéia é fantástica", continuava repetindo. De fato, toda uma panóplia transnacional de interesses estatais e empresariais – incluindo funcionários públicos, grupos financeiros, colunistas e operadoras de turismo no Brasil – tinha combinado esforços para entrar no "mercado virgem" dos turistas líbano brasileiros.

No entanto, quando essa campanha tomou forma no começo de 1999, aviões israelenses bombardearam um gerador elétrico perto de Beirute (supostamente em retaliação aos ataques do Hisbolá no norte de Israel). Poucos dias depois, lembra Amir, a representante da Agaxtour cancelou a viagem de cortesia. Com os efeitos dessa imagem do Líbano dilacerado pela guerra, o executivo comentou sensatamente que suspendeu o projeto. Como o Líbano é bombardeado por Israel pelo menos uma vez por ano, ele foi obrigado a arquivar a idéia das "viagens jovens" por tempo indeterminado. "Essas circunstâncias dificultam", concluiu Amir. Uma funcionária de outra agência de turismo ponderou: "Todo verão acontece alguma coisa durante a temporada. Israel bombardeia o Líbano, e se cria uma publicidade ruim na mídia ocidental, principalmente a americana." E acrescentou: "Não podemos ter turismo de verdade no Líbano enquanto não tivermos paz no Oriente Médio." Naturalmente, essa turbulência da agressão israelense prejudicou a indústria turística no Líbano. Mas, como veremos, os próprios locais dos ataques israelenses se transformaram em pontos turísticos.

O turismo da turbulência no Oriente Médio

Os árabe brasileiros costumam falar dos locais ou de experiências de violência durante as viagens turísticas à Síria e ao Líbano*. No pacote "Encontro com as Raízes", promovido pelo governo sírio, os brasileiros foram levados à "cidade fantasma" de Quneitra, destruída durante a retirada israelense após a guerra de 1973 e "preservada" como testemunho da agressão sionista. Os guias oficiais mostraram aos turistas as ruínas das casas bombardeadas, com os telhados no chão, um hospital que era "como um esqueleto" depois que as tropas israelenses o usaram para treinar bombardeios, e outras construções arrasadas pelas forças israelenses. Como parte do passeio, os visitantes foram levados a uma casinha, onde havia uma pequena réplica das centenas de ruas e casas da cidade antes da destruição israelense**. Notando o intenso conteúdo político do passeio, João,

---

* Alguns árabe brasileiros também foram à Palestina e a Israel. Um palestino armênio de segunda geração, chamado Sahak, explicou que foi a Jerusalém em 1997, para visitar os parentes maternos. Ele lembrou sua surpresa quando a tia o avisou que não podiam falar árabe quando estavam nas ruas cheias da cidade. "Na cidade velha, podemos falar árabe", explicou ele, "mas nos ônibus, nas ruas de Jerusalém, de jeito nenhum. Minha tia disse que os judeus não gostam nem de ouvir falarem árabe", Sahak repetiu. E concluiu: "[os israelenses] estão pisando neles [nos palestinos]".

** Consta que os turistas viram o território rico em água logo ao sul de Quneitra, ocupado por Israel em 1973. Ao ver as pastagens abundantes, um deles comentou que Israel nunca vai devolver a terra, por causa da fertilidade.

um dos participantes, comentou sarcástico: "Eles [os funcionários sírios] queriam nos mostrar o que os judeus fizeram."

Os turistas que visitaram Quneitra depois, em sua maioria, discorreram longamente sobre os horrores da destruição. Num jantar organizado em São Paulo para os participantes do "Encontro com as Raízes" dos últimos cinco anos, um orador se delongou sobre esse "gesto violento de ódio". Os sentados à minha mesa anuíram com a cabeça. Mesmo um próspero empresário comentou comigo que não viu "nada de pé" na vila outrora populosa, finalizando com uma comparação: "É como se, de um dia para outro, todos os edifícios da avenida Paulista fossem destruídos." Ismail, um outro participante, depois me disse: "Fomos lá [...] nesse lugar, uma coisa do outro mundo. Mostra como foi a guerra, aquela guerra que tiveram. Até tenho um livro que trouxe de lá. Tenho o livro de lá." Mesmo nesse local de carnificina, havia a possibilidade de comprar livros de história e outras lembranças. Isso era turismo: o turismo da turbulência.

Os turistas também foram levados à aldeia de Qana, no sul do Líbano. Em 1996, quando Israel iniciou um ataque de artilharia no sul do Líbano que se prolongou por dezesseis dias, Qana ficou no fogo cruzado. Numa operação chamada "Vinhas da Ira", as tropas israelenses alegaram que o alvo eram as bases do Hisbolá, mas que foram despejadas bombas "por engano" num abrigo da ONU na aldeia de Qana, matando mais de cem civis inocentes e alguns membros da ONU em missão de paz. Para "rememorar" o ataque brutal, o governo libanês converteu o abrigo bombardeado das Nações Unidas num memorial. O Memorial de Qana agora é uma atração turística para grupos e indivíduos, e é indicado como local de visita interessante no "Sul Libertado" tanto pelas agências locais quanto pelo próprio guia *Lonely planet*[5]. O memorial também foi um dos pontos visitados pelos jovens que participaram do acampamento de 2001.

Nossos ônibus de turismo rangeram os freios e pararam. Divisei de minha janela um edifício bombardeado com as letras UN em sua estrutura vacilante. Como outras partes da base das Nações Unidas, ele permaneceu ali como testemunho da violência israelense. Junto a ele havia dois tanques verde-escuros. Quando os sessenta participantes da delegação brasileira no acampamento dos jovens emigrantes saíram dos ônibus, vários rapazes subiram nos tanques e pediram aos amigos que tirassem fotos. O grupo continuou festeiro mesmo dentro do memorial, apesar das placas com os dizeres: "O Novo Holocausto: Hospital das Nações Unidas, 18 de abril de 1996". Ninguém deu atenção às seis ou sete tumbas de mármore com oito metros de comprimento, onde estavam os restos das 106 pessoas mortas durante o ataque israelense. Perdendo a paciência com a rapaziada, um guia gritou, dizendo que tivessem respeito. E vociferou: "Este é o local do holocausto do século xx." Continuando com voz intensa, mas controlada, ele declarou: "Foi aqui que os israelenses massacraram 106 libaneses. [...] O criminoso número 1 para os libaneses são os israelenses que aqui mataram 106 civis desarmados em 1996." Na verdade, era o turismo de um bombardeio israelense que derramou sangue libanês.

Todos se compenetraram com o solilóquio. Os jovens começaram a percorrer os espaços entre as tumbas. Logo fomos levados a outros espaços do memorial, ainda em fase de construção. Numa sala ao lado havia duas paredes forradas de retratos tirados logo após o bombardeio. Emudecemos chocados com as imagens de corpos despedaçados e de mulheres agarrando as entranhas espalhadas dos filhos. Um de meus amigos brasileiros apontou uma foto de um bebê com a cabeça arrancada. O grupo de turistas estarrecidos foi se arrastando até o fundo do conjunto destruído, onde havia os restos de uma igreja cercados por vidraças. Ficamos olhando. O guia oficial disse: "É nossa resistência." O Memorial Qana – com suas tumbas brancas, as fotos sangrentas e os restos de cimento quebrado – colocou os jovens emigrantes diante de uma guerra que não viveram nem poderiam viver por experiência própria. Mas, como outros grupos turísticos que visitaram o conjunto destruído das Nações Unidas, nosso pessoal foi rapidamente reconduzido aos ônibus e seguimos para o próximo ponto turístico: os entalhes cristãos nas pedras que indicam que a atual Qana pode ter sido a Canaã da Bíblia. Nesse sentido fragmentado, o conjunto destruído da onu era apenas um dos vários locais turísticos visitados naquele dia de excursão no sul do Líbano.

O acampamento dos jovens emigrantes, incluindo sessenta participantes da delegação brasileira, visitou um outro local de turbulência, a prisão de Al-Khiam perto da fronteira com Israel. Historicamente, foi ali que Israel e seu aliado militar, o Exército Sul-Libanês (esl), torturaram os combatentes da resistência libanesa e os suspeitos de cumplicidade. Mas, após a retirada das forças israelenses em abril de 2000, a prisão foi transformada num "museu improvisado e memorial para suas vítimas"[6]. Hoje administrada pelo partido político Hisbolá, a prisão-museu recebe ônibus e mais ônibus lotados de turistas sôfregos para consumir os crimes de Israel no sul do Líbano. Como diz o guia *Lonely planet* para o Líbano, "as condições pavorosas [da prisão de Al-Khiam] dão à visita um motivo de reflexão"[7]. Como outros grupos turísticos, os jovens do acampamento de 2001 foram levados a esse espaço de violência que suscita "reflexão".

Aproximamo-nos de uma grande bandeira amarela e vermelha que dizia "*Al-Khiam Camp*" [Acampamento de Al-Khiam]. Foi o primeiro de vários anúncios em inglês e árabe. Quando entramos no complexo penitenciário, uma placa à direita dizia "*Men's Bathroom*" [Banheiro Masculino] e uma placa à esquerda dizia "*Room for Investigation and Torture by Electricity*" [Sala de Interrogatório e Tortura com Eletricidade]. Passando pelas celas dos detentos, alguns jovens se ajoelharam e entraram nos cubículos. "Brincaram de prisioneiros" por um dia. Espoucaram flashes e ficou um ar de festa. Essa diversão de turista, porém, logo se transformou em silêncio quando alguns homens barbudos, ex-prisioneiros, começaram a falar sobre sua experiência em Al-Khiam. De pé numa área ao ar livre da penitenciária, os brasileiros se esforçavam em ouvir o guia traduzindo as histórias dos ex-prisioneiros do árabe para o português. "Eles [os israelenses] davam choques elétricos em nosso rosto, em nosso corpo", começou um deles. "Sofremos muito. Eles nos espancavam até não conseguirmos mais andar. Jogavam água em nós e depois nos chicoteavam." Um outro ex-prisioneiro nos tranqüilizou: "Esta prisão é conhecida no mundo inteiro, e agora vocês conhecem." Se os turistas emigrantes foram ao Líbano "para conhecer suas origens", certamente saíram conhecendo também os crimes do sionismo*.

Terminando a visita, voltamos aos ônibus. Mas, no caminho, muitos pararam para olhar e tirar fotos de um grande mural numa das paredes do acampamento. À esquerda, uma pomba saía voando de uma cela com as grades rompidas. À direita, uma Estrela de Davi mostrava rachaduras visíveis. Os jovens emigrantes que só falavam português, inglês e espanhol talvez não entendessem os dizeres em árabe, mas a mensagem visual era clara: os libaneses resistiram e se libertaram do sionismo. Ficamos ali, com um sentimento de respeito e ambivalência.

Terminada a excursão dos jovens emigrantes, algumas semanas depois encontrei os funcionários que haviam supervisionado o progra-

---

* Depois de ouvir mais de uma hora de casos de tortura pavorosos na prisão, os jovens foram reconduzidos aos ônibus. Talvez inadvertidamente, muitos de nós acabaram passando por algumas banquinhas vendendo "souvenirs". Havia um grande cartaz amarelo e verde, dizendo: "Local onde se Aceitam Doações para a Resistência Islâmica". Entre as lembranças à venda, havia bandeiras do Hisbolá em três tamanhos, bonés de beisebol do Hisbolá, cartões postais com Hassan Nasrallah, o líder do Hisbolá, vídeos de bombardeios e do retorno das famílias desalojadas após a libertação, chaveiros com a insígnia do Hisbolá, livros para colorir contando as lutas do Líbano e do Hisbolá, e mais dezenas de outros artigos. Como qualquer outro ponto turístico, esse passeio também tinha seus próprios souvenirs. Cabe notar, porém, que nosso guia nos alertou que devíamos esconder esses símbolos do Hisbolá quando encontrássemos oficialmente os funcionários do governo libanês.

ma no departamento ministerial da emigração do Líbano. O diretor e o assistente de relações públicas tinham clara consciência dessas experiências intensas nos pontos turísticos da agressão israelense. Ambos concordavam que, no acampamento dos jovens emigrantes:

> Nosso objetivo não é apenas turístico. É apresentar os jovens à nação deles, e assim o acampamento tem uma dimensão nacional. O Líbano sofreu muito com Israel. Foi atacado. Seus cidadãos foram mortos. Como o Líbano sofreu muito com Israel, naturalmente incluímos esses símbolos nacionais. Aprende-se muito visitando Khiam e Qana, símbolos nacionais. [...] Ao montar o acampamento, queríamos que a terceira e a quarta gerações soubessem como o Líbano sofreu, como ele sangra [...] e conhecessem as ações de Israel no Líbano.

Ao organizar o acampamento dos jovens emigrantes, as autoridades do governo libanês procuraram aprofundar a identificação dos emigrantes com a nação de origem. Mas essa identificação trazia "o bom, o mau e o sofrimento do Líbano". E "para saber" como o Líbano sofreu, os turistas foram levados aos locais de agressão israelense.

Todavia, esse turismo da turbulência também foi vivido por viajantes árabe brasileiros no dia-a-dia, sobretudo com as barreiras militares presentes por toda parte. Márcia, de segunda geração, mencionada no começo do capítulo, foi com o tio ao Líbano quando a guerra civil estava terminando, no final dos anos 1980. Durante a estadia, ela era obrigada a passar pelas barreiras de diversas forças militares. "Eles mandavam parar e [...] diziam para você abrir as malas, para ver o que você tinha. E aí você dirigia mais um pouco. Tinha outra [barreira]. E aí você tinha de parar de novo, mostrar o passaporte e tal. Assustava um pouco." Márcia também explicou que tinha ficado na casa de parentes no norte do Líbano e pretendia visitar a família do marido no sul. Mas nem os parentes nem os taxistas puderam levá-la até lá. Havia barreiras demais, com demasiados exércitos em guerra, incluindo as forças militares sírias, libanesas e israelenses. "Acabei não indo", disse ela. Visitar a terra dos ancestrais significava viver sua turbulência de outrora.

Said também conta que, quando visitou o Líbano nos meados dos anos 1990, a aldeia de seu pai no sul ainda estava sob ocupação israelense. Lembrava claramente "a quantidade de restrições que você tinha devido ao sistema que havia lá", inclusive barreiras militares da Síria e do exército representante e aliado de Israel, o ESL. Quando seguia para o sul, Said comentou que "vi combates com helicópteros israelenses". Ele queria tirar fotos (e tirou), mas os parentes insistiram em se apressar. Intrigado, perguntei a Said se ele tinha ficado "com raiva" em ver tais coisas. Ele respondeu: "Fiquei, claro. Ninguém gosta desse tipo de coisa, mas faz parte do contexto."* O conflito armado, desse ponto de vista, fazia parte do turismo efetivo da turbulência vivida por Said e outros no Líbano. De improviso ou encenada, essa turbulência teria um impacto nos árabe brasileiros de volta a São Paulo.

Heterogeneidade e ambivalência numa identidade árabe brasileira intensificada

Depois de testemunhar o anti-sionismo na Síria e no Líbano, os turistas de volta ao Brasil se mostravam muito abertos para falar sobre os assuntos médio-orientais. Alguns criticaram o conteúdo po-

---

* Dilacerada pela guerra, Beirute também o impressionou: "Uma coisa que me marcou muito foi esse contraste entre coisas realmente bonitas e, ao mesmo tempo, coisas realmente feias bem do lado. Prédios destruídos pelas bombas. Essa parte é mesmo muito triste." A reconstrução do Líbano pós-guerra também prendeu a atenção de Abdo, de segunda geração, em sua terceira viagem. Ele comentou: "Fui depois da guerra em 96, quando Beirute ainda tinha as marcas da destruição, e [...] fui em 2000. Fiquei realmente animado porque estão restaurando Beirute, está se tornando uma bela cidade, mas fiquei realmente preocupado com a pobreza do país. É um país sem muito [pausa], muito futuro na questão de empregos e da economia."

lítico explícito das entidades oficiais e turísticas árabes, mas se solidarizaram*. Refletindo sobre sua experiência na "cidade fantasma" de Quneitra, por exemplo, João disse que "podia aceitar tudo aquilo de 'judeus sem-vergonha', 'judeus nazistas' [que diziam alguns sírios e os libaneses]", mas o que mais o incomodou foi que as autoridades sírias "podiam ter reconstruído a cidade [Quneitra], mas resolveram deixar como estava para mostrar ao mundo". Preocupado com a agenda anti-sionista da Síria junto aos turistas emigrantes, ele considerou que "ninguém quer paz. A paz não interessa a ninguém lá. Nem aos árabes, nem aos judeus". Filiado ao Partido dos Trabalhadores no Brasil, João comentou que tentou conversar com os parentes: "Perguntei à minha prima no Líbano: 'Por que tanto ódio?'. E ela respondeu: 'Quinze anos de bombardeios mudam a mentalidade de um povo'. Nunca esqueci o que ela me disse." Todavia, João criticava o fervor nacionalista "despertado pelo governo sírio" e disse que preferia se identificar com um espírito mais cosmopolita: "Não me considero mais árabe, brasileiro, branco, preto ou *asmar***. Sou um cidadão do mundo." Eram as "viagens" que lhe davam essa perspectiva, concluiu.

No entanto, Nadia, participante da mesma excursão, expressou um outro ponto de vista sobre a visita guiada a Quneitra. Ela

---

* Ao conhecer os locais da agressão israelense na Síria e no Líbano, os árabe brasileiros comentaram a ironia de ver a quase inexistência da criminalidade de rua, que constitui um aspecto constante de suas vidas de classe média e alta em São Paulo. Said refletiu: "Eu me senti mais seguro do que aqui porque não havia roubos, assaltos. Você podia deixar o carro aberto. Aqui eu paro e tranco o carro. Eles arrombam e roubam o painel. Aqui você sai com um carro melhor, não pode parar num farol sem olhar para todos os lados. Então, nesse ponto, aqui é muito mais violento do que lá. [...] A guerra diária que você tem aqui é realmente muito mais violenta do que a de lá." Outros manifestaram surpresa com os comerciantes de ouro no *suk* (mercado aberto em árabe) na Síria, que deixavam as lojas abertas. "Tanto na Síria quanto no Líbano", afirmou Vanessa, "as ruas eram tranqüilas e seguras."

** Curiosamente, João usou o termo árabe de diferenciação, *asmar*, em vez do equivalente em português, "moreno".

ponderou que os turistas em Israel freqüentemente são incentivados a visitar museus e pontos turísticos dedicados ao Holocausto. Se os israelenses mantêm suas memórias vivas, perguntou Nadia retoricamente, "por que os árabes não podem preservar a memória de que foram vítimas do sionismo na área de Quneitra?". Além dessas opiniões contrárias, outros demonstraram uma posição aparentemente neutra ou ambivalente. Tendo também participado da mesma excursão, Vanessa refletiu:

> É claro que eles [os funcionários do governo árabe] puxam para o lado árabe. Mas, por mim, achei que foi um passeio, um passeio legal. Todo mundo gostou. Vimos coisas novas, costumes diferentes, comidas interessantes. Você sabe, a gente fica indignada, mas a viagem foi uma viagem legal numa terra ligada a meus avós.

Percebendo o lado político do turismo, Vanessa enfatizou que sua viagem foi apenas isso: uma viagem. Ambivalente em relação ao anti-sionismo, falou da "terra ligada aos avós".

A experiência turística do anti-sionismo também levou muitos participantes a refletir sobre as relações entre árabes e judeus no Brasil. Após a visita ao complexo da ONU destruído em Qana, alguns jovens da delegação brasileira começaram a conversar no ônibus sobre suas relações com os judeus. Uma garota contou a história sobre um atrito entre uma amiga árabe, em São Paulo, e uma colega de classe judia. A amiga tinha dito: "Não gosto de *yahud*" (judeus, em árabe coloquial), e a colega judia perguntou como alguém era capaz de dizer uma coisa tão racista. Surpresa que a garota judia entendesse o termo árabe para "judeus", a amiga respondeu: "É porque vocês querem acabar com nossa raça [árabe]." Tendo acabado de ver os restos físicos de um ataque israelense contra civis libaneses, ninguém discutiu a questão. Embora tenha aflorado momentaneamente um sentimento anti-sionista e anti-semita, logo se desvaneceu quando a delegação chegou a Qana, o lugar onde supostamente Jesus teria transformado água em vinho.

De volta a São Paulo, os jovens turistas se puseram a pensar na experiência da excursão patrocinada pelo governo libanês. Sandro, um colegial de segunda geração, disse que as visitas a Al-Khiam e Qana, no sul do Líbano, tinham sido suas favoritas. "Fiquei feliz de saber que o rato não teve medo do gato, porque [...] a pessoa pode dizer: 'Sou libanês. Não tenho medo dos países que são considerados superiores a nós.'" Aqueles locais, continuou Sandro, faziam parte da vontade do governo libanês "de mostrar aos descendentes árabes que eles estavam como de olhos vendados, que eram a maioria, e que não estavam realmente por dentro da situação para entender o que estava se passando". Quando perguntei se agora ele estava diferente, depois de voltar ao Brasil, Sandro respondeu: "Com certeza. Sou libanês, e os libaneses não se curvam diante de ninguém. Não sou inferior a ninguém. [...] Sou libanês." Vindo a "conhecer" a situação no Líbano, esse jovem desenvolveu uma consciência oposicionista.

Mas muitos outros questionaram as visitas a Al-Khiam e Qana. Depois de nos mostrarem as fotos de mulheres e crianças decapitadas no memorial de Qana, um rapaz árabe brasileiro comentou baixinho comigo: "Isso é uma lavagem cerebral." Outros repetiram o mesmo comentário durante a visita, quando vários jovens começaram a refletir sobre as intenções dos funcionários do governo ao levá-los a visitar a prisão no sul do Líbano. Um secundarista comentou: "Eles querem que a gente fique bravo com Israel." Vários excursionistas declararam o mesmo sentimento durante e depois da viagem. Melissa, por exemplo, quando viu o mural com a Estrela de Davi rachada na parede do acampamento militar, disse que os organizadores da excursão queriam que os jovens ficassem "bravos com Israel. [...] mas não adianta. Não existe esse preconceito no Brasil". Isabela, estudante do segundo grau, de volta ao Brasil, deu a seguinte opinião:

Achei os tours políticos meio revoltantes porque, na minha opinião, eles pretendiam criar em nós ódio em relação aos israelenses. Mas, no Brasil, nossa cultura não permite esse tipo de racismo devido à nossa miscigenação. Eles [os funcionários do governo libanês] podem nos mostrar os efeitos da guerra, mas não nos fazer odiar um país ou uma cultura.

Questionando os motivos dos funcionários do governo e do turismo politizado, Isabela e Melissa fizeram suas críticas na linguagem nacionalista brasileira da mistura e da democracia racial. Ambas disseram que as relações entre árabes e judeus no Brasil, com sua alegada tolerância racial, não eram permeadas pelo "preconceito" e pelo "racismo" que dividiam os dois grupos no Oriente Médio. Assim, os preceitos nacionalistas potencialmente contrariam a própria lógica da exclusão derivada deles.

Embora muitos jovens árabe brasileiros tenham rejeitado o anti-sionismo desse turismo à terra dos ancestrais, o acampamento dos jovens emigrantes conservou um significado positivo em outros aspectos aparentemente pessoais, mas igualmente intensos. Isabela, por exemplo, continuou a refletir como a excursão afetaria seu estilo de vida no Brasil. E explicou:

Na viagem, conheci a cidade onde meu bisavô [...] nasceu e viveu. Foi um pouco triste porque a cidade foi totalmente destruída pela guerra. Mas é interessante saber que não sou simplesmente brasileira. Tenho um outro passado num outro país. Gostaria realmente de conhecer meus parentes que ainda moram lá. [...] Meu projeto para o futuro vai ser tentar encontrá-los e montar uma árvore genealógica da família.

Apesar de suas críticas ao conteúdo anti-sionista da excursão, a programação turística promovida pelo governo teve um impacto sobre a autopercepção de Isabela: não só brasileira, mas também libanesa. Ao pensar em montar uma árvore genealógica que unisse esses ramos de sua ascendência, Isabela deu expressão a uma identidade libanesa própria do Brasil.

Essa intensificação da etnicidade árabe brasileira, abertamente política e também profundamente pessoal, não se limitou à introspecção. Também foi posta em prática. É o que ilustra o caso de Carlos, o jovem líbano brasileiro de terceira geração citado mais acima, que encontrou seu tio-avô na aldeia de Marjeyoun, no sul do Líbano. Quando voltou a São Paulo, Carlos decidiu fazer uma apresentação pública sobre sua experiência. A idéia veio dos funcionários libaneses, que insistiam na necessidade de "divulgar" o "lado bom" do Líbano nos "países de emigração", como o Brasil.

A apresentação de Carlos foi anunciada num jornal do bairro e realizada no centro comunitário local. Ele e a família montaram uma mesa com panfletos sobre os pontos turísticos, notas e moedas em circulação e comidas étnicas. Também puseram mapas da região nas paredes e colocaram uma grande bandeira libanesa. O público, com menos de vinte pessoas, era formado pelos parentes (libaneses e italianos de segunda e terceira geração) e alguns moradores da região. Carlos fez uma apresentação de mais de duas horas sobre o Líbano e o acampamento dos jovens emigrantes que o levou até lá. Falou do Líbano como uma "encruzilhada" da civilização, como a terra dos míticos fenícios, como um país detentor de maravilhas naturais e culturais. Assim Carlos assumiu a responsabilidade que lhe fora atribuída pelos funcionários do governo libanês: tornou-se um "embaixador" e um "porta-voz" do Líbano em seu pequeno bairro de classe média em São Paulo.

A certa altura, porém, Carlos ficou um pouco nervoso e abordou "o aspecto político", em sua expressão, da história do país e da própria excursão. No final da programação, explicou ele, os turistas foram levados ao "sul libertado" do Líbano. Foi lá que todos visitaram o complexo da ONU bombardeado por Israel em 1996 e a prisão de Al-Khiam, outrora administrada pelo exército israelense. Narrando algumas histórias dos ex-prisioneiros de Al-Khiam, Carlos contou que eles viam "menos de dez minutos de sol por dia. Eram açoitados com borracha de pneu. Só recebiam pão e água para comer". Os detalhes divergiam um pouco, mas o sentimento geral foi transmitido: os libaneses sofreram às mãos dos israelenses no Líbano. Carlos, portanto, desempenhou seu papel de embaixador do Líbano no Brasil – será mesmo?

O que me chamou a atenção nessa parte da apresentação de Carlos foi o não-dito. Muito antes dessa exposição, ele tinha confidenciado a mim (e a família e amigos) que adorou a excursão e o Líbano, mas se sentiu perturbado com as visitas politizadas a Qana e Al-Khiam. Lembrando seus sentimentos logo após a visita a esses locais, Carlos comentou com ironia que ele, "que não seria capaz de matar nem uma mosca", sentiu ressentimento contra Israel. Como outros colegas adolescentes que refletiram sobre essa experiência de conscientização, Carlos chegou à conclusão de que aqueles locais eram "pura política para nos deixar bravos com Israel". Apesar dessa crítica abafada às intenções políticas dos funcionários do governo libanês, a apresentação de Carlos reproduzia tacitamente as mesmas representações anti-sionistas.

Às nove da noite terminou a apresentação. A bandeira foi arriada. Os mapas foram dobrados. O *kaffiyeh* usado pelo irmão mais novo de Carlos foi tirado, enrolado e guardado num saco plástico. Quando o turista "emigrante", os familiares e eu saímos do centro comunitário para o ventinho fresco da noite, a mãe de Carlos disse: "Filhão, estou muito orgulhosa de ti." Carlos e a família não estavam muito preocupados se ele havia colaborado com a agenda do governo libanês e sua ideologia anti-sionista, ou se ele deveria ter esclarecido sua ambivalência pessoal a respeito da questão. Era um garoto de 16 anos de idade que havia falado com eloqüência sobre o país de seu avô paterno, e a família se orgulhava dele. Na verdade, a apresentação foi um exercício visceral de uma etnicidade intensificada à qual Carlos ainda estava se acostumando: ser libanês no Brasil.

Longe de ser uma experiência individual e idiossincrática, o turismo árabe brasileiro em visita à terra dos ancestrais foi desenvolvido como produto de marketing direto de empresas aéreas, agências de viagens e grupos empresariais e estatais árabes. Desse ponto de vista, a intenção dos árabe brasileiros de conhecer suas origens foi percebida e convertida em alvo para aumentar as vendas de passagens Brasil-Oriente Médio e impulsionar a expansão do setor turístico sírio e libanês. Mas os árabe brasileiros também processaram essa experiência de viagem de maneira muito pessoal. João, Nadia, Vanessa, Sandro, Isabela, Carlos e inúmeros outros apresentaram opiniões a respeito do turismo à terra dos ancestrais – a violência e tudo o mais – que eram heterogêneas e muitas vezes ambivalentes. Essas perspectivas e práticas ilustram a intensificação atual da etnicidade árabe no Brasil. Os turistas árabe brasileiros expressaram múltiplos pontos de vista sobre a terra dos ancestrais, os locais turísticos por meio dos quais vieram a conhecê-la e as relações entre árabes e judeus no Brasil. Em meio à polarização crescente entre árabes e israelenses no Oriente Médio, suas vozes dizem que existem maneiras culturalmente criativas, alternativas, de enfrentar esses tempos turbulentos.

Conclusão
(IN)SEGURANÇA DE FUTURO: ARABICIDADE, NEOLIBERALISMO E BRASIL

Os descendentes sírio-libaneses hoje comemoram suas contribuições políticas, econômicas e culturais à nação brasileira. Pessoas de segunda e terceira geração apontaram várias vezes as realizações comerciais, a ascensão aos círculos políticos e às profissões liberais, a fama masculina nos regimes de família, a popularização das formas da dança e da culinária. Este livro mostrou que esse orgulho étnico não é necessariamente infundado, mas precisa ser entendido no contexto brasileiro da "cultura do neoliberalismo"[1]. Os brasileiros de origem sírio-libanesa têm sido cada vez mais reconhecidos na economia exportadora, no governo transparente, na política imigratória liberalizada, na diversificação das mercadorias e do consumidor. Nesse contexto, o alegado talento inato para negociar e se virar, a suposta tendência para a endogamia, as tradições de culinária e dança, o desejo de conhecer a terra dos ancestrais, tudo isso ganhou uma maior visibilidade. Meu objetivo foi mostrar como a etnicidade árabe conquistou um maior reconhecimento nesses aspectos no "momento" neoliberal do Brasil.

Teoricamente, este livro procurou levar o estudo da etnicidade além dos parâmetros atuais. Desde os anos 1970, vários trabalhos procederam a investigações pioneiras da construção periférica da diferença étnica, desde o passado colonial até o presente nacional[2]. Procurando utilizar e superar esse arcabouço histórico, examinei como as relações hierárquicas entre a etnicidade e a nação se alteraram e se reorganizaram durante o momento neoliberal do sistema mundial. Afirmei que a etnicidade continua ligada à hegemonia nacionalista, mas suas coordenadas e referências ganharam maiores privilégios, de acordo com as tendências econômicas e culturais globais. Os indivíduos e os conteúdos étnicos, antes somente rejeitados ou reprimidos, agora se tornaram reconhecidos como parceiros de exportação, líderes eticamente responsáveis e consumidores de nichos de mercado na nação neoliberal. A tal luz, a etnicidade não se elevou acima da luta nacionalista, mas se tornou privilegiada de uma maneira sem precedentes.

Situando esse contorno árabe brasileiro na economia política imaginada, na ordem nacionalista e no marketing da cultura étnica, procurei fazer uma etnografia sem qualificativo. Cada capítulo do livro se moveu entre o passado e o presente, abordando as práticas institucionais e as autopercepções árabes, os paradigmas variáveis da nação e do Estado brasileiro e as tendências e fluxos do mercado. Utilizei essa abordagem para ir além da crítica etnográfica atual (apresentada em *Writing Culture*) – não defendendo um retorno a antigos critérios antropológicos, mas, pelo contrário, empregando o holismo como recurso textual. Isso me permitiu apresentar facetas variadas dos estilos de vida árabe brasileiros, incluindo os negócios, a política, as profissões liberais, a reprodução da família, os clubes sociais e o turismo como uma totalidade interligada, sem os isolar do campo mais abrangente das relações de poder. A organização holística da experiência árabe no Brasil, neste livro, se empenhou em mapear as múltiplas formas de reorganização das relações hierárquicas entre etnicidade e nação na economia mundial neoliberal.

Com "um outro arabesco", procurei transmitir o lugar variável da arabicidade na nação brasileira. Como observei no início do livro, o "arabesco" do título refere-se ao desenho público da etnicidade árabe, institucionalizada por executivos, políticos e a alta sociedade de origem sírio-libanesa no Brasil. E é "um outro" porque a etnicidade árabe antes estava oculta ou era denegrida, ao passo que hoje é cada vez mais reconhecida e projetada como um recurso único que espelha e cria modelos e alianças neoliberais dominantes no Brasil. Por fim, meu foco nessa formação árabe nas agendas e nos programas político-econômicos nacionalistas na periferia brasileira do sistema mundial procurou alterar ou romper os modos consagrados de estudar a arabicidade, explorando um outro arabesco que agora circula nas Américas.

Naturalmente, esses contornos brasileiros da arabicidade não se isolam da ordem mundial cada vez mais insegura. Como seus colegas nos Estados Unidos antes e depois dos ataques ao World Trade Center, em 11 de setembro de 2001, os brasileiros de origem médio-oriental – sobretudo os muçulmanos – passaram a conviver com a política da insegurança e da vigilância. As experiências do dr. Nasser Rajab, advogado árabe brasileiro de segunda geração, ilustram resultados esperados e surpreendentes da relação entre a etnicidade árabe e a nação brasileira nesta ordem global ainda incerta. Em 2001, numa tarde ensolarada de abril, dr. Rajab me recebeu em seu escritório no "bairro nobre" do Ibirapuera, na região sul de São Paulo. Vários diplomas, certificados e quadros orientalistas ornavam as paredes de sua sala privada. Sobre a escrivaninha antiga havia um velho computador IBM, ao lado de um laptop reluzente e novinho em folha. Ele é prático nas viagens do dr. Rajab entre sua base em São Paulo e as duas filiais de seu escritório em Brasília e Buenos Aires. De fato, demorei vários meses para marcar um encontro com ele, numa brecha entre seus vôos freqüentes às capitais federais do Brasil e da Argentina.

Quando sentamos em seu escritório de São Paulo, dr. Rajab imediatamente comentou a notícia sobre ele, publicada no *O Estado de S. Paulo* em dezembro de 2000*. Dr. Rajab explicou que seu escritório de advocacia tinha decidido enfrentar juridicamente a

---

* Fausto Macedo, "Muçulmanos pedem inquérito contra a Abin: Sociedade sediada em São Paulo alega estar sendo vítima de espionagem", *O Estado de S. Paulo*, 17 dez. 2000.

Agência Brasileira de Inteligência. É conhecida como Abin, mas dr. Rajab se referia a ela como a "CIA brasileira". Baseando-se em documentos secretos vazados, a revista *Veja* publicou que a Abin tinha espionado várias personalidades políticas e familiares, e "grupos étnicos islâmicos"*. O artigo da *Veja* reproduzia especificamente um documento original da Abin, expondo a necessidade de vigilância especial dos "grupos étnicos islâmicos, identificação e localização dos grupos no país, área de atividade dos grupos islâmicos"**. A matéria da revista concentrava-se nos casos mais infames de espionagem de figuras públicas e seus parentes, mas também mencionava de passagem a vigilância dos "grupos étnicos islâmicos". Como advogado da Sociedade Beneficente Muçulmana, fundada em 1929 por imigrantes majoritariamente sírio-libaneses, dr. Rajab considerou que seria seu dever examinar o caso e solicitou uma cópia dos documentos em questão.

No fim, Nasser decidiu processar a Abin por "crime de racismo e violação do direito administrativo privado". Em termos legais, ele está usando a criminalização do racismo, da Constituição brasileira de 1988. Como declarou o artigo de *O Estado de S. Paulo*, "para o advogado Nasser Rajab, que assina a representação, a Abin 'enveredou para o sinistro campo da discriminação étnica e religiosa, em afronta à legislação e de princípios previstos em tratados internacionais aos quais o Brasil aderiu'". Dr. Rajab aparece no artigo dizendo: "Ao 'eleger generalizadamente a comunidade étnica islâmica como alvo de

---

* "Espionagem no Planalto: Bastante ativos, os agentes secretos da Abin espionam o que não devem e vigiam até os passos do governador Itamar Franco", *Veja*, 15 nov. 2000, 38-45. Para a seqüência, cf. Policarpo Júnior, "O documento secreto da espionagem: Dossiê sigiloso mostra que a Abin se interessa por uma gama de assuntos muito mais ampla do que costuma admitir", *Veja*, 22 nov. 2000, 42-47.

** Essa citação provém de documentos da Abin divulgados pela *Veja*. O trecho diz: "Grupos étnicos islâmicos; identificação e localização de grupos no País, área de atuação dos grupos islâmicos".

monitoramento, a Abin cometeu crime de racismo'." Mas, em nossa conversa pessoal, ele explicou que não acha que o racismo antiárabe e antimuçulmano seja endêmico a todo o governo brasileiro. Limita-se a alguns indivíduos dentro da própria agência de inteligência. Foi por isso que Nasser tentou processar apenas a Abin. Quando comentei que "muitos árabes falam em democracia racial," ele exclamou: "Mas, quando há um problema, ninguém quer fazer nada." Resta ver se essa revelação pública de racismo antiárabe e antimuçulmano é capaz de alterar significativamente as autopercepções árabes dentro da alegada democracia étnica e racial do Brasil.

Nasser discorreu longamente sobre a reportagem que tratava da vigilância dos chamados grupos étnicos islâmicos. Como a Abin é uma agência governamental para a "segurança nacional", disse ele, os árabes muçulmanos agora poderiam ser vistos como uma ameaça à segurança. Mas ele frisou que seu processo contra a Abin não trata apenas dos direitos religiosos dos muçulmanos, e sim do direito ao emprego. "Imagine que você vai fazer uma entrevista de emprego numa firma", explicou ele. "Você chega lá para a entrevista e, de repente, aparece na conversa que você é árabe, que você é muçulmano." Esse fato poderia levar o potencial empregador a rejeitar o candidato, por medo de se tornar também um alvo de vigilância. Ele concluiu que as chances dos árabes muçulmanos no mercado de trabalho eram ameaçadas devido a essa sua apresentação como risco à segurança nacional. Assim, o processo contra a Abin não tratava apenas da religião ou do racismo. Também defendia o direito de mobilidade do árabe muçulmano no mercado. Não surpreende essa contestação implícita da democracia racial em termos econômicos. Como disse no Capítulo 3, o mercado tornou-se um critério para medir, defender ou contestar as relações étnicas e raciais na nação.

Naturalmente, essa "controvérsia" teve consequências pessoais. Dr. Rajab comentou que muitos amigos e colegas lhe disseram que poderia atrair um olhar midiático sem escrúpulos ou afastar os clientes potenciais. Mas ele respondeu que o processo contra a Abin não é nada em comparação à luta de "nossos irmãos" que estão "levando um tiro no peito todo dia na Palestina". Assim, o advogado árabe brasileiro explicou sua ação judicial dentro de uma luta árabe mais abrangente. Entretanto, para sua surpresa, após a publicação da matéria de O *Estado de S. Paulo*, dr. Rajab passou a receber muitas cartas e telefonemas de solidariedade de pessoas de todo o Brasil. Numa alegada democracia racial, sua denúncia de racismo obteve um amplo apoio e encorajamento público.

Um desses telefonemas foi feito pelo vice-cônsul norte-americano em São Paulo. Dr. Rajab explicou que esse vice-cônsul, que atende pelo nome de Malcolm, manifestou interesse em encontrá-lo e visitar a mesquita. De início, dr. Rajab receou que fosse um pretexto para uma vigilância da CIA. Mas, para sua surpresa, o vice-cônsul era bem-apessoado e, como dr. Rajab exclamou, "Era negro!" Na conversa entre eles, dr. Rajab expôs ao vice-cônsul a ironia de que um grupo islâmico se tornasse alvo de vigilância por racismo. O islã, afinal, é conhecido pela tolerância e igualdade racial. "Certamente você sabe", disse dr. Rajab ao vice-cônsul, "que muitos negros nos Estados Unidos se converteram ao islã justamente por essa razão". O vice-cônsul respondeu: "Não é por acaso que me chamo Malcolm." Desde então, essas figuras cosmopolitas desenvolveram uma grande amizade. O vice-cônsul visita a mesquita de Nasser e eles correm juntos no Parque Ibirapuera. Ambos apareceram em *Chams* e *al-Urubat*, revistas da comunidade árabe. Num dos números, foram fotografados juntos à mesa, durante um lanche informal após as orações da sexta-feira. Embora Nasser tenha explicado sua luta judicial anti-racista como uma defesa dos direitos dos árabes muçulmanos no mercado de trabalho, o caso da Abin lhe rendeu um capital simbólico e social dentro e fora da colônia.

Isso não significa minimizar a posição do dr. Rajab contra as práticas de espionagem antiárabes e antimuçulmanas no Brasil.

CONCLUSÃO: (IN)SEGURANÇA DE FUTURO

Pelo contrário, significa contextualizar a arabicidade na dimensão brasileira de uma ordem global incerta. Nenhum outro brasileiro – árabe ou não árabe – havia manifestado uma preocupação pública ou privada sobre a caracterização dos árabes muçulmanos, por obra da Abin, como uma ameaça à segurança nacional no Brasil. Esses tipos de representações costumavam ser entendidas pelos brasileiros de classe média e alta, de várias origens, como efeitos resultantes da influência e da política externa dos EUA. Ou seja, os brasileiros de classe média e alta associavam categoricamente a imagem d'"o arábe" como uma ameaça à segurança e um alvo de vigilância ao poderio norte-americano. Como me disse um outro advogado árabe de segunda geração, a imagem dos árabes como terroristas "está sendo imposta [no Brasil], mas não pega". Essa dificuldade no Brasil em se absorver a imagem d'"o arábe" como uma ameaça à segurança explica, em parte, a escassa atenção pública, pró ou contra, que ela recebeu ao ser divulgada no final do ano 2000. Fora da sede da Abin, a idéia de que os árabes são ameaças à segurança que demandam vigilância não repercute no Brasil.

Existem limites a essa definição norte-americana globalizante da arabicidade, especialmente visível nas notícias da mídia sobre os "elos terroristas médio-orientais" supostamente existentes na cidade brasileira de Foz do Iguaçu e na região da Tríplice Fronteira (mencionados de passagem na introdução). Em outubro de 2002, Jeffrey Goldberg, jornalista do *New Yorker*, especulou que "grupos terroristas do Oriente Médio" – inclusive a al-Qaeda – dispunham de bases financeiras e organizacionais em Foz do Iguaçu e áreas próximas*. O artigo de Goldberg era infundado e injurioso, mas mesmo assim colocou a região da Tríplice Fronteira dentro do espetáculo norte-americano da "guerra ao terror". Nos meses seguintes, entrando em 2003, os boatos se inflaram nos meios de comunicação norte-ame-

---
* Jeffrey Goldberg, "In the party of God", *New Yorker*, 28 out. 2002, 75-80.

ricanos e brasileiros. O próprio Osama bin Laden, segundo várias agências de notícias, havia passado algum tempo em Foz do Iguaçu, em meados dos anos 1990*. O fato era comprovado pela "descoberta" prévia de uma foto que parecia as cataratas do Iguaçu num campo de treinamento da al-Qaeda no Afeganistão. É claro que essas suspeitas de uma visita de Bin Laden a uma cidade brasileira, fazendo fronteira com a Argentina e o Paraguai, tinham se originado na mídia norte-americana.

Esse boato veiculado pelos meios de comunicação de massa, em esfera transnacional, foi aproveitado por uma agência publicitária brasileira, sobre o turismo em Foz do Iguaçu, no começo de 2004. A agência usou Bin Laden como "garoto-propaganda" para o turismo nacional e internacional na região, colocando sua fisionomia inconfundível num anúncio sensacionalista. "Se Bin Laden arriscou o pescoço para visitar Foz do Iguaçu", diz a propaganda, "é porque vale a pena! [...] Foz, todo mundo quer ver"**. Esse dublê publicitário faz gozação e capitaliza em cima das suspeitas de origem norte-americana sobre Foz do Iguaçu, como suposto abrigo do terrorismo. Isso sugere que a "guerra ao terror" norte-americana pode se subordinar à lógica do mercado, por meio da qual a imagem de um terrorista inimigo do governo norte-americano se converte num garoto-propaganda da indústria turística brasileira***. Até agora, as estruturas globalizantes

---

* Para alguns exemplos, ver "Bin Laden reportedly spent time in Brazil in '95", *Washington Post*, 18 mar. 2003, A24; "Bin Laden esteve em Foz do Iguaçu e até deu palestra em mesquita", *O Estado de S. Paulo*, 16 mar. 2003; Policarpo Júnior, "Ele esteve no Brasil", *Veja*, 19 mar. 2003.

** Maristella do Valle, "Bin Laden vira garoto-propaganda de Foz", *Folha de S.Paulo*, 24 mar. 2003, F2.

*** Agradeço a Paul Amar pela sugestão instigante de que a globalização militar-industrial pós-11 de setembro está concorrendo e possivelmente ganhando da globalização neoliberal: Paul Amar, "Police and polis in the transnational Middle East: Security, sexuality, and militarized urban regimes in Cairo, Rio de Janeiro, and Baghdad", palestra apresentada no Center for Middle Eastern Studies, Universidade da Califórnia, Berkeley, 2005.

CONCLUSÃO: (IN)SEGURANÇA DE FUTURO

de segurança e vigilância, comandadas pelos EUA, têm sido abarcadas pela cultura brasileira do neoliberalismo.

Num registro mais sério, a política norte-americana da "guerra ao terror" foi rejeitada pelo Brasil e pelo hemisfério latino-americano e caribenho, na assembléia anual da Organização dos Estados Americanos (OEA) em junho de 2003. O evento reuniu, em Santiago do Chile, funcionários graduados e ministros das relações exteriores dos 33 países-membros da América do Norte, América Latina e Caribe. Conforme era previsível, o representante norte-americano, o secretário de Estado Colin Powell, tentou remendar os estragos sobre a invasão norte-americana ao Iraque. Falando das ameaças de "tiranos, traficantes e terroristas" na região da Tríplice Fronteira entre a Argentina, o Brasil e o Paraguai, Powell não conseguiu convencer os colegas de que as pretensas questões de segurança e vigilância não são apenas uma preocupação do governo norte-americano, e sim um assunto de todo o hemisfério. Em sua maioria esmagadora, os representantes dos outros 32 países-membros enfatizaram, pelo contrário, que a democracia e a estabilidade regional devem ser protegidas não com o aumento da aparente segurança, e sim com o desenvolvimento social e econômico*.

O atual momento político-econômico no Brasil prossegue. Adotando e indo além das abordagens estruturais do neoliberalismo na América Latina[3], este livro, ao enfocar o viés exportador, o compromisso ético e a diversificação do consumo no Brasil, procurou captar como o neoliberalismo foi culturalmente embutido e incorporado no país. Com isso, minha intenção não foi mostrar as pretensas vantagens ou os benefícios da experiência neoliberal, e sim revelar seu poder insidioso e sedutor que leva grandes executivos a se envolver em estratégias de exportação, políticos e cidadãos a

---

* Larry Rohter, "Latin lands don't share Powell's priorities", *New York Times*, 9 jun. 2003.

exigir o compromisso com a ética, consumidores e publicitários a buscar novidades de consumo ou novos nichos de mercado. A tese central de meu livro é que a brasilidade árabe ganhou maior reconhecimento como projeto étnico nesta "revolução silenciosa" da economia política[4].

Mas, silenciosas ou não, as revoluções não ficam paradas. Embora as classes médias e altas brasileiras tenham acolhido bem o neoliberalismo no começo dos anos 1990 e tenham voltado a aprovar tacitamente a aliança política – quando não o modelo econômico – na eleição de 1994 e reeleição de 1998 do presidente Fernando Henrique Cardoso, o auge público dessa experiência tem enfraquecido. Nos meados da década de 1990, Fernando Henrique Cardoso e seus seguidores rejeitaram explicitamente o termo "neoliberalismo", enquanto colocavam seus postulados em prática ao selar ou renovar acordos com o FMI e o Banco Mundial. De fato, naquela época já eram evidentes os efeitos catastróficos do mercado livre entre os brasileiros pobres da zona urbana e da zona rural. Assim, não foi surpresa a derrota do tucano José Serra na disputa presidencial de 2002, que elegeu o candidato do Partido dos Trabalhadores, Luiz Inácio "Lula" da Silva. A questão central tem sido se Lula conseguiria romper a estrutura e a cultura do neoliberalismo.

No entanto, como notou criticamente o sociólogo norte-americano James Petras, os dois primeiros anos do governo Lula deram uma continuidade surpreendente aos acordos anteriores com as "políticas de ajuste estrutural ao mercado livre do FMI"[5]*. Observadores e analistas céticos no Brasil também qualificaram o governo de Lula como "o terceiro mandato de Fernando Henrique". Embora existam sinais de uma potencial transformação, Lula deu prosseguimento à

---

* Como também observa Petras, Lula de fato aumentou os pagamentos da dívida ao FMI em "quase 14%" no começo de 2003.

CONCLUSÃO: (IN)SEGURANÇA DE FUTURO

experiência neoliberal no Brasil*. Alinhando-se com as elites industriais, financeiras e comerciais brasileiras, Lula ressaltou a necessidade de aumentar as exportações nacionais na economia aberta e levou à frente esses objetivos adotando posições éticas e políticas em âmbitos nacionais e internacionais**. Durante a redação deste livro, parece evidente a continuidade do neoliberalismo.

Não admira que, neste Brasil governado por Lula, a arabicidade tenha se mantido intensa. Em julho de 2003, por exemplo, Lula ajudou a convocar a conferência "Planeta Líbano". O encontro, que reuniu quase 2 mil empreendedores de São Paulo e Foz do Iguaçu, foi organizado pela Câmara de Comércio Líbano-Brasileira, que é dirigida por brasileiros de origem sírio-libanesa em São Paulo, e pelo Lebanese International Business Council, encabeçado por um expatriado libanês nos Estados Unidos. Ao receber o primeiro-ministro libanês Rafiq Hariri, Lula divulgou a conferência como maneira de intensificar o comércio entre o Brasil e o Líbano***. Em seu discurso de abertuda da conferência, que foi transmitido pelo *Jornal Nacional*, na Rede Globo, no começo de junho de 2003, Lula declarou que sua vida estava em mãos libanesas – isto é, que seu médico particular é descendente de libaneses. Na recepção no Clube

---

* Embora sempre denuncie o visível neoliberalismo do presidente anterior, recentemente Lula e sua aliança de centro-esquerda deram mostras de um potencial rompimento com o *status quo*. Em março de 2005, o governo anunciou que não iria renovar o contrato com o FMI, vigente desde 1998. Essa decisão, porém, parecia mais relacionada com as eleições presidenciais de 2006.

** Mencionada rapidamente no Capítulo 2, a organização não governamental Transparência Internacional pediu a Lula e a seu adversário José Serra que assinassem um "compromisso anticorrupção" durante a disputa presidencial de 2002. O "compromisso" incluía várias medidas para fortalecer as salvaguardas institucionais contra a corrupção, que cada candidato prometia implementar em caso de vitória.

*** Paula Santa Maria, "Primeiro-ministro do Líbano visita Lula", *Gazeta Mercantil*, 4 jun. 2003, A5; Gabriela Valente, "Lula e Hariri criam comissão bilateral", *Gazeta Mercantil*, 10 jun. 2003, A8.

Atlético Monte Líbano, mais tarde, ele continuou: "O Líbano é uma terra cara ao Brasil devido à importância da comunidade de origem libanesa em nosso país e devido à contribuição notável dada pelo imigrante libanês ao nosso desenvolvimento como nação." Enquanto enaltecia publicamente a presença libanesa no Brasil durante essa conferência de negócios, Lula anunciou sua intenção de visitar o Líbano e o mundo árabe ainda naquele ano.

No começo de dezembro de 2003, Lula partiu numa missão diplomática e comercial de nove dias para a Síria, o Líbano, os Emirados Árabes Unidos, o Egito e a Líbia. Era a primeira vez que um chefe de Estado brasileiro visitava o mundo árabe, desde o imperador Dom Pedro II, no final do século XIX. Com um séquito não muito diferente do seu antecessor imperial, Lula foi "acompanhado por 56 pessoas, entre elas quatro governadores, cinco ministros e sete deputados federais", além de cerca de 150 grandes empresários brasileiros, vários do setor da construção civil, como Odebrecht e Queiroz Galvão. A viagem refletia as intenções de Lula de reunir os países árabes e latino-americanos para a transformação da "geografia comercial do mundo", em suas palavras. À diferença de seu predecessor, que defendia o aumento das exportações brasileiras para mercados não tradicionais no exterior, Lula expôs a lógica do mercado com um apelo político (e populista) mais amplo. Declarou a algumas centenas de empresários no Líbano:

Está na hora de nós mudarmos a geografia comercial do mundo. Se, sozinhos, nenhum de nós pode competir com os países ricos, juntos nós teremos muita força para competir com igualdade e fazer com que os países ricos flexibilizem suas regras, para que nós possamos competir em igualdade de condições.

No mesmo discurso, Lula observou que existem pontos de contato entre os empresários libaneses e os empresários brasileiros, em vista dos quase 7 milhões de descendentes de libaneses no Brasil. E acrescentou: "Queira Deus que muitos dos empresários brasileiros

CONCLUSÃO: (IN)SEGURANÇA DE FUTURO

aprendam com os empresários libaneses a arte de negociar."* Com essa tirada, a esperteza comercial inata, historicamente atribuída aos médio-orientais no Brasil, foi expressa em termos das lutas entre os países árabes/sul-americanos "em desenvolvimento" e o norte "rico".

Reconhecida pelos comentaristas midiáticos e por membros do governo, a missão também serviu para fortalecer a posição do Brasil no mundo árabe, num momento em que as relações árabes com o governo norte-americano estavam enfraquecidas, devido ao 11 de setembro. A missão de nove dias esteve repleta de críticas de Lula à ocupação israelense e norte-americana da Palestina, das Colinas de Golan e do Iraque; de declarações em favor do direito dos palestinos, sírios e iraquianos à soberania; à necessidade constante de usar e respeitar as Nações Unidas. Essas posturas ostensivamente morais e políticas mostravam as intenções do presidente Lula de converter o Brasil em protagonista – separado e contrário à política externa norte-americana – nos assuntos internacionais. Mas também faziam parte de uma missão com objetivos comerciais. Como notou um jornalista, "apesar desse forte componente político e simbólico na viagem de Lula, a expectativa do brasileiro é aumentar o fluxo comercial do país com essa região. O presidente atuou quase como um mercador"**. Nesses tempos pós-11 de setembro, o Estado brasileiro uniu a política antiimperialista e a lógica do mercado na periferia meridional do sistema global.

Um dos resultados dessa missão diplomática ao mundo árabe foi a realização da Cúpula América do Sul-Países Árabes, em Brasília, em maio de 2005. Numa ocasião inédita, ela reuniu representantes de doze países sul-americanos e 22 países árabes. No discurso de abertura, o presidente Lula afirmou que o objetivo da cúpula era

---

* Fernando Rodrigues e Alan Marques, "No Líbano, Lula defende uma nova 'geografia comercial'", *Folha de S.Paulo*, 6 dez. 2003, A4.
** Fernando Rodrigues, "Lula 'vende' Brasil na Síria e defende Estado palestino", *Folha de S.Paulo*, 4 dez. 2003, A4.

enfrentar o desafio de "desenhar uma nova geografia econômica e comercial internacional"*. Nessa tarefa, ele tinha plena clareza quanto ao significado político intrínseco da cúpula: "O que move os líderes aqui presentes é a necessidade de fortalecer um espaço político que contribua para a construção de um mundo de paz, democracia e justiça social." O ministro das Relações Exteriores Celso Amorim foi ainda mais explícito. "Criar [...] uma nova geografia econômica mundial", explicou ele, significava que, "para você ir do Brasil ao Cairo, você não precisa passar por Washington e Paris"**. Ignorada ou minimizada pela imprensa norte-americana (o que não é de se admirar), a cúpula de dois dias incluiu debates sobre o mercado livre e críticas à política externa norte-americana***.

Tal como havia feito em sua visita oficial ao mundo árabe, o presidente Lula mencionou a presença árabe no Brasil e na América do Sul. Na abertura da cúpula, por exemplo, ele declarou: "Para o Brasil e o nosso continente esta cúpula tem o sabor de um reencontro. O reencontro dos sul-americanos com uma civilização que nos chegou primeiro pela herança ibérica e, depois, pela imigração." Citando a "diversidade cultural e étnica brasileira como exemplo de democracia e tolerância" em seu discurso de encerramento, o presidente Lula também afirmou que "são poucos os países que têm a quantidade de árabes e de descendentes árabes que moram neste

---

* Luiz Inácio Lula da Silva, *Discurso do presidente da República, Luiz Inácio Lula da Silva, na sessão de abertura da Cúpula América do Sul-Países Árabes*, Centro de Convenções Ulysses Guimarães, 10 mai. 2005.

** Eliane Cantanhêde, "Democracia é algo que existe também no Sul, diz ministro", *Folha de S.Paulo*, 16 mai. 2005, A14.

*** O *New York Times* publicou apenas uma matéria: Larry Rohter, "Little common ground at Arab-South American summit talks", *New York Times*, 11 mai. 2005. Como seria de se esperar, o correspondente desconsiderou a cúpula, por considerá-la irremediavelmente dividida. A imprensa brasileira também comentou esse "lapso" norte-americano e europeu em noticiar o evento. Cf. Fábio Maisonnave, "Governo dos EUA e analistas ignoram evento", *Folha de S.Paulo*, 12 mai. 2005, A6.

CONCLUSÃO: (IN)SEGURANÇA DE FUTURO

país, que aqui convivem em paz, participam da política, comungam suas religiões [...] Essa gente ajudou a construir este país..."* Assim, a etnicidade árabe brasileira foi reconhecida durante esse encontro em larga medida simbólica entre as elites político-econômicas árabes e sul-americanas.

Além dessas passagens retóricas, a presença árabe no Brasil e na América do Sul ganhou um reforço visual numa exposição fotográfica organizada pelo Ministério das Relações Exteriores do governo brasileiro, em parceria com o Centro Cultural do Banco do Brasil, especificamente para a cúpula. Com o nome de *Amrik*, numa referência à maneira como achavam que se pronunciava "América" em árabe, a mostra apresentou duas dimensões da "presença árabe na América do Sul": o "legado imemorial" de al-Andalus da Península Ibérica, "transmitido" aos sul-americanos pelos espanhóis e portugueses, e os imigrantes, majoritariamente sírio-libaneses, que também influenciaram e se integravam no modo de vida sul-americano**. A mostra trazia várias fotos de igrejas coloniais sul-americanas, com arquitetura em estilo árabe, a indumentária dos vaqueiros gaúchos de inspiração moura, cenas de jovens e velhos sírios e libaneses em seu cotidiano na América do Sul. Quanto a essa dimensão do imigrante sírio-libanês, o catálogo e o site da mostra explicam que os "primos" trouxeram hábitos culinários, com o quibe, o tabule, o tahine, a esfiha e as ricas misturas de temperos com receitas locais; sua presença também está marcada no comércio, nos armazéns, empresas e indústrias; nos clubes e associações beneficentes; na literatura, música, esporte, medicina e política.

A mostra *Amrik* foi inaugurada em Brasília, e nos meses seguintes foi montada no Rio de Janeiro, em São Paulo e Curiti-

---

* Eliane Cantanhêde e Cláudia Dianni, "No final, Lula diz que falta de democracia é ameaça global", *Folha de S.Paulo*, 12 mai. 2005, A4.
** Cf. o site oficial da mostra em http://www.amrik.com.br.

ba. Circulando na esfera pública brasileira, essa exposição de uma "América árabe" foi criada para uma cúpula que procurava desenhar "uma nova geografia comercial do mundo".

A essa luz, a arabicidade no Brasil parece continuar a conquistar reconhecimento, por intermédio da cultura do neoliberalismo. Isso não significa negar o poder do 11 de setembro e seus desdobramentos até hoje, e sim evitar previsões precipitadas de uma "nova era", prestando atenção às circunstâncias concretas, mesmo que apenas em termos episódicos. No Congresso Planeta Líbano, realizado em São Paulo em julho de 2003; durante a missão diplomática brasileira ao mundo árabe em dezembro de 2003, e na Cúpula América do Sul-Países Árabes em maio de 2005, a etnicidade árabe brasileira foi repetidamente mencionada no contexto da lógica de mercado e das alianças político-econômicas entre o Brasil e o mundo árabe. Esse reconhecimento peculiar não é novo, mas faz parte de um outro arabesco que surgiu no Brasil no final do século xx e começo do século xxi, como tentei mostrar ao longo de todo o livro. No futuro, duvido que a identificação norte-americana entre arabicidade e insegurança consiga encontrar muita ressonância na imaginação nacional brasileira. Mas isso fica por ver. O que podemos afirmar com mais certeza é que o projeto étnico árabe, que ganhou força durante a experiência neoliberal, prosseguirá no Brasil mesmo após o eclipse do neoliberalismo.

NOTAS BIBLIOGRÁFICAS

Introdução – A política do privilégio

1. Winant, Howard. *Racial conditions: politics, theory, comparisons.* Minneapolis, University of Minnesota Press, 1994, p. 139.
2. Habermas, Jtirgen. *The structural transformation of the public sphere: an inquiry into a category of bourgeois society.* Cambridge, mit Press, 1989; Lewis, J. Lowell. "Sex and violence in Brazil: carnival, capoeira, and the problem of everyday life". *American Ethnologist.* 26, n. 3, pp. 717-32, 1999.
3. Alonso, Ana Maria. "Politics of space, time, and substance: state formation, nationalism, and ethnicity". *Annual Review of Anthropology.* 23, pp. 379-405, 1994; Friedlander, Judith. *Being indian in Hueyapan: a study of forced identity in contemporary Mexico.* New York, St. Martin's Press, 1975; Munasinghe, Viranjini. *Callaloo or tossed salad? East indians and the cultural politics of identity in Trinidad.* Ithaca, Cornell University Press, 2001; Stutzman, Ronald. "El mestizaje: an all-inclusive ideology of exclusion". Em Whitten, Norman (ed.). *Cultural transformations and ethnicity in modern Ecuador.* Urbana, University of Illinois Press, 1981, pp. 45-94; Warren, Kay. *The symbolism of subordination: Indian identity in a Guatemalan town.* Austin, University of Texas Press, 1989 [1. ed. 1978].
4. Dávila, Arlene. *Latinos inc.: the marketing and making of a people.* Berkeley, University of California Press, 2001.
5. Schein, Louisa. *Minority rules: the Miao and the feminine in China's cultural politics.* Durham, Duke University Press, 2001.
6. Warren, Kay. *Indigenous movements and their critics: Pan-Maya activism in Guatemala.* Princeton, Princeton University Press, 1998.
7. Anderson, Benedict. *Imagined communities: reflections on the origin and spread of nationalism.* New York, Verso, 1991 [1. ed. 1983].
8. Idem, p. 4.
9. Dávila, Arlene. "El kiosko Budweiser: the making of a 'national' television show in Puerto Rico". *American Ethnologist.* 25, n. 3, pp. 452-70, 1999; Foster, Robert. *Materializing the nation: commodities, consumption, and media in Papua New Guinea.* Bloomington, University of Indiana Press, 2002.
10. Abu-Lughod, Leila. *Dramas of nationhood: the politics of television in Egypt.*

Chicago, University of Chicago Press, 2005; MANKEKAR, Purnima. Screening culture, viewing politics: an ethnography of television, womanhood, and nation in postcolonial India. Durham, Duke University Press, 1999; WILK, Richard. "Learning to be local in Belize: global systems of common difference". Em MILLER, Daniel (ed.). Worlds apart: modernity through the prism of the local. New Brunswick, Routledge, 1995, pp. 110-33.

11. BASCH, Linda; GLICK-SCHILLER, Nina & SZANTON-BLANC Cristina. Nations unbound: transnational projects, postcolonial predicaments, and deterritorialized nation-states. Langhorne, Gordon and Breach, 1994; DUANY, Jorge. The Puerto Rican nation on the move: identities on the island and in the United States. Chapel Hill, University of North Carolina Press, 2002; GLICK-SCHILLER, Nina. Georges woke up laughing: long-distance nationalism and the search for home. Durham, Duke University Press, 2001.

12. ONG, Aihwa. *Flexible citizenship: the cultural logics of transnationality*. Durham, Duke University Press, 1999, p. 35.

13. SMITH, Adam. *An inquiry into the nature and causes of the wealth of nations*. CANNAN, Edwin (ed.). Chicago, University of Chicago Press, 1976 [1. ed. 1776], p. 477.

14. RICARDO, David. *The works and correspondence of David Ricardo*. 11 vols. DOBB, M. H.; SRAFFA, Piero (eds.). Cambridge, Cambridge University Press, 1951 [1. ed. 1815], p. 105.

15. APPELBAUM, Nancy P.; MACPHERSON, Anne S. & ROSEMBLATT, Karin Alejandra. "Racial nations". Em APPELBAUM, Nancy P.; MACPHERSON, Anne S. & ROSEMBLATT, Karin Alejandra (eds.). *Race and nation in modern Latin America*. Chapel Hill, University of North Carolina Press, 2003, p. 4.

16. GWYNNE, Robert. "Globalization, neoliberalism and economic change in South America and Mexico". Em GWYNNE, Robert; KAY, Cristobal (eds.). *Latin America transformed: globalization and modernity*. New York, Arnold and Oxford University Press, 1999, pp. 68-97; KAY, Cristobal. *Latin American theories of development and underdevelopment*. New York, Routledge, 1989.

17. GWYNNE, Robert. "Globalization, neoliberalism and economic change in South America and Mexico". Em GWYNNE, Robert; KAY, Cristobal (eds.). *Latin America transformed: globalization and modernity*. New York, Arnold and Oxford University Press, 1999, p. 76.

18. WILLIAMSON, John. "Democracy and the Washington Consensus". *World Development*. 21, n. 8, p. 1329, 1993.

19. GREEN, Duncan. *Silent revolution: the rise of market economics in Latin America*. London, Cassell, 1995, p. 2.

20. KINGSTONE, Peter. *Crafting coalitions for reform: business preferences, political institutions, and neoliberal reform in Brazil*. University Park, Pennsylvania State University

Press, 1999; OXHORN, Philip; DUCANTENZEILER, Graciela (eds.). *What kind of democracy? What kind of market? Latin America in the age of neoliberalism*. University Park, Pennsylvania State University Press, 1998; WEYLAND, Kurt. *Growth without equity: failures of reform in Brazil*. Pittsburgh, University of Pittsburgh Press, 1996; Idem, "Swallowing the bitter pill: sources of popular support for neoliberal reform in Latin America". *Comparative Political Studies*. 31, n. 5, pp. 539-68, 1998.

21. BABB, Florence. *After revolution: mapping gender and cultural politics in neoliberal Nicaragua*. Austin, University of Texas Press, 2001.
22. CHASE, Jacquelyn (ed.). *The spaces of neoliberalism: land, place and family in Latin America*. Bloomfield, Kumarian Press, 2002.
23. GWYNNE, Robert; KAY, Cristobal. "Latin America transformed: changing paradigms, debates and alternatives". Em GWYNNE, Robert; KAY, Cristobal (eds.). *Latin America transformed: globalization and modernity*. New York, Arnold and Oxford University Press, 1999, pp. 2-29.
24. COMAROFF, Jean; COMAROFF, John. "Millennial capitalism: first thoughts on a second coming". *Public Culture*. 12, n. 2, p. 304, 2000.
25. Idem, pp. 292-3.
26. APPADURAI, Arjun. *Modernity at large: cultural dimensions of globalization*. Minneapolis, University of Minnesota Press, 1996, p. 41.
27. FAUSTO, Boris (ed.). *Fazer a América: a imigração em massa para a América Latina*. São Paulo, Editora, 1999.
28. FAUSTO, Boris. "Um balanço da historiografia da imigração para O Estado de S. Paulo". *Estudios Migratorios Latinoamericanos*. 8, n. 25, pp. 415-40, 1993; GRÜN, Roberto. "Construindo um lugar ao sol: os judeus no Brasil". Em FAUSTO, Boris (ed.). *Fazer a América: a imigração em massa para a América Latina*. São Paulo, Editora da Universidade de São Paulo, 1999, pp. 353-81; HALL, Michael. "Italianos em São Paulo (1880-1920)". *Anais (Museu Paulista)*. São Paulo, 29, pp. 201-15, 1979; MARTINS, José de Souza. "A imigração espanhola para o Brasil e a formação da força de trabalho na economia cafeeira: 1880-1930". *Revista de História*. 121, pp. 5-26, 1989; REICHL, Christopher. "Stages in the historical process of ethnicity: the Japanese in Brazil". *Ethnohistory*. 42, n. 8, pp. 31-62, 1995; SEYFERTH, Giralda. *Imigração e cultura no Brasil*. Brasília, Editora UnB, 1990; TRUZZI, Oswaldo. *Patrícios: sírios e libaneses em São Paulo*. São Paulo, Editora Hucitec, 1997.
29. LESSER, Jeffrey. *Negotiating national identity: immigrants, minorities, and the struggle for ethnicity in Brazil*. Durham, Duke University Press, 1999, p. 4.
30. GROS, Denise. "Institutos liberais, neoliberalismo e políticas públicas na Nova República". *Revista Brasileira de Ciências Sociais*. 19, n. 54, pp. 143-60, 2004; NYLEN, William. "Selling neoliberalism: Brazil's instituto liberal". *Journal of Latin American Studies*. 25, pp. 301-11, 1993.

31. GALETTI, Roseli. "Migrantes estrangeiros no centro de São Paulo: coreanos e bolivianos". Em PATARRA, Neide Lopes (coord.). *Emigração e imigração internacionais no Brasil contemporâneo*. 2. ed. São Paulo, Fundo de População das Nações Unidas, 1996, pp. 133-43; SALES, Teresa; SALLES, Maria do Rosario R. *Políticas migratórias: América latina, Brasil e brasileiros no exterior*. São Carlos, Editora UFSCar, 2002.
32. O'DOUGHERTY, Maureen. *Consumption intensified: the politics of middle-class daily life in Brazil*. Durham, Duke University Press, 2002, p. 117.
33. CAMPOS, Mintaha Alcuri. *Turco pobre, sírio remediado, libanês rico: a trajetória do imigrante libanês no Espírito Santo*. Vitória, Instituto Jones dos Santos Neves, 1987; KARAM, John Tofik. "A cultural politics of entrepreneurship in nation-making: phoenicians, turks, and the arab commercial essence in Brazil". *Journal of Latin American Anthropology*. 9, n. 2. pp. 319-51, 2004; LESSER, Jeffrey. *Negotiating national identity: immigrants, minorities, and the struggle for ethnicity in Brazil*. Durham, Duke University Press, 1999.
34. FREYRE, Gilberto. *Casa grande e senzala*. Rio de Janeiro, José Olympio Editora, 1977 [1. ed. 1933].
35. Idem, p. 126.
36. CARDOSO, Fernando Henrique; IANNI, Octavio. *Cor e mobilidade social em Florianópolis*. São Paulo, Companhia Editora Nacional, 1960; HASENBALG, Carlos. *Discriminação e desigualdades raciais no Brasil*. Rio de Janeiro, Graal, 1979; WAGLEY, Charles (ed.). *Race and class in rural Brazil*. Paris, United Nations Educational, Scientific and Cultural Organization, 1952.
37. BOURDIEU, Pierre; WACQUANT Louis. "On the cunning of imperialist reason". *Theory, Culture and Society*. 16, n. 1, pp. 41-58, 1999; FRY, Peter. "O que a cinderela negra tem a dizer sobre a 'política racial' no Brasil". *Revista USP 28*. São Paulo, pp. 122-35, 1995.
38. ANDREWS, George Reid. *Blacks and whites in São Paulo, Brazil: 1888-1988*. Madison, University of Wisconsin Press, 1991; GOLDSTEIN, Donna. *Laughter out of place: race, class, violence, and sexuality in a Rio shantytown*. Berkeley, University of California Press, 2003; HANCHARD, Michael. *Orpheus and power: the movimento negro of Rio de Janeiro and São Paulo, Brazil, 1945-1988*. Princeton, Princeton University Press, 1994.
39. PARDUE, Derek. "Blackness and periphery: a retelling of hip-hop culture of São Paulo, Brazil". Ph.D. diss., University of Illinois, Urbana-Champaign, 2004; SANSONE, Livio. *Blackness without ethnicity: constructing race in Brazil*. New York, Palgrave Macmillan, 2003.
40. KOFES, Suely, et al. "Gênero e raça em revista: debate com os editores da revista *Raça Brasil*". *Cadernos Pagu*. 6-7, pp. 241-96, 1996; SIMPSON, Amelia. *Xuxa: the mega-marketing of gender, race, and modernity*. Philadelphia, Temple University Press, 1993.

41. CLIFFORD, James. "Diaspora". *Cultural Anthropology 9, n. 3*, pp. 302-38, 1994.
42. HIMADEH, Sa'id. *The economic organization of Syria and Lebanon*. Beirut, 1936; ISSAWI, Charles (ed.). *The economic history of the Middle East 1800-1914*. Chicago, University of Chicago Press, 1966; KARPAT, Kemal. "The Ottoman emigration to America". *International Journal of Middle East Studies. 17*, pp. 175-209, 1985.
43. Cit. em GATTAZ, André Castanheira. "História oral da imigração libanesa para o Brasil: 1880-2000". Ph.D. Diss., Universidade de São Paulo, São Paulo, 2001, p. 15.
44. RIGGS, Lynn. *Green grow the lilacs*. New York, Samuel French, 1931.
45. BARINGER, Sandra. "*Oklahoma!* and assimilation". *Proceedings of the Modern Language Association. 113, n. 3*, p. 452, 1998.
46. SHAHEEN, Jack. *The T.V. Arab*. Madison, Bowling Green State University Press, 1984.
47. GATTAZ, André Castanheira. "História oral da imigração libanesa para o Brasil: 1880-2000". Ph.D. Diss., Universidade de São Paulo, São Paulo, 2001; LESSER, Jeffrey. *Negotiating national identity: immigrants, minorities, and the struggle for ethnicity in Brazil*. Durham, Duke University Press, 1999; NUNES, Heliane Prudente. "A imigração árabe em Goiás". Ph.D. diss., Universidade de São Paulo, São Paulo, 1993; TRUZZI, Oswaldo. *Patrícios: sírios e libaneses em São Paulo*. São Paulo, Editora Hucitec, 1997.
48. LESSER, Jeffrey. *Negotiating national identity: immigrants, minorities, and the struggle for ethnicity in Brazil*. Durham, Duke University Press, 1999, p. 8.
49. VARELLA, Flavia. "Patrícios, dinheiro, diploma e voto: a saga da imigração árabe". *Veja*, pp. 122-9, out. 2000.
50. SULEIMAN, Michael (ed.). *Arabs in America: building a new future*. Philadelphia, Temple University Press, 1999, p. 2.
51. ORFALEA, Gregory. *Before the flames: a quest for the history of Arab Americans*. Austin, University of Texas Press, 1988.
52. SCHOPMEYER, Kim. "A demographic portrait of Arab Detroit". Em ABRAHAM, Nabeel; SHRYOCK, Andrew (eds.). *Arab Detroit: from margin to mainstream*. Detroit, Wayne State University Press, 2000, pp. 61-92; ZOGBY, John. *Arab America today: a demographic profile of Arab Americans*. Washington, D.C., Zogby International, 1990.
53. SULEIMAN, Michael (ed.). *Arabs in America: building a new future*. Philadelphia, Temple University Press, 1999, p. 2.
54. NABER, Nadine. "Ambiguous insiders: an investigation of Arab American invisibility". *Ethnic and Racial Studies. 23*, pp. 37-61, 2000; SALIBA, Therese. "Resisting invisibility: Arab Americans in academia and activism". Em SULEIMAN, Michael (ed.). *Arabs in America: building a new future*. Philadelphia, Temple University Press, 1999, pp. 304-19.

55. Lesser, Jeffrey. *Negotiating national identity: immigrants, minorities, and the struggle for ethnicity in Brazil*. Durham, Duke University Press, 1999, p. 8.
56. Idem, p. 42.
57. Samhan, Helen Hatab. "Not quite white: race classification and the Arab American experience". Em Suleiman, Michael (ed.). *Arabs in America: building a new future*. Philadelphia, Temple University Press, 1999, p. 216.
58. Massad, Joseph. "Palestinians and the limits of racialized discourse". *Social Text*. 11, n. 1, pp. 90-112, 1993; Saliba, Therese. "Resisting invisibility: Arab Americans in academia and activism". Em Suleiman, Michael (ed.). *Arabs in America: building a new future*. Philadelphia, Temple University Press, 1999, pp. 304-19.
59. Yuri, Debora. "O nosso lado árabe". *Revista da Folha*. São Paulo, 8, set. 2001.
60. Cit. em Melo, Josimar. "Esqueça o medo e vá comer no árabe", *Folha de S.Paulo*, 23 set. 2001, p. 14.
61. Howell, Sally; Shryock, Andrew. "Cracking down on diaspora: arab Detroit and America's war on terror". *Anthropological Quarterly* .76, n. 3, p. 455, 2004.
62. Shryock, Andrew. "New images of Arab Detroit: seeing otherness and identity through the lens of September 11". *American Anthropologist*. 104, p. 918, 2002.
63. Ministério da Justiça americano, cit. em Howell, Sally; Shryock, Andrew. "Cracking down on diaspora: arab Detroit and America's war on terror". *Anthropological Quarterly* .76, n. 3, p. 447, 2004.
64. Howell, Sally; Shryock, Andrew. "Cracking down on diaspora: arab Detroit and America's war on terror". *Anthropological Quarterly* .76, n. 3, p. 455, 2004.
65. Mott, Maria Lucia. "Imigração árabe, um certo oriente no Brasil". Em *Brasil: 500 anos de povoamento*. Rio de Janeiro, IBGE, 2000, p. 190.
66. Cit. em Clifford, James. *Routes: travel and translation in the late twentieth century*. Cambridge, Harvard University Press, 1997, p. 56.
67. Lewis, J. Lowell. "Sex and violence in Brazil: carnival, capoeira, and the problem of everyday life". *American Ethnologist*. 26, n. 3, p. 717, 1999.
68. Narayan, Kirin. "How native is a 'native' anthropologist?". *American Anthropologist*. 95, p. 673, 1993.

PRIMEIRA PARTE – Imaginando a economia política
Capítulo 1. De párias a parceiros na nação exportadora

1. Appadurai, Arjun. *Modernity at large: cultural dimensions of globalization*. Minneapolis, University of Minnesota Press, 1996; Basch, Linda; Glick-Schiller, Nina & Szanton-Blanc Cristina. *Nations unbound: transnational projects, postcolonial predicaments, and deterritorialized nation-states*. Langhorne, Gordon and Breach, 1994.

NOTAS BIBLIOGRÁFICAS

2. CHEAH, Pheng; ROBBINS, Bruce (eds.). *Cosmopolitics: thinking and feeling beyond the nation*. Minneapolis, University of Minnesota Press, 1998; ONG, Aihwa. *Flexible citizenship: the cultural logics of transnationality*. Durham, Duke University Press, 1999; SASSEN, Saskia. "Spatialities and temporalities of the global: elements for a theorization". Em APPADURAI, Arjun (ed.). *Globalization*. Durham, Duke University Press, 2001, pp. 260-78.
3. SCHEIN, Louisa. "Importing Miao brethren to Hmong America: a not-so-stateless transnationalism". Em CHEAH, Pheng; ROBBINS, Bruce. *Cosmopolitics: thinking and feeling beyond the nation*. Minneapolis, University of Minnesota Press, 1998, p. 164.
4. YÚDICE, George. "Civil society, consumption, and governmentality in an age of global restructuring". *Social Text*. 45, pp. 1-25, 1995; Idem, "The privatization of culture". *Social Text*. 59, pp. 17-34, 1999.
5. KNOWLTON, Charles. *Sírios e libaneses em São Paulo*. São Paulo, Editora Anhembi, 1961, p. 23; TRUZZI, Oswaldo. *Patrícios: sírios e libaneses em São Paulo*. São Paulo, Editora Hucitec, 1997, p. 49.
6. KNOWLTON, Charles. *Sírios e libaneses em São Paulo*. São Paulo, Editora Anhembi, 1961, p. 143.
7. Idem, p. 143
8. JAFET, Nami. *Ensaios e discursos*. São Paulo, Editora Sá, 1947, p. 302.
9. Idem, p. 304.
10. DEAN, Warren. *The industrialization of São Paulo, 1880-1945*. Austin, University of Texas Press, 1969; HOLLOWAY, Thomas. *Immigrants on land: coffee and society in São Paulo, 1886-1930*. New York, Routledge Press, 1980; STOLCKE, Verena. *Coffee planters, workers, and wives: class conflict and gender relations on São Paulo plantations, 1850-1980*. New York, St. Martin's Press, 1988; WEINSTEIN, Barbara. *The Amazon rubber boom*. Cambridge, Harvard University Press, 1983.
11. RIO, João do (Paulo Barreto). *As religiões do Rio*. Rio de Janeiro, Editora Companhia Nacional, 1928, p. 168.
12. ELLIS JR., Alfredo. *Populações paulistas*. São Paulo, Companhia Editora Nacional, 1934, pp. 197-8.
13. Cit. em LESSER, Jeffrey. "(Re)creating ethnicity: Middle Eastern immigration to Brazil". *Americas*. 53, n. 1, p. 58, 1996.
14. SOCIEDADE NACIONAL DE AGRICULTURA. *Imigração: inquérito promovido pela Sociedade Nacional de Agricultura*. Rio de Janeiro, Villani e Barbero, 1926, p. 359.
15. Cit. em JUNIOR, Amarilio. *As vantagens da imigração syria no Brasil*. Rio de Janeiro, 1935, pp. 39, 41-2.
16. Citação parcial em LESSER, Jeffrey. *Negotiating national identity: immigrants, minorities, and the struggle for ethnicity in Brazil*. Durham, Duke University Press, 1999, p. 53.
17. ROQUETTE-PINTO, Edgar. *Rondônia*. 3. ed. Rio de Janeiro, Editora Companhia Nacional, 1935, p. 81.

18. LEOPOLDI, Maria Antonieta. *Política e interesses na industrialização brasileira: as associações industriais, a política econômica e o Estado*. São Paulo, Paz e Terra, 2000, p. 69.
19. BAER, Werner. *The Brazilian economy: growth and development*. 4. ed. Westport, Praeger, 1995, pp. 49, 81; LEOPOLDI, Maria Antonieta. *Política e interesses na industrialização brasileira: as associações industriais, a política econômica e o Estado*. São Paulo, Paz e Terra, 2000, p. 231.
20. STEIN, Stanley. *The Brazilian cotton manufacture: textile enterprise in an underdeveloped area, 1850-1950*. Cambridge, Harvard University Press, 1957.
21. BERGSMAN, Joel. *Brazil: industrialization and trade policies*. New York, Oxford University Press, 1970, p. 137; EVANS, Peter. *Dependent development: the alliance of multinational, state, and local capital in Brazil*. Princeton, Princeton University Press, 1979, p. 133.
22. Cf. cit. em CÂMARA DE COMÉRCIO ÁRABE BRASILEIRA. *Câmara de Comércio Árabe Brasileira*. São Paulo, CCAB, 1998, p. 30.
23. JAFET, Basilio. *A supremacia reconhecida*. São Paulo, Editora Esphinge, 1935, p. 11.
24. DEAN, Warren. *The industrialization of São Paulo, 1880-1945*. Austin, University of Texas Press, 1969, p. 31.
25. GREIBER, Betty; MALUF, Lina & MATTAR, Vera. *Memórias de imigração: libaneses e sírios em São Paulo*. São Paulo, Discurso Editorial, 1998, p. 84.
26. Cf. KARAM, John Tofik. "A cultural politics of entrepreneurship in nation-making: phoenicians, turks, and the arab commercial essence in Brazil". *Journal of Latin American Anthropology*. 9, n. 2, pp. 319-51, 2004.
27. O'DOUGHERTY, Maureen. *Consumption intensified: the politics of middle-class daily life in Brazil*. Durham, Duke University Press, 2002, p. 63.
28. CÂMARA DE COMÉRCIO ÁRABE BRASILEIRA. *Câmara de Comércio Árabe Brasileira*. São Paulo, CCAB, 1998, p. 38.
29. Idem, p. 37.
30. Idem, pp. 37-8.
31. Idem, pp. 41-2.
32. BUECHLER, Simone. "Enacting the global economy in São Paulo, Brazil: the impact of labor market restructuring on low-income women". Ph.D. Diss., Columbia University, New York, 2002, p. 349.
33. CÂMARA DE COMÉRCIO ÁRABE BRASILEIRA. *Câmara de Comércio Árabe Brasileira*. São Paulo, CCAB, 1998, p. 50.
34. CÂMARA DE COMÉRCIO ÁRABE BRASILEIRA. *Almanaque*. São Paulo, CCAB, 1989, pp. 15-8.
35. Idem, pp. 28-30.

NOTAS BIBLIOGRÁFICAS

Capítulo 2. A ét(n)ica e a reforma transparente do Estado

1. Gupta, Akhil. "Blurred boundaries: the discourse of corruption, the culture of politics, and the imagined state". *American Ethnologist.* 22, n. 2, pp. 375-402, 1995; cf. Ferguson, James; Gupta, Akhil. "Spatializing states: toward an ethnography of neoliberal governmentality". *American Ethnologist.* 29, n. 4, pp. 981-1002, 2003.
2. Gupta, Akhil. "Blurred boundaries: the discourse of corruption, the culture of politics, and the imagined state". *American Ethnologist.* 22, n. 2, p. 376, 1995.
3. Scott, James. *Seeing like a state: how certain schemes to improve the human condition have failed.* New Haven, Yale University Press, 1998.
4. Amaral, Roberto. "Mass media in Brazil: Modernization to prevent change". Em Fox, Elizabeth; Waisbord, Silvio (eds.). *Latin Politics, Global Media.* Austin, University of Texas Press, 2002, pp. 38-46; Carvalho, Rejane Vasconcelos Accioly de. *Transição democrática brasileira e padrão midiático publicitário da política.* Campinas, Pontes, 1999; Guimarães, Cesar; Amaral, Roberto. "Brazilian television: a rapid conversion to the new order". Em Fox, Elizabeth. *Media and politics in Latin America: the struggle for democracy.* London, Sage Publications, 1998, pp. 51-70.
5. Bezerra, Marcos Otavio. *Corrupção: um estudo sobre poder público e relações pessoais no Brasil.* Rio de Janeiro, Relume-Dumara, 1995; Cardozo, José Eduardo. *A máfia das propinas: investigando a corrupção em São Paulo.* São Paulo, Editora Fundação Perseu Abramo, 2000; Gois, Chico de. *Segredos da máfia: os bastidores do escândalo que abalou São Paulo.* São Paulo, Publisher Brasil, 2000.
6. Sanders, Todd; West, Harry G. "Power revealed and concealed in the new world order". Em Sanders, Todd; West, Harry G. (eds.). *Transparency and conspiracy: ethnographies of suspicion in the new world order.* Durham, Duke University Press, 2003, p. 28.
7. Skidmore, Thomas. *Politics in Brazil, 1930-1964: an experiment in democracy.* New York, Oxford University Press, 1967.
8. Fausto, Boris; Grün, Roberto; Sakurai, Celia & Truzzi, Oswaldo. *Imigração e política em São Paulo.* São Paulo, Editora idesp/Sumaré, 1995, p. 26.
9. Truzzi, Oswaldo. "Sírios e libaneses em São Paulo: a anatomia da sobre-representação". Em Fausto, Boris. *Imigração e política em São Paulo.* São Paulo, Editora idesp/Sumaré, 1995, pp. 53-4.
10. Idem, p. 59.
11. Idem.
12. Idem.
13. Cit. em Truzzi, Oswaldo. "Sírios e libaneses em São Paulo: a anatomia da sobre-representação". Em Fausto, Boris. *Imigração e política em São Paulo.* São Paulo, Editora idesp/Sumaré, 1995, p. 39.

14. Idem, pp. 36-8.
15. PULS, Mauricio. *Folha explica: o malufismo.* São Paulo, Folha de São Paulo, 2000, p. 33.
16. SKIDMORE, Thomas. *Black into white: race and nationality in Brazilian thought.* New York, Oxford University Press, 1974.
17. DE LA TORRE, Carlos. "Neopopulism in contemporary Ecuador: the case of Bucaram's use of the mass media". *International Journal of Politics, Culture, and Society.* 12, n. 4, p. 556, 1999; Ver também JOZAMI, Gladys. "The return of the 'turks' in 1990s Argentina". *Patterns of Prejudice.* 30, pp. 16-35, 1996; ROBERTS, Lois J. *The Lebanese in Ecuador: a history of emerging leadership.* Boulder, Westview Press, 2000.
18. DE LA TORRE, Carlos. "Neopopulism in contemporary Ecuador: the case of Bucaram's use of the mass media". *International Journal of Politics, Culture, and Society.* 12, n. 4, pp. 566, 1999.
19. Idem.
20. MASSAD, Joseph. "Palestinians and the limits of racialized discourse". *Social Text.* 11, n. 1, pp. 90-112, 1993; SALIBA, Therese. "Resisting invisibility: Arab Americans in academia and activism". Em SULEIMAN, Michael (ed.). *Arabs in America: building a new future.* Philadelphia, Temple University Press, 1999, pp. 304-19.
21. SAMHAN, Helen Hatab. "Not quite white: race classification and the Arab American experience". Em SULEIMAN, Michael (ed.). *Arabs in America: building a new future.* Philadelphia, Temple University Press, 1999, pp. 209-26; ZOGBY, John. *Arab America today: a demographic profile of Arab Americans.* Washington, D.C., Zogby International, 1990.

SEGUNDA PARTE – Remodelando a ordem nacionalista
CAPÍTULO 3. OS "TURCOS" NO MODELO DE MERCADO DA DEMOCRACIA RACIAL

1. FERNANDES, Florestan. *The negro in Brazilian society.* New York, Columbia University Press, 1969; HARRIS, Marvin. *Patterns of race in the Americas.* New York, Walker, 1964.
2. ANDREWS, George Reid. *Blacks and whites in São Paulo, Brazil: 1888-1988.* Madison, University of Wisconsin Press, 1991; HANCHARD, Michael. *Orpheus and power: the movimento negro of Rio de Janeiro and São Paulo, Brazil, 1945-1988.* Princeton, Princeton University Press, 1994; TWINE, France Winddance. *Racism in a racial democracy: the maintenance of white supremacy in Brazil.* New Brunswick, Rutgers University Press, 1998.
3. WADE, Peter. *Race and ethnicity in Latin America.* London, Pluto Press, 1997, p. 112.
4. Idem.
5. OWENSBY, Brian. *Intimate ironies: modernity and the making of middle-class lives in Brazil.* Stanford, Stanford University Press, 1999, p. 91.

NOTAS BIBLIOGRÁFICAS

6. TRUZZI, Oswaldo. *Patrícios: sírios e libaneses em São Paulo.* São Paulo, Editora Hucitec, 1997, pp. 125-6, 244-7.
7. Idem, p. 143.
8. LESSER, Jeffrey. *Negotiating national identity: immigrants, minorities, and the struggle for ethnicity in Brazil.* Durham, Duke University Press, 1999.
9. MACHADO JR., Armando Marcondes. *Centro acadêmico XI de agosto: Faculdade de Direito de São Paulo, 1961-1998.* 4 vols. São Paulo, Mageart, 1998.
10. TRUZZI, Oswaldo. *Patrícios: sírios e libaneses em São Paulo.* São Paulo, Editora Hucitec, 1997, p. 131; Ver também OSMAN, Samira Adel. "Caminhos da imigração árabe em São Paulo: história oral de vida familiar". Tese de Mestrado, Universidade de São Paulo, São Paulo, 1998, pp. 19-20.
11. TRUZZI, Oswaldo. *Patrícios: sírios e libaneses em São Paulo.* São Paulo, Editora Hucitec, 1997, pp. 130-2.
12. FAUSTO, Boris (ed.). *Fazer a América: a imigração em massa para a América Latina.* São Paulo, Editora, 1999; O'DOUGHERTY, Maureen. *Consumption intensified: the politics of middle-class daily life in Brazil.* Durham, Duke University Press, 2002; OWENSBY, Brian. *Intimate ironies: modernity and the making of middle-class lives in Brazil.* Stanford, Stanford University Press, 1999.
13. OWENSBY, Brian. *Intimate ironies: modernity and the making of middle-class lives in Brazil.* Stanford, Stanford University Press, 1999.
14. BASTANI, Jorge Tanus. *O Líbano e os libaneses no Brasil.* Rio de Janeiro, Mendes Junior, 1945, p. 123.
15. DUOUN, Taufik. *A emigração sírio-libanesa as terras de promissão.* São Paulo, Tipografia Editora Árabe, 1944, pp. 56-7.
16. SAFADY, Wadih. *Cenas e cenários dos caminhos da minha vida.* São Paulo, Penna Editora, 1966, pp. 190-1.
17. SAFADY, Jamil. *O café e o mascate.* São Paulo, Editora Comercial Safady, 1972b, p. 117.
18. DUOUN, Taufik. *A emigração sírio-libanesa as terras de promissão.* São Paulo, Tipografia Editora Árabe, 1944, pp. 56-7.
19. BOURDIEU, Pierre. *Distinction: a social critique of the judgment of taste.* Cambridge, Harvard University Press, 1984.
20. GREIBER, Betty; MALUF, Lina & MATTAR, Vera. *Memórias de imigração: libaneses e sírios em São Paulo.* São Paulo, Discurso Editorial, 1998.
21. Cit. em idem, p. 253.
22. Cit. em idem, p. 179.
23. Cit. em idem, pp. 153-4.
24. BASTANI, Jorge Tanus. *O Líbano e os libaneses no Brasil.* Rio de Janeiro, Mendes Junior, 1945, pp. 163-4.

25. Idem, pp. 163-4.
26. Idem, p. 171.
27. Truzzi, Oswaldo. *Patrícios: sírios e libaneses em São Paulo*. São Paulo, Editora Hucitec, 1997, p. 140.
28. Idem, p. 142.
29. Cutait, Daher Elias. *Um médico, uma vida*. São Paulo, Editora Mandarim, 2000.
30. O'Dougherty, Maureen. *Consumption intensified: the politics of middle-class daily life in Brazil*. Durham, Duke University Press, 2002.
31. Greiber, Betty; Maluf, Lina & Mattar, Vera. *Memórias de imigração: libaneses e sírios em São Paulo*. São Paulo, Discurso Editorial, 1998, pp. 301-2.
32. O'Dougherty, Maureen. *Consumption intensified: the politics of middle-class daily life in Brazil*. Durham, Duke University Press, 2002, p. 22.
33. Lacaz, Carlos da Silva. *Médicos sírios e libaneses do passado: trajetória em busca de uma nova pátria*. São Paulo, Aimed, 1982.
34. Cf. Lacaz, Carlos da Silva. *Vultos da medicina brasileira*. 4 vols. São Paulo, Aimed, 1977.
35. Lacaz, Carlos da Silva. *Médicos sírios e libaneses do passado: trajetória em busca de uma nova pátria*. São Paulo, Aimed, 1982, p. 13.
36. Twine, France Winddance. *Racism in a racial democracy: the maintenance of white supremacy in Brazil*. New Brunswick, Rutgers University Press, 1998.
37. P. ex., Abraham, Nabeel; Shryock Andrew (eds.). *Arab Detroit: from margin to mainstream*. Detroit, Wayne State University Press, 2000; Kayal, Philip; Benson, Kathleen (eds.). *A community of many worlds: Arab Americans in New York City*. New York, Syracuse University Press, 2002; Orfalea, Gregory. *Before the flames: a quest for the history of Arab Americans*. Austin, University of Texas Press, 1988; Shaheen, Jack. *The T.V. Arab*. Madison, Bowling Green State University Press, 1984; Suleiman, Michael (ed.). *Arabs in America: building a new future*. Philadelphia, Temple University Press, 1999.
38. Bourdieu, Pierre. *Language and symbolic power*. Cambridge, Harvard University Press, 1991, pp. 50-2.
39. Geertz, Clifford. *The interpretation of cultures*. New York, HarperCollins, 1973.

Capítulo 4. Misturando cristãos, clonando muçulmanos

1. Fausto, Boris. "Um balanço da historiografia da imigração para O Estado de S. Paulo". *Estudios Migratorios Latinoamericanos*. 8, n. 25, pp. 415-40, 1993.
2. Estatuto do Estrangeiro. *Lei nº 6.815 de 19-8-80*. 26. ed. São Paulo, Editora Atlas, 2000, p. 18.
3. Anderson, Benedict. "Exodus". *Cultural Inquiry*. 20, p. 323, 1994.

NOTAS BIBLIOGRÁFICAS

4. NUNES, Heliane Prudente. "A imigração árabe em Goiás". Ph.D. diss., Universidade de São Paulo, São Paulo, 1993; TRUZZI, Oswaldo. *Patrícios: sírios e libaneses em São Paulo*. São Paulo, Editora Hucitec, 1997.
5. FAUSTO, Boris. "Um balanço da historiografia da imigração para O Estado de S. Paulo". *Estudios Migratorios Latinoamericanos*. 8, n. 25, pp. 415-40, 1993; SEYFERTH, Giralda. "La inmigración alemana y la politica brasileña de colonización". *Estudios Migratórios Latinoamericanos*. 10, n. 29, pp. 53-75, 1995; SKIDMORE, Thomas. *Black into white: race and nationality in Brazilian thought*. New York, Oxford University Press, 1974.
6. GULICK, John. *Social structure and culture change in a Lebanese village*. New York, Wenner Gren, 1955, p. 62.
7. WILLIAMS, Judith. *The youth of Haouch El Harimi, a Lebanese village*. Cambridge, Harvard University Press, 1968, pp. 98, 105.
8. CAMPOS, Mintaha Alcuri. Turco pobre, sírio remediado, libanês rico: a trajetória do imigrante libanês no Espírito Santo. Vitória, Instituto Jones dos Santos Neves, 1987, p. 125.
9. DUOUN, Taufik. *A emigração sírio-libanesa as terras de promissão*. São Paulo, Tipografia Editora Árabe, 1944; KURBAN, Taufik. *Os syrios e libaneses no Brasil*. São Paulo, Sociedade Impressora Paulista, 1933; SAFADY, Jamil. *Panorama da imigração árabe*. São Paulo, Editora Comercial Safady, 1972a; SAFADY, Wadih. *Cenas e cenários dos caminhos da minha vida*. São Paulo, Penna Editora, 1966.
10. Cit. em SAFADY, Jorge. *Antologia árabe do Brasil*. São Paulo, Editora Comercial Safady, 1972a, p. 50.
11. Wadih. *Cenas e cenários dos caminhos da minha vida*. São Paulo, Penna Editora, 1966, p. 223.
12. CAMPOS, Mintaha Alcuri. Turco pobre, sírio remediado, libanês rico: a trajetória do imigrante libanês no Espírito Santo. Vitória, Instituto Jones dos Santos Neves, 1987, p. 125.
13. Cit. em GREIBER, Betty; MALUF, Lina & MATTAR, Vera. *Memórias de imigração: libaneses e sírios em São Paulo*. São Paulo, Discurso Editorial, 1998, p. 179.
14. VARELLA-GARCIA, Marileila. "Demographic studies in a Brazilian population of Arabian origin". *Social Biology*. 23, n. 2, p. 164, 1976.
15. Cit. em NUNES, Heliane Prudente. "A imigração árabe em Goiás". Ph.D. diss., Universidade de São Paulo, São Paulo, 1993, p. 195.
16. LESSER, Jeffrey. *Negotiating national identity: immigrants, minorities, and the struggle for ethnicity in Brazil*. Durham, Duke University Press, 1999, p. 42.
17. Idem, p. 49; OSMAN, Samira Adel. "Caminhos da imigração árabe em São Paulo: história oral de vida familiar". Tese de Mestrado, Universidade de São Paulo, São Paulo, 1998.

18. SAFADY, Wadih. *Cenas e cenários dos caminhos da minha vida*. São Paulo, Penna Editora, 1966, p. 224.
19. ASSRAUY, Nagib. *O druzismo*. Belo Horizonte, Editora São Vicente, 1967, p. 39.
20. JUNIOR, Amarilio. *As vantagens da imigração syria no Brasil*. Rio de Janeiro, Editora, 1935; SOUZA, Rafael Paula. "Contribuição à etnologia paulista". *Revista do Arquivo Municipal*. 3, *n.* 3, pp. 95-105, 1937.
21. DIEGUES, Manuel. *Etnias e culturas no Brasil*. Rio de Janeiro, Civilização Brasileira, 1976 [1. ed. 1952], p. 145.
22. ELLIS JR., Alfredo. *Populações paulistas*. São Paulo, Companhia Editora Nacional, 1934, p. 197.
23. RIO, João do (Paulo Barreto). *As religiões do Rio*. Rio de Janeiro, Editora Companhia Nacional, 1928, pp. 164-5.
24. LESSER, Jeffrey. "Immigration and shifting concepts of national identity in Brazil during the Vargas era". *Luso-Brazilian Review*. 31, *n.* 2, pp. 23-44, 1994.
25. Idem, p. 26.
26. Idem, p. 31.
27. DIEGUES, Manuel. *Imigração, urbanização e industrialização*. Rio de Janeiro, Instituto de Estudos Pedagógicos, 1964, pp. 50-1; NEIVA, Artur Hehl. *O problema imigratório brasileiro*. Rio de Janeiro, Imprensa Nacional, 1945, p. 23; SKIDMORE, Thomas. *Black into white: race and nationality in Brazilian thought*. New York, Oxford University Press, 1974, p. 137.
28. SKIDMORE, Thomas. *Black into white: race and nationality in Brazilian thought*. New York, Oxford University Press, 1974, p. 137.
29. MITA, Chiyoko. "Ochenta años de inmigración japonesa en el Brasil". *Estudios Migratorios Latinoamericanos*. 10, *n.* 30, pp. 431-52, 1995, p. 439; SKIDMORE, Thomas. *Black into white: race and nationality in Brazilian thought*. New York, Oxford University Press, 1974.
30. CONSELHO DE IMIGRAÇÃO E COLONIZAÇÃO. *Anteprojeto de lei sobre imigração e colonização*. Rio de Janeiro, Imprensa Nacional, 1943, pp. 186-95.
31. NEIVA, Artur Hehl. *O problema imigratório brasileiro*. Rio de Janeiro, Imprensa Nacional, 1945, p. 46.
32. Cit. em CAVARZERE, Thelma Thais. "Direito internacional da pessoa humana: a circulação internacional de pessoas". Ph.D. Diss., Universidade de São Paulo, São Paulo, 1991, p. 250; CHAVEZ, Antonio. *As normas nacionalizadoras no direito brasileiro*. São Paulo, Saraiva, 1950, p. 33.
33. CAVARZERE, Thelma Thais. "Direito internacional da pessoa humana: a circulação internacional de pessoas". Ph.D. Diss., Universidade de São Paulo, São Paulo, 1991.
34. CARVALHO, A. Dardeau. *Situação jurídica do estrangeiro no Brasil*. São Paulo, Sugestões Literárias, 1976, p. 21.

NOTAS BIBLIOGRÁFICAS

35. ELLIS JR., Alfredo. *Populações paulistas*. São Paulo, Companhia Editora Nacional, 1934; GUIMARÃES, Caio de Freitas. "A assimilação dos principais grupos estrangeiros, através das estatísticas dos casamentos e nascimentos, na população do município de São Paulo: 1940-46". *Boletim do Departamento de Estatística do Estado de São Paulo 14*. São Paulo, n. 2, pp. 81-114, 1952; NEIVA, Artur Hehl. *O problema imigratório brasileiro*. Rio de Janeiro, Imprensa Nacional, 1945; SOUZA, Rafael Paula. "Contribuição à etnologia paulista". *Revista do Arquivo Municipal. 3, n. 3*, pp. 95-105, 1937; VIANA, Oliveira. *Raça e assimilação*. São Paulo, Companhia Editora Nacional, 1932; cf. LESSER, Jeffrey. "(Re)creating ethnicity: Middle Eastern immigration to Brazil". *Americas. 53, n. 1*, pp. 45-65, 1996; Idem, *Negotiating national identity: immigrants, minorities, and the struggle for ethnicity in Brazil*. Durham, Duke University Press, 1999.
36. LESSER, Jeffrey. "Immigration and shifting concepts of national identity in Brazil during the Vargas era". *Luso-Brazilian Review. 31, n. 2*, pp. 23-44, 1994; Idem, *Welcoming the undesirables: Brazil and the Jewish question*. Berkeley, University of California Press, 1995.
37. FAUSTO, Boris. "Um balanço da historiografia da imigração para O *Estado de S. Paulo*". *Estudios Migratorios Latinoamericanos. 8, n. 25*, pp. 415-40, 1993; SKIDMORE, Thomas. *Black into white: race and nationality in Brazilian thought*. New York, Oxford University Press, 1974.
38. ELLIS JR., Alfredo. *Populações paulistas*. São Paulo, Companhia Editora Nacional, 1934; GUIMARÃES, Caio de Freitas. "A assimilação dos principais grupos estrangeiros, através das estatísticas dos casamentos e nascimentos, na população do município de São Paulo: 1940-46". *Boletim do Departamento de Estatística do Estado de São Paulo 14*. São Paulo, n. 2, pp. 87, 100 e 106, 1952; JUNIOR, Amarilio. *As vantagens da imigração syria no Brasil*. Rio de Janeiro, 1935; SOUZA, Rafael Paula. "Contribuição à etnologia paulista". *Revista do Arquivo Municipal. 3, n. 3*, pp. 95-105, 1937; VIANA, Oliveira. *Raça e assimilação*. São Paulo, Companhia Editora Nacional, 1932.
39. KNOWLTON, Charles. *Sírios e libaneses em São Paulo*. São Paulo, Editora Anhembi, 1961, p. 93.
40. ELLIS JR., Alfredo. *Populações paulistas*. São Paulo, Companhia Editora Nacional, 1934, pp. 197-211; VIANA, Oliveira. *Raça e assimilação*. São Paulo, Companhia Editora Nacional, 1932, pp. 12-22.
41. Cf. JUNIOR, Amarilio. *As vantagens da imigração syria no Brasil*. Rio de Janeiro, 1935.
42. LESSER, Jeffrey. "(Re)creating ethnicity: Middle Eastern immigration to Brazil". *Americas. 53, n. 1*, pp. 45-65, 1996.
43. FAUSTO, Boris. "Um balanço da historiografia da imigração para O *Estado de S. Paulo*". *Estudios Migratorios Latinoamericanos. 8, n. 25*, pp. 415-40, 1993.
44. ELLIS JR., Alfredo. *Populações paulistas*. São Paulo, Companhia Editora Nacional, 1934, pp. 197-211; VIANA, Oliveira. *Raça e assimilação*. São Paulo, Companhia Editora Nacional, 1932, pp. 120-2.

45. Levy, cf. cit. em Junior, Amarilio. *As vantagens da imigração syria no Brasil*. Rio de Janeiro, Editora, 1935, p. 40.
46. Souza, Rafael Paula. "Contribuição à etnologia paulista". *Revista do Arquivo Municipal. 3, n. 3*, pp. 101-2, 1937.
47. Araújo, Oscar Egidio de. 1940. "Enquistamentos étnicos." *Revista do Arquivo Municipal 6*, no. 65:227-46.
48. Knowlton, Charles. *Sírios e libaneses em São Paulo*. São Paulo, Editora Anhembi, 1961, p. 51.
49. Bastide, Roger. *Brasil: terra de contrastes*. Rio de Janeiro, Companhia Editora Nacional, 1964, p. 197.
50. Bourdieu, Pierre. *Distinction: a social critique of the judgment of taste*. Cambridge, Harvard University Press, 1984.
51. Cit. em Greiber, Betty; Maluf, Lina & Mattar, Vera. *Memórias de imigração: libaneses e sírios em São Paulo*. São Paulo, Discurso Editorial, 1998, p. 153.
52. Guimarães, Caio de Freitas. "A assimilação dos principais grupos estrangeiros, através das estatísticas dos casamentos e nascimentos, na população do município de São Paulo: 1940-46". *Boletim do Departamento de Estatística do Estado de São Paulo 14*. São Paulo, n. 2, p. 107, 1952.
53. Amado, Jorge. *Gabriela, cravo e canela*. 79. ed. Rio de Janeiro, Record, 1998 [1. ed. 1958].
54. Idem, p. 321.
55. Amado, Jorge. *Tocaia grande: A face obscura*. Rio de Janeiro, Record, 1981, p. 39.
56. Estatuto do Estrangeiro. *Lei nº 6.815 de 19-8-80*. 26. ed. São Paulo, Editora Atlas, 2000, p. 18.
57. Idem, p. 415.
58. Cit. em Gattaz, André Castanheira. "História oral da imigração libanesa para o Brasil: 1880-2000". Ph.D. Diss., Universidade de São Paulo, São Paulo, 2001, p. 208.
59. Cit. em Osman, Samira Adel. "Caminhos da imigração árabe em São Paulo: história oral de vida familiar". Tese de Mestrado, Universidade de São Paulo, São Paulo, 1998, p. 299.
60. Lesser, Jeffrey. *Negotiating national identity: immigrants, minorities, and the struggle for ethnicity in Brazil*. Durham, Duke University Press, 1999, p. 5.

TERCEIRA PARTE – Fazendo o marketing da cultura étnica
Capítulo 5. Reapropriação étnica no circuito dos clubes sociais

1. Fry, Peter. *Para inglês ver*. Rio de Janeiro, Zahar Editores, 1982; Queiroz, Maria Isaura Pereira de. "The samba schools of Rio de Janeiro, or the domestication of an urban mass". *Diogenes. 129*, pp. 1-32, 1985.

2. BROWNING, Barbara. *Samba: resistance in motion.* Bloomington, Indiana University Press, 1995; GUILLERMOPRIETO, Alma. *Samba.* New York, Alfred A. Knopf, 1990; SHERIFF, Robin. "The theft of carnaval: national spectacle and racial politics in Rio de Janeiro". *Cultural Anthropology. 14, n. 1,* pp. 3-28, 1999.
3. LUXNER, Larry. "Esfihas to go". *Saudi Aramco World. 51, n. 6,* pp. 34-7, 2000; VASCONCELLOS, Mayra Moreira. *Dança do ventre: dança do coração.* São Paulo, Radhu, 2000.
4. BOURDIEU, Pierre. *Outline of a theory of practice.* Cambridge, Cambridge University Press, 1977, pp. 179-83.
5. Jamil Safady, cit. em SAFADY, Jorge. *Antologia árabe do Brasil.* São Paulo, Editora Comercial Safady, 1972a, p. 27.
6. SMITH, James. "Of spirit possession and structural adjustment programs". *Journal of religion in Africa. 31, n. 4,* p. 804, 2001.
7. Cit. em DIEGUES, Manuel. *Etnias e culturas no Brasil.* Rio de Janeiro, Civilização Brasileira, 1976 [1. ed. 1952], p. 146.
8. Cf. LUXNER, Larry. "Esfihas to go". *Saudi Aramco World. 51, n. 6,* pp. 34-7, 2000.
9. BAER, Werner. *The Brazilian economy: growth and development.* 4. ed. Westport, Praeger, 1995.
10. PARKER, Richard. *Beneath the Equator: cultures of desire, male homosexuality, and emerging gay communities in Brazil.* New York, Routledge, 1999, p. 153.
11. GATTAZ, André Castanheira. "História oral da imigração libanesa para o Brasil: 1880-2000". Ph.D. Diss., Universidade de São Paulo, São Paulo, 2001, p. 239.

CAPÍTULO 6. TURBULÊNCIA AÉREA NO TURISMO DIASPÓRICO

1. SCHEIN, Louisa. "Importing Miao brethren to Hmong America: a not-so-stateless transnationalism". Em CHEAH, Pheng; ROBBINS, Bruce. *Cosmopolitics: thinking and feeling beyond the nation.* Minneapolis, University of Minnesota Press, 1998, p. 190.
2. KLICH, Ignacio. "Arab-Jewish coexistence in the first half of the 1900s' Argentina: overcoming self-imposed amnesia". Em KLICH, Ignacio; LESSER, Jeffrey (eds.). *Arab and Jewish immigrants in Latin America: images and realities.* London, Frank Casso, 1998, pp. 1-37.
3. LESSER, Jeffrey. "'Jews are Turks who sell on credit': elite images of Arabs and Jews in Brazil". Em KLICH, Ignacio; LESSER, Jeffrey (eds.). *Arab and Jewish immigrants in Latin America: images and realities.* London, Frank Casso, 1998, p. 40.
4. GUPTA, Akhil. "The song of the non-aligned world: transnational identities and the reinscription of space in late capitalism". Em GUPTA, Akhil; FERGUSON, James (eds.). *Culture, power, place: explorations in critical anthropology.* Durham, Duke University Press, 1997, p. 182.
5. JOUSIFFE, Ann. *Lonely Planet: Lebanon.* Victoria, Australia, Lonely Planet Publications, 2001.

6. Idem, p. 240.
7. Idem.

CONCLUSÃO
(In)segurança de futuro: Arabicidade, neoliberalismo e Brasil

1. COMAROFF, Jean; COMAROFF, John. "Millennial capitalism: first thoughts on a second coming". *Public Culture.* 12, n. 2, p. 304, 2000.
2. FRIEDLANDER, Judith. Being indian in Hueyapan: a study of forced identity in contemporary Mexico. New York, St. Martin's Press, 1975; MUNASINGHE, Viranjini. Callaloo or tossed salad? East indians and the cultural politics of identity in Trinidad. Ithaca, Cornell University Press, 2001; STUTZMAN, Ronald. "El mestizaje: an all-inclusive ideology of exclusion". Em WHITTEN, Norman (ed.). Cultural transformations and ethnicity in modern Ecuador. Urbana, University of Illinois Press, 1981, pp. 45-94; WARREN, Kay. The symbolism of subordination: Indian identity in a Guatemalan town. Austin, University of Texas Press, 1989 [1. ed. 1978]; WILLIAMS, Brackette. Stains on my name, war in my veins: Guyana and the politics of cultural struggle. Durham, Duke University Press, 1991.
3. BABB, Florence. *After revolution: mapping gender and cultural politics in neoliberal Nicaragua.* Austin, University of Texas Press, 2001; GWYNNE, Robert; KAY, Cristobal. "Latin America transformed: changing paradigms, debates and alternatives". Em GWYNNE, Robert; KAY, Cristobal (eds.). *Latin America transformed: globalization and modernity.* New York, Arnold and Oxford University Press, 1999, pp. 2-29; KINGSTONE, Peter. *Crafting coalitions for reform: business preferences, political institutions, and neoliberal reform in Brazil.* University Park, Pennsylvania State University Press, 1999; OXHORN, Philip; DUCANTENZEILER, Graciela (eds.). *What kind of democracy? What kind of market? Latin America in the age of neoliberalism.* University Park, Pennsylvania State University Press, 1998; STOKES, Susan Carol. *Mandates and democracy: neoliberalism by surprise in Latin America.* New York, Cambridge University Press, 2001; WEYLAND, Kurt. *Growth without equity: failures of reform in Brazil.* Pittsburgh, University of Pittsburgh Press, 1996; Idem, "Swallowing the bitter pill: sources of popular support for neoliberal reform in Latin America". *Comparative Political Studies.* 31, n. 5, pp. 539-68, 1998.
4. GREEN, Duncan. *Silent revolution: the rise of market economics in Latin America.* London, Cassell, 1995, p. 2.
5. PETRAS, James; VEHMEYER, Henry. "Whither Lula's Brazil? Neoliberalism and 'third way' ideology". *Journal of Peasant Studies.* 31, n. 1, p. 2, 2003.

REFERÊNCIAS BIBLIOGRÁFICAS

Jornais, revistas e boletins

al-Nur
al-Urubat
A Nação
Carta do Líbano
Câmara Árabe Notícias
Chams
Correio Paulistano
Diário Popular
Folha da Noite
Folha de S.Paulo
Gazeta Mercantil
Homs
IstoÉ
Jornal da Tarde
Jornal do Brás
O Estado de S. Paulo
O Oriente
Orient Express
Oriente, Encanto e Magia
Revista Sírio
Shuf
Univinco
Valor Econômico
Veja
   Veja São Paulo

Livros, artigos e teses

Abraham, Nabeel; Shryock Andrew (eds.). *Arab Detroit: from margin to mainstream*. Detroit, Wayne State University Press, 2000.

Abraham, Sameer; Nabeel Abraham (eds.). *Arabs in the new world: studies on arab american communities*. Detroit, Wayne State University Press, 1983.

Abu-Lughod, Leila. *Dramas of nationhood: the politics of television in Egypt*. Chicago, University of Chicago Press, 2005.

Akrnir, Abdeluahed. *La inmigración arabe en Argentina (1880-1980)*. Madrid, Universidad Complutense de Madrid, 1991.

Alonso, Ana Maria. "Politics of space, time, and substance: state formation, nationalism, and ethnicity". *Annual Review of Anthropology*. 23, pp. 379-405, 1994.

Amado, Jorge. *São Jorge de Ilhéus*. Rio de Janeiro, Olympus, 1945.

_____. *Tocaia grande: A face obscura*. Rio de Janeiro, Record, 1981.

_____. *A descoberta da América pelos turcos*. Rio de Janeiro, Record, 1991.

_____. *Gabriela, cravo e canela*. 79. ed. Rio de Janeiro, Record, 1998 [1. ed. 1958].

AMARAL, Roberto. "Mass media in Brazil: Modernization to prevent change". Em FOX, Elizabeth; WAISBORD, Silvio (eds.). *Latin Politics, Global Media*. Austin, University of Texas Press, 2002, pp. 38-46.

ANDERSON, Benedict. *Imagined communities: reflections on the origin and spread of nationalism*. New York, Verso, 1991 [1. ed. 1983].

_____. "Exodus". *Cultural Inquiry*. 20, pp. 324-5, 1994.

ANDREWS, George Reid. *Blacks and whites in São Paulo, Brazil: 1888-1988*. Madison, University of Wisconsin Press, 1991.

ANTONIUS, George. *The arab awakening: the story of the arab national movement*. New York, Capricorn Books, 1965 [1. ed. 1939].

AOUN, Farid. *Do cedro ao mandacaru*. Recife, Editora Pernambucana, 1979.

APPADURAI, Arjun. *Modernity at large: cultural dimensions of globalization*. Minneapolis, University of Minnesota Press, 1996.

APPELBAUM, Nancy P.; MACPHERSON, Anne S. & ROSEMBLATT, Karin Alejandra. "Racial nations". Em APPELBAUM, Nancy P.; MACPHERSON, Anne S. & ROSEMBLATT, Karin Alejandra (eds.). *Race and nation in modern Latin America*. Chapel Hill, University of North Carolina Press, 2003, pp. 1-31.

ARAÚJO, Oscar Egidio de. "Enquistamentos étnicos". Revista do Arquivo Municipal 6, Associação dos Antigos Alunos da Faculdade de Medicina da Universidade de São Paulo (AAAFMUSP), São Paulo, 65, pp. 227-46, 1995.

ASSRAUY, Nagib. *O druzismo*. Belo Horizonte, Editora São Vicente, 1967.

ASWAD, Barbara (ed.). *Arabic speaking communities in american cities*. New York, Center for Migration Studies, 1974.

AZEVEDO, Thales. *As elites de cor: um estudo de ascenção*. São Paulo, Companhia Editora Nacional, 1951.

BABB, Florence. *After revolution: mapping gender and cultural politics in neoliberal Nicaragua*. Austin, University of Texas Press, 2001.

BACELAR, Jeferson. *A hierarquia das raças: negros e brancos em Salvador*. Rio de Janeiro, Pallas. 2001.

BAER, Werner. *The Brazilian economy: growth and development*. 4. ed. Westport, Praeger, 1995.

BARINGER, Sandra. "Oklahoma! and assimilation". *Proceedings of the Modern Language Association*. 113, n. 3, pp. 452-3, 1998.

REFERÊNCIAS BIBLIOGRÁFICAS

BARTH, Frederik. "Introduction". Em BARTH, Frederik. *Ethnic groups and boundaries: the social organization of culture difference*. London, George Allen and Unwin, 1969, pp. 9-38.

BASCH, Linda; GLICK-SCHILLER, Nina & SZANTON-BLANC Cristina. *Nations unbound: transnational projects, postcolonial predicaments, and deterritorialized nation-states*. Langhorne, Gordon and Breach, 1994.

BASTANI, Jorge Tanus. *O Líbano e os libaneses no Brasil*. Rio de Janeiro, Mendes Junior, 1945.

BASTIDE, Roger. *Brasil: terra de contrastes*. Rio de Janeiro, Companhia Editora Nacional, 1964.

_____; FERNANDES, Florestan. *Brancos e negros em São Paulo*. 3. ed. São Paulo, Companhia Editora Nacional, 1971.

BERGSMAN, Joel. *Brazil: industrialization and trade policies*. New York, Oxford University Press, 1970.

BEZERRA, Marcos Otavio. *Corrupção: um estudo sobre poder público e relações pessoais no Brasil*. Rio de Janeiro, Relume-Dumara, 1995.

BILATE, Anver. *Zé Felipe: o libanês*. Rio de Janeiro, Mendes Junior, 1966.

BOURDIEU, Pierre. *Outline of a theory of practice*. Cambridge, Cambridge University Press, 1977.

_____. *Distinction: a social critique of the judgment of taste*. Cambridge, Harvard University Press, 1984.

_____. *Language and symbolic power*. Cambridge, Harvard University Press, 1991.

_____; WACQUANT Louis. "On the cunning of imperialist reason". *Theory, Culture and Society*. 16, n. 1, pp. 41-58, 1999.

BROWNING, Barbara. *Samba: resistance in motion*. Bloomington, Indiana University Press, 1995.

BRUNER, Edward. "Tourism in Ghana: the representation of slavery and the return of the black diaspora". *American Anthropologist*. 98, n. 2, pp. 290-304, 1996.

BUECHLER, Simone. "Enacting the global economy in São Paulo, Brazil: the impact of labor market restructuring on low-income women". Ph.D. Diss., Columbia University, New York, 2002.

BURDICK, John. *Blessed Anastacia: women, race, and popular christianity in Brazil*. New York, Routledge, 1998.

CAINKAR, Louise. "The Palestinian community in Chicago". Em MCCARUS, Ernest (ed.). *The development of Arab-American identity*. Ann Arbor, University of Michigan Press, 1994, pp. 85-106.

CÂMARA DE COMÉRCIO ÁRABE BRASILEIRA. *Almanaque*. São Paulo, CCAB, 1989.

_____. Câmara de Comércio Árabe Brasileira. São Paulo, CCAB, 1998.

CAMPOS, Mintaha Alcuri. *Turco pobre, sírio remediado, libanês rico: a trajetória do imigrante libanês no Espírito Santo*. Vitória, Instituto Jones dos Santos Neves, 1987.

CARDOSO, Fernando Henrique; IANNI, Octavio. *Cor e mobilidade social em Florianópolis*. São Paulo, Companhia Editora Nacional, 1960.

CARDOZO, José Eduardo. *A máfia das propinas: investigando a corrupção em São Paulo*. São Paulo, Editora Fundação Perseu Abramo, 2000.

CARRILLO, Luis Ramirez. *Secretos de familia: libaneses y elites empresariales en Yucatán*. Mexico City, Consejo Nacional para la Cultura y las Artes, 1994.

CARVALHO, A. Dardeau. *Situação jurídica do estrangeiro no Brasil*. São Paulo, Sugestões Literárias, 1976.

CARVALHO, Hernani de. *Sociologia da vida rural*. Rio de Janeiro, Editora Civilização Brasileira, 1951.

CARVALHO, Rejane Vasconcelos Accioly de. *Transição democrática brasileira e padrão midiático publicitário da política*. Campinas, Pontes, 1999.

CAUFIELD, Sueann. *In defense of honor: sexual morality, modernity, and nation in early twentieth century Brazil*. Durham, Duke University Press, 2000.

CAVARZERE, Thelma Thais. "Direito internacional da pessoa humana: a circulação internacional de pessoas". Ph.D. Diss., Universidade de São Paulo, São Paulo, 1991.

CHASE, Jacquelyn (ed.). *The spaces of neoliberalism: land, place and family in Latin America*. Bloomfield, Kumarian Press, 2002.

CHATTERJEE, Partha. *The nation and its fragments*. Princeton, Princeton University Press, 1993.

CHAVEZ, Antonio. *As normas nacionalizadoras no direito brasileiro*. São Paulo, Saraiva, 1950.

CHEAH, Pheng; ROBBINS, Bruce (eds.). *Cosmopolitics: thinking and feeling beyond the nation*. Minneapolis, University of Minnesota Press, 1998.

CLIFFORD, James. "Diáspora". *Cultural Anthropology* 9, n. 3, pp. 302-38, 1994.

_____. *Routes: travel and translation in the late twentieth century*. Cambridge, Harvard University Press, 1997.

_____. "Mixed Feelings". Em CHEAH, Pheng; ROBBINS, Bruce (eds.). *Cosmopolitics: thinking and feeling beyond the nation*. Minneapolis, University of Minnesota Press, 1998, pp. 362-70.

_____; MARCUS, George (eds.). *Writing culture: the poetics and politics of ethnography*. Berkeley, University of California Press, 1986.

REFERÊNCIAS BIBLIOGRÁFICAS

COLLOREDO-MANSFELD, Rudy. "An ethnography of neoliberalism: understanding competition in artisan economies". *Current Anthropology*. 43, pp. 113-37, 2002.

COMAROFF, Jean; COMAROFF, John. "Of totemism and ethnicity". Ethnography and the historical imagination. Boulder, Westview Press, 1992, pp. 49-68 [1. ed. 1982].

_____. "Millennial capitalism: first thoughts on a second coming". *Public Culture*. 12, n. 2, pp. 291-343, 2000.

COMAROFF, John. "Ethnicity, nationalism and the politics of difference in an age of revolution". Em MACALLISTER, Patrick; WILMSEN, Edwin (eds.). *The politics of difference: ethnic premises in a world of power*. Chicago, University of Chicago Press, 1996, pp. 162-83.

CONSELHO DE IMIGRAÇÃO E COLONIZAÇÃO. Anteprojeto de lei sobre imigração e colonização. Rio de Janeiro, Imprensa Nacional, 1943.

CUTAIT, Daher Elias. *Um médico, uma vida*. São Paulo, Editora Mandarim, 2000.

DAMATTA, Roberto. *Carnivals, rogues, and heroes*. South Bend, University of Notre Dame Press, 1991.

_____. "For an anthropology of the Brazilian tradition ou A virtude está no meio". Em DAMATTA, Roberto; HESS, David (eds.). *The Brazilian puzzle: culture on the borderlands of the western world*. New York, Columbia University Press, 1995, pp. 270-91.

DAVIES, Charlotte Aull. *Reflexive ethnography: a guide to researching selves and others*. New York, Routledge, 1999.

DÁVILA, Arlene. "El kiosko Budweiser: the making of a 'national' television show in Puerto Rico". *American Ethnologist*. 25, n. 3, pp. 452-70, 1999.

_____. *Latinos inc.: the marketing and making of a people*. Berkeley, University of California Press, 2001.

DEAN, Warren. *The industrialization of São Paulo, 1880-1945*. Austin, University of Texas Press, 1969.

DEGLER, Carl. *Neither black nor white: slavery and race relations in Brazil and the United States*. Madison, University of Wisconsin Press, 1986 [1. ed. 1971].

DE LA TORRE, Carlos. "Neopopulism in contemporary Ecuador: the case of Bucaram's use of the mass media". *International Journal of Politics, Culture, and Society*. 12, n. 4, pp. 555-71, 1999.

DEPARTAMENTO ESTADUAL DA ESTATÍSTICA. *Catálogo das indústrias do município da capital*, 1945. São Paulo, Rothschild Loureiro e Cia, 1947.

DIEGUES, Manuel. *Imigração, urbanização e industrialização*. Rio de Janeiro, Instituto de Estudos Pedagógicos, 1964.

_____. *Etnias e culturas no Brasil*. Rio de Janeiro, Civilização Brasileira, 1976 [1. ed. 1952].

DILLEY, Roy. "Contesting markets: a general introduction to market ideology, imagery, and discourse". Em DILLEY, Roy (ed.). *Contesting markets: analyses of ideology, discourse, and practice*. London, Edinburgh University Press, 1990, pp. 1-28.

DUANY, Jorge. *The Puerto Rican nation on the move: identities on the island and in the United States*. Chapel Hill, University of North Carolina Press, 2002.

DUOUN, Taufik. *A emigração sírio-libanesa as terras de promissão*. São Paulo, Tipografia Editora Árabe, 1944.

ELLIS JR., Alfredo. *Populações paulistas*. São Paulo, Companhia Editora Nacional, 1934.

ESTATUTO DO ESTRANGEIRO. Lei nº 6.815 de 19-8-80. 26. ed. São Paulo, Editora Atlas, 2000.

EURAQUE, Dario. "Formacion nacional, mestizaje, y la inmigracion arabe palestina a Honduras". *Estudios Migratorios Latinoamericanos*. 9, n. 26, pp. 47-66, 1994.

EVANS, Peter. *Dependent development: the alliance of multinational, state, and local capital in Brazil*. Princeton, Princeton University Press, 1979.

FANON, Frantz. *Black skin, white masks*. New York, Grove Press, 1965.

FARHAT, Emil. *Dinheiro na estrada: uma saga de imigrantes*. São Paulo, T. A. Queiroz, 1987.

FARMER, Paul. *Pathologies of power: health, human rights, and the new war on the poor*. Berkeley, University of California Press, 2003.

FAUSTO, Boris. "Um balanço da historiografia da imigração para O *Estado de S. Paulo*". *Estudios Migratorios Latinoamericanos*. 8, n. 25, pp. 415-40, 1993.

_____ (ed.). *Fazer a América: a imigração em massa para a América Latina*. São Paulo, Editora, 1999.

_____; GRÜN, Roberto; SAKURAI, Celia & TRUZZI, Oswaldo. *Imigração e política em São Paulo*. São Paulo, Editora IDESP/Sumaré, 1995.

FAWAZ, Leila. *Merchants and migrants in nineteenth century Beirut*. Cambridge, Harvard University Press, 1983.

FEDERAÇÃO DE ENTIDADES ÁRABES DO BRASIL (Fearab). II Congresso panamericano árabe: São Paulo-Brasil. São Paulo, Fearab, 1974.

FERGUSON, James; GUPTA, Akhil. "Spatializing states: toward an ethnography of neoliberal governmentality". *American Ethnologist*. 29, n. 4, pp. 981-1002, 2003.

REFERÊNCIAS BIBLIOGRÁFICAS

FERNANDES, Florestan. *The negro in Brazilian society.* New York, Columbia University Press, 1969.

FIRRO, Kais. "Silk and socio-economic changes in Lebanon, 1860-1919". Em HAIM, Sylvia; KEDOURIE, Elie (eds.). *Essays on the economic history of the Middle East.* London, Frank Casso, 1988, pp. 20-50.

FONTAINE, Pierre (ed.). *Race, class, and power in Brazil.* Berkeley, University of California Press, 1985.

FOSTER, Robert. "Making national cultures in the global ecumene". *Annual Review of Anthropology.* 20, pp. 235-60, 1991.

_____. *Materializing the nation: commodities, consumption, and media in Papua New Guinea.* Bloomington, University of Indiana Press, 2002.

FOUCAULT, Michel. *Power/Knowledge.* New York, Pantheon Books, 1980.

FRENCH, John. *The Brazilian workers' ABC.* Chapel Hill, University of North Carolina Press, 1991.

FREYRE, Gilberto. *Casa grande e senzala.* Rio de Janeiro, José Olympio Editora, 1977 [1. ed. 1933].

FRIEDLANDER, Judith. *Being indian in Hueyapan: a study of forced identity in contemporary Mexico.* New York, St. Martin's Press, 1975.

FRY, Peter. *Para inglês ver.* Rio de Janeiro, Zahar Editores, 1982.

_____. "O que a cinderela negra tem a dizer sobre a 'política racial' no Brasil". *Revista USP 28.* São Paulo, pp. 122-35, 1995.

GALETTI, Roseli. "Migrantes estrangeiros no centro de São Paulo: coreanos e bolivianos". Em PATARRA, Neide Lopes (coord.). *Emigração e imigração internacionais no Brasil contemporâneo.* 2. ed. São Paulo, Fundo de População das Nações Unidas, 1996, pp. 133-43.

GATTAZ, André Castanheira. "História oral da imigração libanesa para o Brasil: 1880-2000". Ph.D. Diss., Universidade de São Paulo, São Paulo, 2001.

GEERTZ, Clifford. *The interpretation of cultures.* New York, HarperCollins, 1973.

GHANEM, Sadalla Amin. *Impressões de viagem (Líbano-Brasil).* Montevideo, Graphica Brasil, 1936.

GILROY, Paul. *The black Atlantic: modernity and double consciousness.* Cambridge, Harvard University Press, 1993.

GLICK-SCHILLER, Nina. *Georges woke up laughing: long-distance nationalism and the search for home.* Durham, Duke University Press, 2001.

_____; BASCH, Linda & BLANC-SZANTON, Cristina (eds.). *Towards a transnational perspective on migration: race, class, ethnicity, and nationalism reconsidered.* New York, New York Academy of Sciences, 1992.

Gois, Chico de. *Segredos da máfia: os bastidores do escândalo que abalou São Paulo.* São Paulo, Publisher Brasil, 2000.

Goldstein, Donna. *Laughter out of place: race, class, violence, and sexuality in a Rio shantytown.* Berkeley, University of California Press, 2003.

Gonzalez, Nancie. *Dollar, dove, and eagle: one hundred years of Palestinian migration to Honduras.* Ann Arbor, University of Michigan Press, 1992.

Goulart, José Alipio. *O mascate no Brasil.* Rio de Janeiro, Conquista, 1967.

Green, Duncan. *Silent revolution: the rise of market economics in Latin America.* London, Cassell, 1995.

Greiber, Betty; Maluf, Lina & Mattar, Vera. *Memórias de imigração: libaneses e sírios em São Paulo.* São Paulo, Discurso Editorial, 1998.

Gros, Denise. "Institutos liberais, neoliberalismo e políticas públicas na Nova República". *Revista Brasileira de Ciências Sociais.* 19, n. 54, pp. 143-60, 2004.

Grün, Roberto. "Construindo um lugar ao sol: os judeus no Brasil". Em Fausto, Boris (ed.). *Fazer a América: a imigração em massa para a América Latina.* São Paulo, Editora da Universidade de São Paulo, 1999, pp. 353-81.

Guillermoprieto, Alma. *Samba.* New York, Alfred A. Knopf, 1990.

Guimarães, Antonio Sergio Alfredo. "Racial democracy". Em Souza, Jesse; Sinder, Valter (eds.). *Imagining Brazil.* New York, Lexington Books, 2005, pp. 119-40.

Guimarães, Caio de Freitas. "A assimilação dos principais grupos estrangeiros, através das estatísticas dos casamentos e nascimentos, na população do município de São Paulo: 1940-46". *Boletim do Departamento de Estatística do Estado de São Paulo 14.* São Paulo, n. 2, pp. 81-114, 1952.

Guimarães, Cesar; Amaral, Roberto. "Brazilian television: a rapid conversion to the new order". Em Fox, Elizabeth. *Media and politics in Latin America: the struggle for democracy.* London, Sage Publications, 1998, pp. 51-70.

Gulick, John. *Social structure and culture change in a Lebanese village.* New York, Wenner Gren, 1955.

Gupta, Akhil. "Blurred boundaries: the discourse of corruption, the culture of politics, and the imagined state". *American Ethnologist.* 22, n. 2, pp. 375-402, 1995.

_____. "The song of the non-aligned world: transnational identities and the reinsciption of space in late capitalism". Em Gupta, Akhil; Ferguson, James (eds.). *Culture, power, place: explorations in critical anthropology.* Durham, Duke University Press, 1997, pp. 179-99.

_____; Ferguson, James (eds.). *Anthropological locations: boundaries and grounds of a field science.* Berkeley, University of California Press, 1997.

REFERÊNCIAS BIBLIOGRÁFICAS

Gwynne, Robert. "Globalization, neoliberalism and economic change in South America and Mexico". Em Gwynne, Robert; Kay, Cristobal (eds.). *Latin America transformed: globalization and modernity*. New York, Arnold and Oxford University Press, 1999, pp. 68-97.

_____; Kay, Cristobal. "Latin America transformed: changing paradigms, debates and alternatives". Em Gwynne, Robert; Kay, Cristobal (eds.). *Latin America transformed: globalization and modernity*. New York, Arnold and Oxford University Press, 1999, pp. 2-29.

Habermas, Jtirgen. *The structural transformation of the public sphere: an inquiry into a category of bourgeois society*. Cambridge, MIT Press, 1989.

_____. "Further reflections on the public sphere". Em Calhoun, Craig (ed.). *Habermas and the public sphere*. Cambridge, MIT Press, 1992, pp. 421-61.

_____. "Why Europe needs a constitution". *New Left Review 2*. Cidade, n. 11, pp. 12-23, 2001.

Hajjar, Claude. *Imigração árabe: cem anos de reflexão*. São Paulo, Leone Editora, 1985.

Hale, Charles. "Cultural politics of identity in Latin America". *Annual Review of Anthropology*. 26, pp. 567-90, 1997.

_____. "Does multiculturalism menace? Governance, cultural rights, and the politics of identity in Guatemala". *Journal of Latin American Studies*. 34, n. 3, pp. 485-524, 2002.

_____. "Neoliberal multiculturalism: the remaking of cultural rights and racial dominance in Central America". *PoLAR: Political and Legal Anthropology Review*. 28, n. 1, pp. 10-9, 2005.

Hall, Michael. "Italianos em São Paulo (1880-1920)". *Anais* (Museu Paulista). São Paulo, 29, pp. 201-15, 1979.

Hall, Stuart. "The local and the global: globalization and ethnicity". Em McClintock, Anne; Mufti, Aamir & Shohat, Ella (eds.). *Dangerous liasons: gender, nation, and postcolonial perspectives*. Minneapolis: University of Minnesota Press, 1997, pp. 173-187 [1. ed. 1991].

Hanchard, Michael. *Orpheus and power: the movimento negro of Rio de Janeiro and São Paulo, Brazil, 1945-1988*. Princeton, Princeton University Press, 1994.

Hannerz, Ulf. *Transnational connections: culture, people, places*. New York, Routledge Press, 1996.

Harris, Marvin. *Patterns of race in the Americas*. New York, Walker, 1964.

_____. "Referential ambiguity in the calculus of Brazilian racial identity". *Southwestem jouT/Wlof Anthropology*. 14, n. 4, pp. 1-14, 1970.

Hasenbalg, Carlos. *Discriminação e desigualdades raciais no Brasil*. Rio de Janeiro, Graal, 1979.

_____. *Estrutura social, mobilidade e raça*. São Paulo, Vértico, 1988.

_____; Silva, Nelson do Valle. *Relações raciais no Brasil*. Rio de Janeiro, Rio Fundo Editora, 1992.

Hatoum, Milton. *Relato de um certo oriente*. São Paulo, Companhia das Letras, 1989.

_____. *Dois irmãos*. São Paulo, Companhia das Letras, 2000.

Helayel, Munir. "A emigração libanesa para o Brasil". *Anuário Brasileiro de Imigração e Colonização*. Vol. 2, pp. 172-3, 1961.

Heras, Maria Cruz. *La emigración libanesa en Costa Rica*. Madrid, Editorial Cantarabia, 1991.

Hess, David; DaMatta, Roberto (eds.). *The Brazilian puzzle: culture on the borderlands of the western world*. New York, Columbia University Press, 1995.

Himadeh, Sa'id. *The economic organization of Syria and Lebanon*. Beirut, 1936.

Hobsbawm, Eric; Ranger, Terence (eds.). *The invention of tradition*. Cambridge, Cambridge University Press, 1983.

Holloway, Thomas. *Immigrants on land: coffee and society in São Paulo, 1886-1930*. New York, Routledge Press, 1980.

Hourani, Albert; Shehadi, Nadim (eds.). *The Lebanese in the world: a century of emigration*. London, I. B. Tauris, 1992.

Howell, Sally; Shryock, Andrew. "Cracking down on diaspora: arab Detroit and America's war on terror". *Anthropological Quarterly*. 76, n. 3, pp. 443-62, 2004.

Instituto Brasileiro de Geografia e Estatística (ibge). *Censo demográfico*. Rio de Janeiro, ibge, 1981.

_____. *Censo demográfico*. Rio de Janeiro, ibge, 1991.

Issawi, Charles (ed.). *The economic history of the Middle East 1800-1914*. Chicago, University of Chicago Press, 1966.

Jafet, Basilio. *A supremacia reconhecida*. São Paulo, Editora Esphinge, 1935.

Jafet, Nami. *Ensaios e discursos*. São Paulo, Editora Sá, 1947.

Jorge, Salomão. *Álbum da colônia sírio-libanesa no Brasil*. São Paulo, Sociedade Impressora Brasileira, 1948.

Jousiffe, Ann. *Lonely Planet: Lebanon*. Victoria, Australia, Lonely Planet Publications, 1998.

_____. *Lonely Planet: Lebanon*. Victoria, Australia, Lonely Planet Publications, 2001.

JOZAMI, Gladys. "The return of the 'turks' in 1990s Argentina". *Patterns of Prejudice.* 30, pp. 16-35, 1996.

JUNIOR, Amarilio. *As vantagens da imigração syria no Brasil.* Rio de Janeiro, Editora, 1935.

KADI, Joana (ed.). *Food for our grandmothers: writings by Arab-American and Arab-Canadian feminists.* Boston, South End, 1994.

KARAM, John Tofik. "A cultural politics of entrepreneurship in nation-making: phoenicians, turks, and the arab commercial essence in Brazil". *Journal of Latin American Anthropology.* 9, n. 2, pp. 319-51, 2004.

KARPAT, Kemal. "The Ottoman emigration to America". *International Journal of Middle East Studies.* 17, pp. 175-209, 1985.

KASHMERI, Zuhair. *The gulf within: Canadian Arabs, racism and the Gulf War.* Toronto, James Lorimer, 1991.

KAY, Cristobal. *Latin American theories of development and underdevelopment.* New York, Routledge, 1989.

KAYAL, Philip; BENSON, Kathleen (eds.). *A community of many worlds: Arab Americans in New York City.* New York, Syracuse University Press, 2002.

KEYNES, John Maynard. *The general theory of employment, interest, and money.* Cambridge, Cambridge University Press, 1974 [1. ed. 1936].

KHATER, Akram. *Inventing home: emigration, gender, and the middle class in Lebanon, 1870-1920.* Berkeley, University of California Press, 2001.

KINGSTONE, Peter. *Crafting coalitions for reform: business preferences, political institutions, and neoliberal reform in Brazil.* University Park, Pennsylvania State University Press, 1999.

KLICH, Ignacio. "Criollos and Arabic speakers in Argentina: an uneasy pas de deux, 1888-1914". Em HOURANI, Albert; SHEHADI, Nadim (eds.). *The Lebanese in the world: a century of emigration.* London, I. B. Tauris, 1992, pp. 243-83.

_____. "Arab-Jewish coexistence in the first half of the 1900s' Argentina: overcoming self-imposed amnesia". Em KLICH, Ignacio; LESSER, Jeffrey (eds.). *Arab and Jewish immigrants in Latin America: images and realities.* London, Frank Casso, 1998, pp. 1-37.

_____; LESSER, Jeffrey (eds.). *Arab and Jewish immigrants in Latin America: images and realities.* London, Frank Casso, 1998.

KNOWLTON, Charles. *Sírios e libaneses em São Paulo.* São Paulo, Editora Anhembi, 1961.

_____. "The social and spatial mobility of the Syrian and Lebanese community in São Paulo". Em HOURANI, Albert; SHEHADI, Nadim (eds.). *The Lebanese in the world: a century of emigration.* London, I. B. Tauris, 1992, pp. 285-312.

Kofes, Suely, et al. "Gênero e raça em revista: debate com os editores da revista Raça Brasil". *Cadernos Pagu*. 6-7, pp. 241-96, 1996.

Kondo, Dorinne. *Crafting selves: power, gender, and discourses of identity in a Japanese workplace*. Chicago, University of Chicago Press, 1990.

Kottack, Conrad. *Assault on paradise: social change in a Brazilian village*. New York, Random House, 1983.

Kurban, Taufik. *Os syrios e libaneses no Brasil*. São Paulo, Sociedade Impressora Paulista, 1933.

Kwong, Peter. "Manufacturing ethnicity". *Critique of Anthropology*. 17, n. 4, pp. 365-87, 1997.

Lacaz, Carlos da Silva. *Vultos da medicina brasileira*. 4 vols. São Paulo, Aimed, 1977.

_____. *Médicos sírios e libaneses do passado: trajetória em busca de uma nova pátria*. São Paulo, Aimed, 1982.

Leopoldi, Maria Antonieta. *Política e interesses na industrialização brasileira: as associações industriais, a política econômica e o Estado*. São Paulo, Paz e Terra, 2000.

Lesser, Jeffrey. "From pedlars to proprietors: Lebanese, Syrian, and Jewish immigrants in Brazil". Em Hourani, Albert; Shehadi, Nadim (eds.). *The Lebanese in the world: a century of emigration*. London, I. B. Tauris, 1992, pp. 393-410.

_____. "Immigration and shifting concepts of national identity in Brazil during the Vargas era". *Luso-Brazilian Review*. 31, n. 2, pp. 23-44, 1994.

_____. *Welcoming the undesirables: Brazil and the Jewish question*. Berkeley, University of California Press, 1995.

_____. "(Re)creating ethnicity: Middle Eastern immigration to Brazil". *Americas*. 53, n. 1, pp. 45-65, 1996.

_____. "'Jews are Turks who sell on credit': elite images of Arabs and Jews in Brazil". Em Klich, Ignacio; Lesser, Jeffrey (eds.). *Arab and Jewish immigrants in Latin America: images and realities*. London, Frank Casso, 1998, pp. 38-56.

_____. *Negotiating national identity: immigrants, minorities, and the struggle for ethnicity in Brazil*. Durham, Duke University Press, 1999.

Lewis, J. Lowell. "Sex and violence in Brazil: carnival, capoeira, and the problem of everyday life". *American Ethnologist*. 26, n. 3, pp. 717-32, 1999.

Linger, Daniel. *No one home*. Stanford, Stanford University Press, 2001.

Luxner, Larry. "Esfihas to go". *Saudi Aramco World*. 51, n. 6, pp. 34-7, 2000.

MacCannell, Dean. *The tourist: a new theory of the leisure class*. New York, Schocken Books, 1976.

REFERÊNCIAS BIBLIOGRÁFICAS

MACHADO JR., Armando Marcondes. *Centro acadêmico XI de agosto: Faculdade de Direito de São Paulo, 1961-1998*. 4 vols. São Paulo, Mageart, 1998.

MANKEKAR, Purnima. *Screening culture, viewing politics: an ethnography of television, womanhood, and nation in postcolonial India*. Durham, Duke University Press, 1999.

MARCUS, George. "Ethnography in/of the world system: the emergence of multi-sited ethnography". *Annual Review of Anthropology*. 24, pp. 95-117, 1995.

_____. *Ethnography through thick and thin*. New York, Routledge, 2000.

_____; FISCHER, Michael. *Anthropology as cultural critique: an experimental moment in the human sciences*. Chicago, University of Chicago Press, 1986.

MARQUES, Gabriel. *Ruas e tradições de São Paulo: uma história em cada rua*. São Paulo, Conselho Estadual de Cultura, 1966.

MARTINS, José de Souza. "A imigração espanhola para o Brasil e a formação da força de trabalho na economia cafeeira: 1880-1930". *Revista de História*. 121, pp. 5-26, 1989.

MASAO, Miyoshi. "A borderless world? From colonialism to transnationalism and the decline of the nation-state". *Critical Inquiry*. 19, pp. 726-51, 1993.

MASSAD, Joseph. "Palestinians and the limits of racialized discourse". *Social Text*. 11, n. 1, pp. 90-112, 1993.

MCCARUS, Ernest (ed.). *The development of Arab-American identity*. Ann Arbor, University of Michigan Press, 1994.

MILLER, Lucius Hopkins. *Our Syrian Population: a study of the Syrian communities of greater New York*. San Francisco, Reed, 1969 [1. ed. 1905].

MINTZ, Sidney. *Sweetness and power: the place of sugar in modern history*. New York, Penguin Books, 1985.

MIRANDA, Ana. *Amrik: romance*. São Paulo, Companhia das Letras, 1997.

MITA, Chiyoko. "Ochenta años de inmigración japonesa en el Brasil". *Estudios Migratorios Latinoamericanos*. 10, n. 30, pp. 431-52, 1995.

MOTT, Maria Lucia. "Imigração árabe, um certo oriente no Brasil". Em *Brasil: 500 anos de povoamento*. Rio de Janeiro, IBGE, 2000, pp. 181-95.

MOUFFE, Chantal. "Hegemony and ideology in Gramsci". Em MOUFFE, Chantal (ed.). *Gramsci and marxist theory*. London, Routledge and Kegan Paul, 1979, pp. 168-204.

MUNASINGHE, Viranjini. *Callaloo or tossed salad? East indians and the cultural politics of identity in Trinidad*. Ithaca, Cornell University Press, 2001.

NABER, Nadine. "Ambiguous insiders: an investigation of Arab American invisibility". *Ethnic and Racial Studies*. 23, pp. 37-61, 2000.

Nader, Laura. "Up the anthropologist-perspectives gained from studying up". Em Hymes, Dell (ed.). *Reinventing anthropology*. New York, Pantheon Books, 1972, pp. 284-311.

Narayan, Kirin. "How native is a 'native' anthropologist?". *American Anthropologist*. 95, pp. 671-86, 1993.

Nassar, Raduan. *Lavoura arcaica*. Rio de Janeiro, Record, 1975.

Needle, Jeffrey. "Identity, race, gender and modernity in the origins of Gilberto Freyre's oeuvre". *American Historical Review*. 100, n. 1, pp. 55-82, 1995.

Neiva, Artur Hehl. *O problema imigratório brasileiro*. Rio de Janeiro, Imprensa Nacional, 1945.

Nunes, Heliane Prudente. "A imigração árabe em Goiás". Ph.D. diss., Universidade de São Paulo, São Paulo, 1993.

Nylen, William. "Selling neoliberalism: Brazil's instituto liberal". *Journal of Latin American Studies*. 25, pp. 301-11, 1993.

O'Dougherty, Maureen. *Consumption intensified: the politics of middle-class daily life in Brazil*. Durham, Duke University Press, 2002.

Olguin Tenorio, Myriam. *La imigración arabe en Chile*. Santiago, Ediciones Instituto Chileno Arabe de Cultura, 1990.

Omi, Michael; Winant, Howard. *Racial formation in the United States: from the 1960s to the 1980s*. New York, Routledge, 1986.

Ong, Aihwa. *Flexible citizenship: the cultural logics of transnationality*. Durham, Duke University Press, 1999.

_____; Nonini, Donald (eds.). *Ungrounded empires: the cultural politics of modern Chinese transnationalism*. New York, Routledge, 1997.

Orfalea, Gregory. *Before the flames: a quest for the history of Arab Americans*. Austin, University of Texas Press, 1988.

Ortiz, Renato. *A moderna tradição brasileira: cultura brasileira e indústria cultural*. São Paulo, Editora Brasiliense, 1988.

Osman, Samira Adel. "Caminhos da imigração árabe em São Paulo: história oral de vida familiar". Tese de Mestrado, Universidade de São Paulo, São Paulo, 1998.

Owensby, Brian. *Intimate ironies: modernity and the making of middle-class lives in Brazil*. Stanford, Stanford University Press, 1999.

Oxhorn, Philip; Ducantenzeiler, Graciela (eds.). *What kind of democracy? What kind of market? Latin America in the age of neoliberalism*. University Park, Pennsylvania State University Press, 1998.

Pardue, Derek. "Blackness and periphery: a retelling of hip-hop culture of São Paulo, Brazil". Ph.D. diss., University of Illinois, Urbana-Champaign, 2004.

REFERÊNCIAS BIBLIOGRÁFICAS

Parker, Richard. *Bodies, pleasures, and passions: sexual culture in contemporary Brazil.* Boston, Beacon Press, 1991.

_____. *Beneath the Equator: cultures of desire, male homosexuality, and emerging gay communities in Brazil.* New York, Routledge, 1999.

Petras, James; Vehmeyer, Henry. "Whither Lula's Brazil? Neoliberalism and 'third way' ideology". *Journal of Peasant Studies. 31, n. 1,* pp. 1-44, 2003.

Pierson, Donald. *Negroes in Brazil: a study of race contact at Bahia.* Chicago, University of Chicago Press, 1942.

Pires, Cornélio. *Patacoadas.* São Paulo, Ottoni Editora, 2002 [1. ed. 1923].

Puls, Mauricio. *Folha explica: o malufismo.* São Paulo, *Folha de São Paulo,* 2000.

Queiroz, Maria Isaura Pereira de. "The samba schools of Rio de Janeiro, or the domestication of an urban mass". *Diogenes. 129,* pp. 1-32, 1985.

Reich, Robert. *The work of nations.* New York, Doubleday, 1992.

Reichl, Christopher. "Stages in the historical process of ethnicity: the Japanese in Brazil". *Ethnohistory. 42, n. 8,* pp. 31-62, 1995.

Reichman, Rebecca (ed.). *Race in contemporary Brazil.* University Park, Pennsylvania State University Press, 1999.

Ribeiro, Paula. "Saara: uma pequena onu no Rio de Janeiro". *Travessia. 12, n. 34,* pp. 35-8, 1999.

Ricardo, David. *The works and correspondence of David Ricardo.* 11 vols. Dobb, M. H.; Sraffa, Piero (eds.). Cambridge, Cambridge University Press, 1951 [1. ed. 1815].

Riggs, Lynn. *Green grow the lilacs.* New York, Samuel French, 1931.

Rio, João do (Paulo Barreto). *As religiões do Rio.* Rio de Janeiro, Editora Companhia Nacional, 1928.

Robbins, Bruce. "Actually existing cosmopolitanism". Em Cheah, Pheng; Robbins, Bruce. *Cosmopolitics: thinking and feeling beyond the nation.* Minneapolis, University of Minnesota Press, 1998, pp. 1-19.

Roberts, Lois J. *The Lebanese in Ecuador: a history of emerging leadership.* Boulder, Westview Press, 2000.

Roque, Carlos. "Líbano". Em *Correntes de imigrantes e invenções culinárias no 5º centenário do Brasil.* São Paulo, 2000, pp. 155-64.

Roquette-Pinto, Edgar. *Rondônia.* 3. ed. Rio de Janeiro, Editora Companhia Nacional, 1935.

Rosa, Zita de Paula. "Imigração: um tema controvertido na voz dos plenipotenciários da oligarquia cafeeira". *Revista de História. 15,* pp. 15-31, 1983.

Rowe, Peter; Sarkis, Hashim. *Projecting Beirut: episodes in the construction and reconstruction of a modern city*. New York, Prestel, 1998.

Safady, Jamil. *Panorama da imigração árabe*. São Paulo, Editora Comercial Safady, 1972a.

_____. *O café e o mascate*. São Paulo, Editora Comercial Safady, 1972b.

Safady, Jorge. *Antologia árabe do Brasil*. São Paulo, Editora Comercial Safady, 1972a.

_____. "A imigração árabe no Brasil (1880-1971)". Ph.D. diss., Universidade de São Paulo, São Paulo, 1972b.

Safady, Wadih. *Cenas e cenários dos caminhos da minha vida*. São Paulo, Penna Editora, 1966.

Said, Edward. *Orientalism*. New York, Praeger, 1978.

_____. "Zionism from the standpoint of its victims". *Social Text*. 1, pp. 7-58, 1979.

Sales, Teresa; Salles, Maria do Rosario R. *Políticas migratórias: América latina, Brasil e brasileiros no exterior*. São Carlos, Editora UFSCar, 2002.

Saliba, Therese. "Resisting invisibility: Arab Americans in academia and activism". Em Suleiman, Michael (ed.). *Arabs in America: building a new future*. Philadelphia, Temple University Press, 1999, pp. 304-19.

Salibi, Kamal. *A house of many mansions: the history of Lebanon reconsidered*. Berkeley, University of California Press, 1988.

Samhan, Helen Hatab. "Not quite white: race classification and the Arab American experience". Em Suleiman, Michael (ed.). *Arabs in America: building a new future*. Philadelphia, Temple University Press, 1999, pp. 209-26.

Sanders, Todd; West, Harry G. "Power revealed and concealed in the new world order". Em Sanders, Todd; West, Harry G. (eds.). *Transparency and conspiracy: ethnographies of suspicion in the new world order*. Durham, Duke University Press, 2003, pp. 1-35.

Sanjek, Roger. "Brazilian racial terms: some aspects of meaning and learning". *American Anthropologist*. 73, n. 11, pp. 26-43, 1971.

Sansone, Livio. *Blackness without ethnicity: constructing race in Brazil*. New York, Palgrave Macmillan, 2003.

Sassen, Saskia. *Globalization and its discontents*. New York, New Press, 1998.

_____. "Spatialities and temporalities of the global: elements for a theorization". Em Appadurai, Arjun (ed.). *Globalization*. Durham, Duke University Press, 2001, pp. 260-78.

Sawyer, Suzana. "Fictions of sovereignty: of prosthetic petro-capitalism, neoliberal states, and phantom-like citizens in Ecuador". *Journal of Latin American Anthropology*. 6, n. 1, pp. 156-97, 2001.

REFERÊNCIAS BIBLIOGRÁFICAS

Schein, Louisa. "Importing Miao brethren to Hmong America: a not-so-stateless transnationalism". Em Cheah, Pheng; Robbins, Bruce. *Cosmopolitics: thinking and feeling beyond the nation*. Minneapolis, University of Minnesota Press, 1998, pp. 163-91.

_____. *Minority rules: the Miao and the feminine in China's cultural politics*. Durham, Duke University Press, 2001.

Schopmeyer, Kim. "A demographic portrait of Arab Detroit". Em Abraham, Nabeel; Shryock, Andrew (eds.). *Arab Detroit: from margin to mainstream*. Detroit, Wayne State University Press, 2000, pp. 61-92.

Scott, James. *Seeing like a state: how certain schemes to improve the human condition have failed*. New Haven, Yale University Press, 1998.

Seyferth, Giralda. *Imigração e cultura no Brasil*. Brasília, Editora UnB, 1990.

_____. "La inmigración alemana y la politica brasileña de colonización". *Estudios Migratorios Latinoamericanos*. 10, n. 29, pp. 53-75, 1995.

Shaheen, Jack. *The T.V. Arab*. Madison, Bowling Green State University Press, 1984.

Sheriff, Robin. "The theft of carnaval: national spectacle and racial politics in Rio de Janeiro". *Cultural Anthropology*. 14, n. 1, pp. 3-28, 1999.

_____. *Dreaming equality: color, race, and racism in urban Brazil*. New Brunswick, Rutgers University Press, 2001.

Shryock, Andrew. "New images of Arab Detroit: seeing otherness and identity through the lens of September 11". *American Anthropologist*. 104, pp. 917-22, 2002.

_____. "Public culture in Arab Detroit: creating Arab American identities in a transnational domain". Em Armbrust, Walter (ed.). *Mass mediations: new approaches to popular culture in the Middle East and beyond*. Berkeley, University of California Press, 2000, pp. 32-60.

Simpson, Amelia. *Xuxa: the mega-marketing of gender, race, and modernity*. Philadelphia, Temple University Press, 1993.

Skidmore, Thomas. *Politics in Brazil, 1930-1964: an experiment in democracy*. New York, Oxford University Press, 1967.

_____. *Black into white: race and nationality in Brazilian thought*. New York, Oxford University Press, 1974.

_____. "Bi-racial usa vs. multi-racial Brazil: is the contrast still valid?". *Journal of Latin American Studies*. 25, pp. 373-86, 1993.

Smilianskaya, I. M. "From subsistence to market economy, 1850s". Em Issawi, Charles (ed.). *The economic history of the Middle East 1800-1914*. Chicago, University of Chicago Press, 1966, pp. 226-47.

SMITH, Adam. *An inquiry into the nature and causes of the wealth of nations.* CANNAN, Edwin (ed.). Chicago, University of Chicago Press, 1976 [1. ed. 1776].

SMITH, Anthony. "The politics of culture: ethnicity and nationalism". Em INGOLD, Tim (ed.). *Companion encyclopedia of anthropology.* New York, Routledge, 1994, pp. 706-33.

SMITH, James. "Of spirit possession and structural adjustment programs". *Journal of religion in Africa.* 31, n. 4, pp. 427-56, 2001.

_____. "Buying a better witch doctor: witch-finding, neoliberalism, and the development imagination in the Taita Hills, Kenya". *American Ethnologist.* 32, n. 1, pp. 141-58, 2005.

SMITH-NONINI, Sandy. "Health 'anti- reform' in El Salvador: community health NGOS and the state in the neoliberal era". *Political and Legal Anthropology Review.* 21, n. 1, pp. 99-113, 1998.

SOCIEDADE NACIONAL DE AGRICULTURA. *Imigração: inquérito promovido pela Sociedade Nacional de Agricultura.* Rio de Janeiro, Villani e Barbero, 1926.

SOUZA, Rafael Paula. "Contribuição à etnologia paulista". *Revista do Arquivo Municipal.* 3, n. 3, pp. 95-105, 1937.

STEIN, Stanley. *The Brazilian cotton manufacture: textile enterprise in an underdeveloped area, 1850-1950.* Cambridge, Harvard University Press, 1957.

STEPAN, Nancy Leys. *The hour of eugenics: race, gender, and nation in Latin America.* Ithaca, Cornell University Press, 1991.

STOKES, Susan Carol. *Mandates and democracy: neoliberalism by surprise in Latin America.* New York, Cambridge University Press, 2001.

STOLCKE, Verena. *Coffee planters, workers, and wives: class conflict and gender relations on São Paulo plantations, 1850-1980.* New York, St. Martin's Press, 1988.

STUTZMAN, Ronald. "El mestizaje: an all-inclusive ideology of exclusion". Em WHITTEN, Norman (ed.). *Cultural transformations and ethnicity in modern Ecuador.* Urbana, University of Illinois Press, 1981, pp. 45-94.

SULEIMAN, Michael (ed.). *Arabs in America: building a new future.* Philadelphia, Temple University Press, 1999.

TANNENBAUM, Frank. *Slave and citizen: the negro in the Americas.* New York, Vintage, 1947.

TASSO, Alberto. *Aventura, trabajo y poder: sirios e libaneses en Santiago del Estero, 1880-1980.* Buenos Aires, Ediciones Indice, 1988.

TRUZZI, Oswaldo. *De mascates a doutores: sírios e libaneses em São Paulo.* São Paulo, Editora Sumaré, 1992.

REFERÊNCIAS BIBLIOGRÁFICAS

_____. "Sírios e libaneses em São Paulo: a anatomia da sobre-representação". Em FAUSTO, Boris. *Imigração e política em São Paulo*. São Paulo, Editora IDESP/Sumaré, 1995, pp. 27-69.

_____. *Patrícios: sírios e libaneses em São Paulo*. São Paulo, Editora Hucitec, 1997.

TSING, Anne. "The global situation". *Cultural Anthropology*. 15, n. 3, pp. 327-60, 2001a.

_____. "Inside the economy of appearances". Em APPADURAI, Arjun (ed.). *Globalization*. Durham, Duke University Press, 2001b, pp. 155-88.

TWINE, France Winddance. *Racism in a racial democracy: the maintenance of white supremacy in Brazil*. New Brunswick, Rutgers University Press, 1998.

VARELLA, Flavia. "Patrícios, dinheiro, diploma e voto: a saga da imigração árabe". *Veja*, pp. 122-9, out. 2000.

VARELLA-GARCIA, Marileila. "Demographic studies in a Brazilian population of Arabian origin". *Social Biology*. 23, n. 2, pp. 162-7, 1976.

VASCONCELLOS, Mayra Moreira. *Dança do ventre: dança do coração*. São Paulo, Radhu, 2000.

VELBEN, Thorstein. *The theory of the leisure class*. New York, Prometheus, 1996 [1. ed. 1899].

VIANA, Oliveira. *Raça e assimilação*. São Paulo, Companhia Editora Nacional, 1932.

VIVA O CENTRO. *Camelôs: subsídios para o equacionamento do problema do comércio informal de rua e sua solução*. São Paulo, Associação Viva o Centro, 1994.

WADE, Peter. *Race and ethnicity in Latin America*. London, Pluto Press, 1997.

WAGLEY, Charles (ed.). *Race and class in rural Brazil*. Paris, United Nations Educational, Scientific and Cultural Organization, 1952.

WALLERSTEIN, Immanuel. *The modern world-system: capitalist agriculture and the origins of the European world-economy in the sixteenth century*. New York, Academic Press, 1974.

WARREN, Kay. *Indigenous movements and their critics: Pan-Maya activism in Guatemala*. Princeton, Princeton University Press, 1998.

_____. *The symbolism of subordination: Indian identity in a Guatemalan town*. Austin, University of Texas Press, 1989 [1. ed. 1978].

WEINSTEIN, Barbara. *The Amazon rubber boom*. Cambridge, Harvard University Press, 1983.

_____. *For social peace in Brazil: industrialists and the remaking of the working class in São Paulo, 1920-1964*. Chapel Hill, University of North Carolina Press, 1995.

Weyland, Kurt. *Growth without equity: failures of reform in Brazil*. Pittsburgh, University of Pittsburgh Press, 1996.

_____. "Swallowing the bitter pill: sources of popular support for neoliberal reform in Latin America". *Comparative Political Studies. 31, n. 5*, pp. 539-68, 1998.

Wilk, Richard. "'It's destroying a whole generation': television and moral discourse in Belize". *Visual Anthropology. 5*, pp. 229-44, 1993.

_____. "Learning to be local in Belize: global systems of common difference". Em Miller, Daniel (ed.). *Worlds apart: modernity through the prism of the local*. New Brunswick, Routledge, 1995, pp. 110-33.

Wilkie, Mary. "The Lebanese in Montevideo, Uruguay: a study of an entrepreneurial ethnic minority". Ph.D. diss., University of Wisconsin, Madison, 1973.

Williams, Brackette. "A class act: anthropology and the race to nation across ethnic terrain". *Annual Review of Anthropology. 18*, pp. 401-44, 1989.

_____. *Stains on my name, war in my veins: Guyana and the politics of cultural struggle*. Durham, Duke University Press, 1991.

Williams, Judith. *The youth of Haouch El Harimi, a Lebanese village*. Cambridge, Harvard University Press, 1968.

Williamson, John. "What Washington means by policy reform". Em Williamson, John (ed.). *Latin American adjustment: how much has happened*. Washington, D.C., Institute of International Economics, 1990, pp. 5-20.

_____. "Democracy and the Washington Consensus". *World Development. 21, n. 8*, pp. 1329-36, 1993.

Winant, Howard. *Racial conditions: politics, theory, comparisons*. Minneapolis, University of Minnesota Press, 1994.

Wolf, Eric. *Europe and the people without History*. Berkeley, University of California Press, 1980.

Wolfe, Joel. "'Father of the poor' or 'mother of the rich'? Getúlio Vargas, industrial workers, and constructions of class, gender, and populism in São Paulo, 1930-1954". *Radical History Review. 58*, pp. 76-94, 1994.

Yúdice, George. "Civil society, consumption, and governmentality in an age of global restructuring". *Social Text. 45*, pp. 1-25, 1995.

_____. "The privatization of culture". *Social Text. 59*, pp. 17-34, 1999.

Yuri, Debora. "O nosso lado árabe". *Revista da Folha*. São Paulo, 8, set. 2001.

Zogby, John. *Arab America today: a demographic profile of Arab Americans*. Washington, D.C., Zogby International, 1990.

ÍNDICE REMISSIVO

Abdalla, Assad, 49, 56
  Filhos, 49-50, 55-7
Abertura econômica.
  Cf. Brasil, abertura econômica
Acampamento dos jovens emigrantes, 4, 239, 249, 250, 253, 256-60, 265-6
  Divulgação do Líbano, 248-51
  Cf. também Líbano
Agaxtour, 243, 254
Agência Brasileira de Inteligência (Abin), 271-75
Agências de viagem étnicas, 235-6, 242-4, 248, 268
Air France, 244-8
Alcorão, 35
Al-Khiam, prisão/museu de, 258-9, 264, 267
Al-Khuri, Chukri, 200
Amado, Jorge, 174-5, 219n
Amorim, Celso, 282
Amrik, mostra de arte, 283
Anderson, Benedict, 16, 160
Andrade, Carlos Drummond de, 27
Anticorrupção, 23, 83, 99n, 100, 106, 118, 279n
Anti-sionismo, 236, 242, 261, 263, 265
Appadurai, Arjun, 21, 48n
Apropriação, 123, 155
  Abordagens analíticas, 197-9
  Reformulação étnica, 219-20, 223-6, 233

Árabe, rótulo, 29-33, 68-9, 101
  Nos EUA, 32, 153, 210n
  Significado êmico no Brasil, 29-31, 101n, 208-10, 245
  Uso crescente no Brasil, 32-3
  Cf. também Terminologia étnica
Árabe americano, 32, 37, 64n, 71-2
Arabesco, 13, 27, 128, 209, 284
  Explicação, 15, 270
  "um outro", 16, 270
Arap, Sami, 136-8, 146, 152, 154, 181
Ashcroft, John, 37
Asiáticos, 37, 57, 64-6, 154, 170, 207, 212n
  E sírio-libaneses, 61-5, 176n, 181, 182n, 207, 212n, 245
Associação de Clubes Esportivos e Socioculturais (Acesc), 206-7, 219
Associação de Mídias Étnicas, 245, 246n
Assrauy, Nagib, 165-6, 185
Athie, Myryam, 92-8, 106-9, 111-5
Atlantic Avenue (Nova York), 63-64n
Avenida Paulista (São Paulo), 13-4, 38, 58, 130, 201, 205, 210, 256

Baba ghanoush, 101, 220, 224
Baieth (Líbano), 238
Banco Itaú, 14
Banco Mundial, 15, 19-20, 23, 83, 85-6, 99, 100, 106, 116, 118, 278

Barreto, Bruno, 175, 176n
Barros, Adhemar de, 89
Barth, Frederik, 16
Bastani, Jorge, 132-5
Bastide, Roger, 172
Belém (Pará), 40, 161
Brasil, 15, 32-6, 48, 52, 84, 142, 153, 167, 210, 216
    Abertura econômica, 15, 19, 31, 57, 61-2, 66, 81, 77
    Imigração, 21-2, 51-3
    Mercadorias culturais, 25, 199, 209, 210n, 212n, 213-4
    Mobilidade social, 125-6, 137-8, 141-2
    Protecionismo, 47, 66
Buzaid, Alfredo, 135

Câmara de Comércio Árabe Americana, 71-2, 75
Câmara de Comércio Árabe Brasileira (CCAB), 31, 47-9, 59-60, 67-72
    Diretoria, 55-9
    Fundação, 49-51, 55
    Mudança de nome, 58, 69-71
    Reestruturação, 59-60
    Seminários sobre exportação, 72-80
Câmara de Comércio Líbano-Brasileira, 218, 279
Câmara dos Vereadores de São Paulo, 3, 14, 23, 88, 91-3
Câmara Síria de Comércio, 50
Camelôs, 64-5, 90
Campos, Mintaha Alcuri, 133n, 162
Cardoso, Fernando Henrique, 23, 47, 67, 74, 278
Carillo Pastore Euro RSCG, 245
Carta, Alice, 254
Carta do Líbano (São Paulo), 4, 32, 107-8
Casa grande e senzala, 24, 36, 97n, 131, 169
Casamento, 4, 26, 159
    Diferença religiosa e, 165-7, 177-9
    Nacionalismo brasileiro e, 159-61, 168-9
    Na diáspora, 161-5
    Sírio-libanês, legitimação de, 172, 180-7
    Cf. também Sexo, política de
Casamentos endogâmicos, 180n, 189
Chams (São Paulo), 4, 32, 39, 274
    Anúncios de turismo à terra dos ancestrais, 248
    Athie, Myryam, 107-8, 114
Chatterjee, Partha, 17
Chohfi, Lourenço, 57
Chohfi, Ragueb, 57-8
Clifford, James, 25-6
Clone, O, 14, 34-5, 160, 184n, 187-90, 213
Club Homs, 3, 13, 140, 200-1, 205, 223, 228-32, 237, 249
Clube Atlético Monte Líbano, 3, 199, 206, 217, 222n, 230, 279-80
    Cozinha, 218-21, 226-7
    Fundação, 199-200
    Jantar árabe, 218-9
Collor de Mello, Fernando, 22-3, 61n
Colônia sírio-libanesa, 22, 133
    Ascensão social, 123-4, 128, 148, 152
    Casamentos, 180-7
    Clubes, 205-6, 216-7

ÍNDICE REMISSIVO

Corrupção, 110-3
  Marketing direto, 31
  Predomínio cristão, 165-6
  Significado, 16-7, 202
Conferência Planeta Líbano, 279, 284
Conselho de Imigração e Colonização, 168
Consenso de Washington, 19-20, 24, 100
Corrupção, 15-6, 83-6, 100
  Arabicidade, 100-7, 111-3
  Cobertura da imprensa, 89-91
  Neoliberalização, 85
  Transparência, 93, 98-101, 106, 112
Cosmopolitismo, 237, 262
Covas, Mário, 144
Cozinha médio-oriental, 208-13, 227-8
  Clubes, 208, 221-2, 226-7
  Marginalização histórica, 203-4
  Cf. também Brasil, mercadorias culturais
Cristãos, 165-6, 167n, 178-84, 193n
  Maronitas, 51n, 159n, 167, 175, 192
  Melquitas, 159n, 167, 192
  Ortodoxos, 128n, 159n, 190-1, 221-2
Cúpula América do Sul-Países Árabes, 283-4
Curiati, Antônio Salim, 3, 87-8
  Pai, 87-8
Cutait, Daher Elias, 136

Dança do ventre, 184n, 198, 213-5, 223, 229, 231-3
Democracia racial, 24, 112, 125, 131

Abordagens analíticas, 24, 124
Ideologia nacionalista, 112, 123-4
Remodelação neoliberal, 24, 150-7, 271
Sírio-libaneses e, 31, 36-8, 151-7, 184, 242, 269, 271
Deskilling, 136
Diferença religiosa, 152-3, 159-60, 165-6
  Visão brasileira dos sírio-libaneses, 166-7, 175-9
  Visão sírio-libanesa cristã dos muçulmanos, 165, 180-4, 188-92
  Visão sírio-libanesa muçulmana dos cristãos, 184-7, 191-4
Drusos, 159n, 165-7, 184-5
Duoun, Taufik, 132

El-bilad (terra natal), 161
Emigrado Company, 252-4
Entrevistados, formação de base, 38, 129, 180n, 182-3
Esfera pública, 15, 24, 35, 38n, 40, 83-5, 106-7, 118, 144, 149, 157, 177, 184n, 187, 194, 197, 215, 226-8, 233, 239n, 284
Espírito exportador, 66
Esporte Clube Sírio (ECS), 3, 199-202, 205-8, 231-2
Estatuto do Estrangeiro, 177, 296n
Estimativas da população de médio-orientais, 26-30
  No Brasil, 28-30
  Nos EUA, 30
Estimativas de médio-orientais, 26, 30
  No Brasil, 28-30
  Nos EUA, 30

Ética, 20, 83, 91-3, 98-9, 107-10, 117
  Cf. também Transparência
Etnicidade, 15-7, 21, 269
  Abordagens analíticas, 19-23
  Neoliberalismo e, 16-21, 269-71
  Uso êmico no Brasil, 21-2
    Limites, 19, 65-6, 110-2, 118-9, 194
    Maior reconhecimento, 22, 72-80, 109-10, 118-9, 144-50, 175-9, 205-15, 227-8, 245-7
    Marginalização histórica, 22-5, 50-4, 127-35, 169-73, 199-205
  Cf. também Projeto
Etnografia, 25-6, 270
Exportação, 20, 23, 47-9
  Iniciativas oficiais no Brasil, 66-8, 72-3
  Para o mundo árabe, 13, 31, 59-60, 68-9, 70n
  Parceria para fomento no Brasil, 48-9, 67, 72-80

Federação de Entidades Árabes (Fearab), 3, 249
Federação das Indústrias do Estado de São Paulo (Fiesp), 17, 22, 133
Folha de S.Paulo, 29, 35, 91, 103, 212
Formação da nação, 17, 22, 133
Foz do Iguaçu, 33, 65n, 275-6, 279
Frei Betto, 99
Freyre, Gilberto, 24, 36, 97n, 131, 150, 169
Fundo Monetário Internacional (FMI), 19-20, 23, 100n, 116, 278, 279n
Furlan, Luiz, 3, 66-7, 78

Garib, Hanna, 90-1, 102, 104-5, 108, 112-4, 115n
Goldberg, Jeffrey, 275
Golfo Árabe, 15, 30-1, 48, 69-72, 74-7, 80-1
Guerra ao terror, 33, 36
Gupta, Akhil, 84, 251, 277

Habib's (cadeia de *fast-food* "árabe"), 13, 31, 101-4, 198
  História, 208-12
  Cf. também Cozinha médio-oriental
Hip-hop, 25
Hisbolá, 253-7
Hospital Sírio-Libanês, 1, 13, 130, 138
Hummus, 197, 221, 223

Ideologia multiculturalista americana, 36-8
Imigração, 25, 51, 159-61, 168
  Estudos no Brasil, 22-3
  Médio-oriental, 26-8
    No Brasil, 26-31, 171-3
    Nos EUA, 29-31
  Cf. também Brasil, imigração
Importações, 47, 61-5, 68
Industrialização, 123-5
Industrialização por Substituição de Importações (ISI)
  programa, 17-20
Inflação, 18-9, 57
Instituto de Pesquisa Econômica Aplicada (Ipea), 150-1
Intra-étnicos, 113-4, 130-1

ÍNDICE REMISSIVO

Jabor, Arnaldo, 104-6
Jafet, Basílio e Adma, 200
Jafet, irmãos, 49, 55, 200
João do Rio, 51, 167
Judeus, 30-3, 126, 169
   E sírio-libaneses, 36, 205-8

Karam, John Tofik, 1
   Bisavô, 161
   História familiar, 40-3
   Posição como pesquisador, 39
Keynes, John, 18-9
Knowlton, Clark, 50, 170-1

Lesser, Jeffrey, 22, 165, 167, 171, 194, 222n
Líbano, 2, 13, 16, 26-32, 40, 58, 69, 74
   Comemoração do dia da independência em São Paulo, 93-7
   Governo, 1
   Ministério da Imigração, 240, 258-60
   Ministério do Turismo, 251, 254
   Turismo à terra das origens, 235-42, 248-61
   Volta dos imigrantes para casar, 161, 177-9, 183-6
Liberalismo, 17
Liga dos Estados Árabes, 68-70
Língua árabe, 104, 183-7, 223
   Ensino, 223, 231
   Marginalização histórica, 202n
Linhas aéreas entre o Brasil e o mundo árabe, 248-51
   Agências de viagem em São Paulo, 243-5
   Estimativas de passageiros, 244-5

Máfia das propinas, 89-92, 101-2, 105, 110
Magreb, 31n
Maluf, Paulo Salim, 88-91, 98-104
   Malufismo, 88-9, 98
Marcus, George, 25
Marjeyoun (Líbano), 28n, 183, 239, 266
   Clube em São Paulo, 3, 200, 207, 224-5
Marketing direto, 21, 242-55
Mascateagem, 27
   História, 27
   Representações, 51, 123-5, 144-9
Médicos sírios e libaneses do passado, 146
Menem, Carlos, 106
Mercado têxtil interno
   Expansão com Vargas, 53-5
   Reestruturação neoliberal, 61-5
   Sírio-libaneses no, 47, 55-9, 128-31, 240-2
   Cf. também Profissões liberais
Mistura racial, 97, 159
   Casamento e, 182-7
   Nacionalismo e, 24, 97, 108-11
   Política de imigração e, 160, 175-8
   Remodelação do mercado, 175-9
   Sírio-libaneses e, 35-7, 168-77, 182-5
   Cf. também Sexo, política de
Muçulmanos, 33-7, 165n, 187-94, 239-42, 271-5
   Sunitas, 152, 159n, 183-6, 246
   Xiitas, 159n, 183-6
Música médio-oriental, 145, 197-9, 205, 212-5

Nação, 14-8, 168-9, 183
   Abordagens analíticas, 16-8, 21, 269-70, 280
   Economia política global, 19, 51-3
   Remodelação neoliberal, 17, 24-5, 48, 66-9
Nacionalismo, 16, 31, 69, 199
   Brasil, 97n, 176n, 235
   E neoliberalismo, 24-5, 124, 150-1, 175-8, 185
Nader, Laura, 2, 42
Negros, 24-5, 99-106, 117, 124
   E o nacionalismo brasileiro, 24, 106, 150-1, 168-9
   E sírio-libaneses, 91n, 135, 182, 207, 273-6
Neiva, Artur, 168-9
Neme, Bussamara, 135
Neoliberais, 13-6, 19, 22, 65, 79, 84, 114-5, 160, 177, 185, 241, 269, 276, 280
Neoliberalismo, 16-22, 269-70
   Abordagens analíticas, 19-22, 276-9
   Consumo, 16, 20, 34, 197, 208-14
   Corrupção, 22, 83-6, 90-2
   Etnicidade, 14-7, 22-5, 47-9, 81-6, 118, 123-5, 150-1, 159-61, 197, 245-8
   Exportação, 47-9, 59, 66-7, 69-71, 77-80
   História latino-americana, 17-20, 279n
   Marketing direto, 245-8
   Transparência, 16, 21, 84-6, 90, 98-101, 118

Oklahoma!, 28, 175
Ong, Aihwa, 17, 48
11 de setembro, efeitos, 33
   No Brasil, 33-7, 270-5
   Nos EUA, 36-8, 282-4
Operadoras de turismo, 242-4, 253
Ordem dos Advogados do Brasil (OAB), 136
Organização dos Estados Americanos (OEA), 277
Orientalismo, 189, 205, 223, 228
Ortiz, Renato, 24
Owensby, Brian, 125, 131

Palestinos, 31, 63n, 69, 128n, 132, 255n, cap. 4
Partido dos Trabalhadores (PT), 67n, 99, 113-4, 262, 278
"Patrícios, dinheiro, diploma e voto: A saga da imigração árabe", 146-9
Pitta, Celso, 91, 98-106
Pós-colonial, 16-17
Pós-11 de setembro, 33-7, 209, 271, 276n, 281-4
Pós-revisionista, 26
Pós-Segunda Guerra Mundial, 19, 38, 130-2, 143, 162, 172, 202-3
Profissões liberais, 87, 123-5
   Democracia racial, 150-7
   História no Brasil, 125-6, 131-2
   Reestruturação neoliberal, 136-9, 140-3
   Sírio-libaneses e o passado mascate, 140, 144-9
   Viagens ao exterior, 138-141
   Cf. também Brasil, mobilidade social
Programa do Jô, 148

ÍNDICE REMISSIVO

Programa anticorrupção, 99n, 100, 118
Projeto, 14-5
    Abordagens analíticas, 14-6
    Étnico árabe, 47, 63, 80, 83, 97, 118, 139, 157, 160, 184, 194, 220, 228, 239, 265, 268, 278, 283
Protecionismo
    Cf. Brasil, protecionismo

Qana (Líbano), 256-8, 260, 263-4, 267
Quadros, Jânio, 89
"Quatrocentões", construção, 135-6, 154, 173, 203
Quneitra (Síria), 255-6, 261, 263

Raça
    Cf. Mistura racial; Democracia racial
Rajab, Nasser, 3, 271-4
Real (reais), 151, 205, 221, 225, 246
Rede Bandeirantes, 109
Rede Globo de Televisão, 33-6, 105, 148, 175, 187, 213-4, 228, 279
Região da Tríplice Fronteira, 33, 275, 277
República Árabe Unida, 58, 69, 86n
Restaurantes médio-orientais, 13-5, 34, 38, 208-13
Riggs, Lynn, 28
Rio de Janeiro, 1, 5, 36, 40, 51-3, 134-5, 143, 187-9, 209, 210n, 245, 283
Rosaldo, Renato, 38

Rua 25 de Março (São Paulo), 4, 34, 36, 38, 49-51, 53-5, 59, 61-5, 110, 140, 204, 208
    Dia, 140
    E sírio-libaneses, 49-50, 54, 61-5, 110, 127-9, 155, 242
    Memorial, 63

Sadia, 66, 67n, 78
Safady, Jamil, 8, 132, 162, 199
Safady, Wadih, 104, 132, 162, 165, 181, 202n
Salão Nobre, 93-5
Salim, Najib, 49, 55
São Paulo, 3, 5, 13-6, 30, 34, 36, 38, 49, 56, 58, 64, 67, 71, 128-9, 144, 149, 169, 177, 190, 199, 206, 208-10, 213-5, 220-2, 224, 227, 240-1, 243-6, 261-3, 271, 279
    Governo municipal, 22-4, 86-8, 113-9
        Banco Mundial e, 15, 19-23, 98-101
        Escândalo da corrupção, 83-6, 89-93, 98-101
    Locais de pesquisa, 37-40
Segurança nacional, 160n, 273-6
Sexo, política de, 19, 38, 187
    Casamento e, 163-4, 177-9, 189-90
    Clubes e, 215, 225, 232
    Profissões liberais e, 129
    Sexualidade e, 173-6
Shuf (São Paulo), 222, 226
Silva, Luís Inácio Lula da, 23
    Relações com o mundo árabe, 278-83

Simão, José, 103
Simão, Vera, 254
Simon, Pedro, 95-7, 109
Síria, 26-32, 58, 69, 74, 95, 165, 193, 199
  Câmara Síria de Comércio, 50
  Comemoração do dia da independência no Brasil, 13, 113
  Ministério do Turismo, 248
Sírio-libanês, rótulo, 13-6, 20-3, 31
  Diferença religiosa, 164-7
  Diferenciação do consumidor, 31
  Explicação, 29-32
  Cf. também Terminologia étnica
Smith, Adam, 17-9
Sociedade Beneficente Muçulmana, 3, 32n, 272
Suplicy, Marta, 20n, 23, 85, 99, 100, 113, 116, 118

Temer, Michel, 94, 97-8, 109
Terminologia étnica, 20-2, 26-32, 123-5
  E os médio-orientais
    No Brasil, 29-32, 153-7, 210n,
    Nos eua, 31-2, 152-3, 210n
  Qualificação objetiva, 31-4
Tralli, César, 227-8
Transnacionalismo, 25-9, 48, 245-6
  E Estado-nação, 48, 250-1
  Entre o Brasil e o mundo árabe, 58-60, 68-80, 92-6, 161-4, 248-55
Transparência, 15-6, 20-1, 84-6, 118
  Corrupção, 20-1, 84, 105-6, 117
  Representação da mídia, 84, 91-3, 98-101
Transparência Internacional, 92, 279n
Tuma, Nicolau, 87
"turcalhada", 105, 144
"turco", construção, 1, 5, 26-31, 50-4, 103-6, 147
  História, 123, 131-6
  Remodelação do mercado, 123-5, 150-7, 243-6
  Cf. também Terminologia étnica
Turismo da turbulência, 255-61

Universidade de São Paulo, 88
  E sírio-libaneses, 127-30, 135, 138, 141, 144, 152

Varella-Garcia, Marileila, 163
Vargas, Getúlio, 53, 86, 131
  Industrialização, 52
  Política de imigração, 166, 201, 206
Veblen, Thorstein, 129

Wade, Peter, 124
Werneck, Dorothéa, 80
Williams, Brackette, 16
Writing Culture, 25, 270

Younes, Riad, 3, 137-8, 144-5, 148-9, 152

Zahlé (Líbano), 200, 207, 237, 239

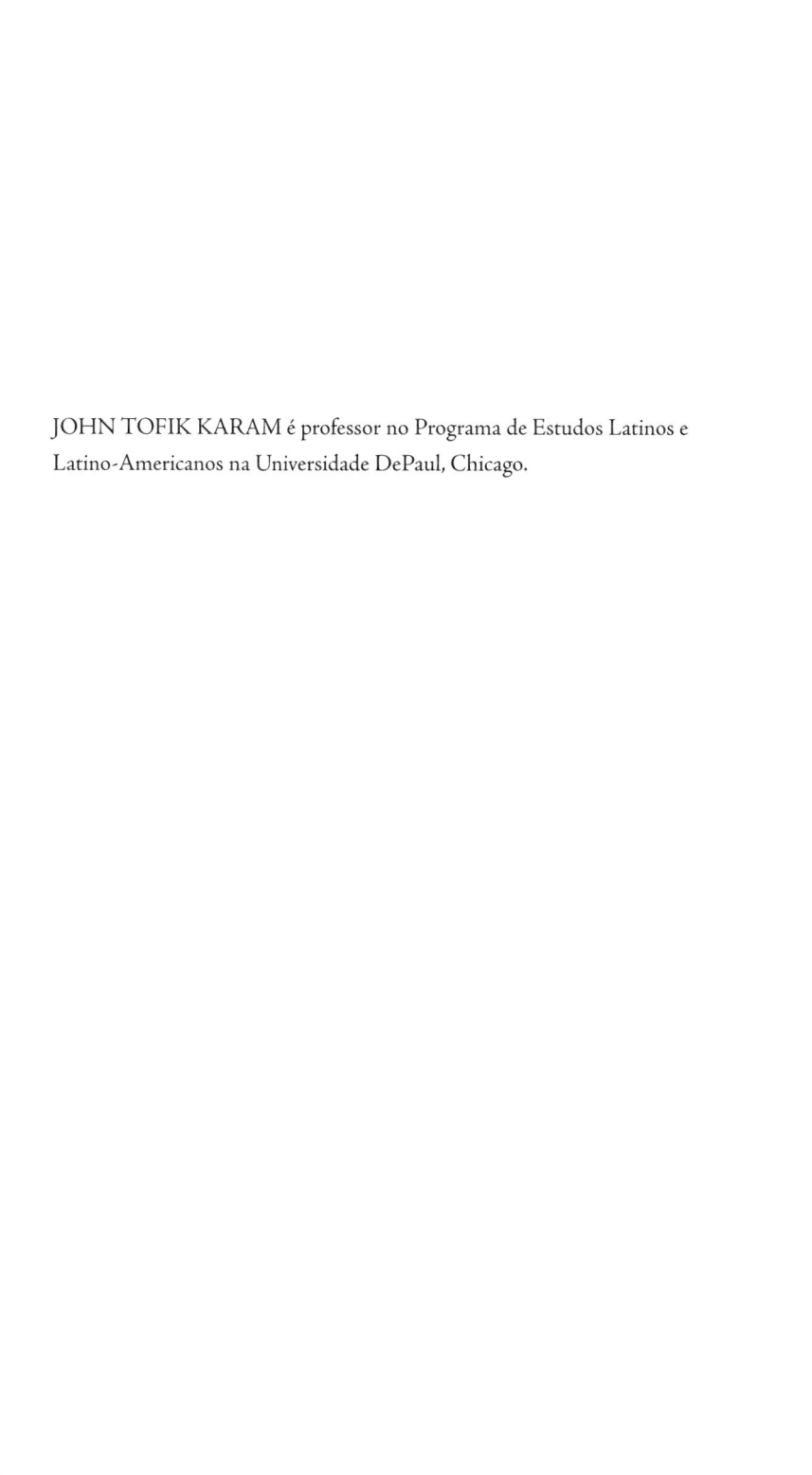

JOHN TOFIK KARAM é professor no Programa de Estudos Latinos e Latino-Americanos na Universidade DePaul, Chicago.

1ª **edição** Fevereiro de 2009 | **Diagramação** Megaart Design
Fonte Adobe Jenson | **Papel** Offset 90 g/m²
Impressão e acabamento Corprint.